ERA DIGITAL

DESAFIOS DO DIREITO EM PERSPECTIVA COMPARADA

ORGANIZAÇÃO
MANUELLITA HERMES

COORDENAÇÃO
ANA CAROLINA SEBBA DONADI
FERNANDA MENDONÇA FIGUEIREDO

ERA DIGITAL

DESAFIOS DO DIREITO EM PERSPECTIVA COMPARADA

1ª EDIÇÃO
SÃO PAULO • 2025

AMANUENSE

Organização: Manuellita Hermes
Coordenação: Ana Carolina Sebba Donadi e Fernanda Mendonça Figueiredo

Edição: Rodrigo Haidar
Diagramação: RC Design Editorial
Imagem de capa: 123RF

Dados Internacionais de Catalogação na Publicação (CIP)
(Câmara Brasileira do Livro, SP, Brasil)

Era digital : desafios do direito em perspectiva comparada / organização
Manuellita Hermes. – 1. ed. -- Brasília, DF : Amanuense, 2025.

Vários autores. Bibliografia.
ISBN 978-65-80788-48-4

1. Direito comparado - Brasil 2. Direito digital 3. Direito e tecnologia I. Hermes, Manuellita.
25-271373   CDU-34:004

Índices para catálogo sistemático:
1. Direito digital 34:004
Aline Graziele Benitez - Bibliotecária - CRB-1/3129

AMANUENSE

Amanuense Livros Ltda.
Rua Nilo 241, Sala 02 – CEP 01533-010 São Paulo SP
contato@amanuense.com.br
www.amanuense.com.br

SUMÁRIO

APRESENTAÇÃO

O Direito contemporâneo enfrenta, na era digital, uma pluralidade de desafios que colocam à prova seus fundamentos, métodos e fronteiras. A velocidade das transformações tecnológicas, a interconexão global de sistemas jurídicos e a emergência de novas formas de sociabilidade e poder exigem de cada jurista não apenas uma atualização constante, mas também uma abertura ao diálogo com outras realidades normativas.

É nesse espírito que se insere esta obra de estudos, resultado de uma iniciativa voltada à promoção do Direito Constitucional Comparado como ferramenta crítica e criativa para enfrentar os dilemas jurídicos do século XXI.

Composto por 18 capítulos organizados em torno de eixos temáticos que interpelam o Direito sob múltiplas dimensões — constitucional, administrativa, penal, digital, ambiental e internacional —, *Era Digital: desafios do Direito em perspectiva comparada* oferece um panorama atual e aprofundado das experiências jurídicas de diferentes países, com especial destaque para o Brasil, mas também com incursões relevantes em sistemas como os de Portugal, Espanha, França, Argentina, Índia, Estônia e Chile. A comparação entre ordenamentos não é aqui mero exercício de contraste formal: ela é instrumento de investigação dos fundamentos das instituições jurídicas e de construção de alternativas diante de problemas compartilhados.

Com orgulho devo dizer que esta rica obra coletiva origina-se de disciplina Direito Constitucional Comparado, que tenho a honra e o prazer de ministrar no programa de pós-graduação *stricto sensu* em Direito Constitucional no Instituto Brasileiro de Ensino, Desenvolvimento e Pesquisa, o IDP. A reunião de reflexões e análises jurídicas que exploram, sob uma perspectiva comparada, os múltiplos desafios impostos pela era digital ao Direito contemporâneo revela a qualidade ímpar deste meu corpo discente e, ao mesmo tempo, reforça algo que já é conhecido: a produção de conhecimento relevantíssimo que tem lugar nessa instituição de ensino.

Em tempos de transformação acelerada, em que as inovações tecnológicas remodelam não apenas as relações sociais e econômicas, mas também as estruturas normativas e institucionais, torna-se imperativa a busca por entendimentos mais amplos, sensíveis às dinâmicas globais e às especificidades locais.

A proposta deste livro nasce da constatação de que os ordenamentos jurídicos nacionais, embora fundados em tradições distintas, enfrentam questões comuns diante da digitalização da vida. Questões como a proteção de dados pessoais, a regulação da inteligência artificial, o tratamento tributário de ativos digitais, os limites à atuação estatal em ambientes virtuais, a cooperação internacional em matéria penal e a garantia dos direitos fundamentais em plataformas digitais exigem uma abordagem que transcenda fronteiras e dialogue com diferentes ordenamentos.

Ao conjugar a análise jurídica tradicional com os instrumentos do método comparativo, este livro pretende contribuir para a construção de um pensamento jurídico mais crítico, criativo e internacionalizado. Ao mesmo tempo, propõe-se a fomentar o intercâmbio acadêmico entre países de diferentes matrizes jurídicas, de forma a estimular um diálogo plural sobre o Direito na era digital.

Trata-se, portanto, de uma leitura indispensável para quem se dedica à pesquisa, à docência ou à prática jurídica em contextos cada vez mais conectados, complexos e interdependentes.

Brasília, maio de 2025

Manuellita Hermes
PROCURADORA FEDERAL
DOUTORA EM DIREITO, PROFESSORA E PESQUISADORA

CAPÍTULO

1

TRATAMENTO TRIBUTÁRIO DOS LIVROS ELETRÔNICOS: PERSPECTIVA COMPARATIVA ENTRE BRASIL E PORTUGAL

Ana Carolina Sebba de Pádua Freitas Donadi[1]

Resumo: O presente trabalho visa analisar a tutela constitucional à transmissão de ideias e pensamentos e ao direito à cultura na era digital através dos livros eletrônicos e o tratamento tributário que se dá para este tipo específico de veículo de pensamentos no Brasil e em Portugal. Através do método bibliográfico de pesquisa, o presente estudo realiza uma comparação entre o tratamento constitucional que ambos os países dão para a liberdade de expressão e o direito à cultura, e posteriormente, verifica se a tributação é utilizada como ferramenta de promoção destes direitos manifestados por uma das principais formas na era digital: os livros eletrônicos. Fora possível verificar que ambos os países utilizam da tributação como ferramenta de promoção aos direitos manifestados através do livro eletrônico, sendo que o Brasil confere imunidade constitucional aos livros digitais, como forma de promoção e incentivo ao conhecimento e cultura, enquanto Portugal apenas confere um tratamento diferenciado e mais benéfico aos livros digitais, em detrimento de outros bens e direitos, embora ambos os países possuam a promoção e defesa da liberdade de expressão e do direito à cultura como garantias expressas em seus respectivos textos constitucionais.

Palavras-chave: tributário; livros eletrônicos; Direito comparado.

---

1 Doutoranda em Direito Constitucional e Mestra em Direito Econômico e Desenvolvimento pelo Instituto Brasileiro de Ensino, Desenvolvimento e Pesquisa – IDP-DF. Pós-graduada em Direito Societário e Contratos Empresariais pela PUC-PR. Especialista em Direito do Consumidor pela Faculdade IBMEC São Paulo. Especialista em Direito Contratual pela Universidade Estácio de Sá. Especialista em Direito Tributário pelo Instituto Brasileiro de Estudos Tributários - IBET-GO. Graduada em Direito pela PUC-GO. Escritora, Advogada e Coordenadora Jurídica. Vice-Presidente da AGET – Academia Goiana de Estudos Tributários.

1. INTRODUÇÃO

Uma das maiores formas de transmitir ideias e pensamentos, assim como registrar acontecimentos e descobertas, é a escrita. Desde os primórdios, a sociedade registra e compartilha informações através de escritos que, em sua evolução histórica, passou a ser compilada de diversas formas, como jornais, revistas, assim como na forma de livros.

Até o fim do século XX, a forma utilizada para a produção de livros se dava primordialmente através da impressão em folhas de papel, ocorre que, em meados de 1990, já sob o guarda-chuva da era digital, uma nova forma de reproduzir livros foi criada através da tecnologia: Os livros eletrônicos, também denominados como *e-books*.

A utilização de livros eletrônicos veio crescendo cada vez mais ao longo dos anos, principalmente pela sua praticidade, uma vez que podem ser acessados através de meios eletrônicos como celulares e computadores, utilizados em larga escala na atual era digital.

Os livros eletrônicos são, portanto, uma das principais formas de transmissão de ideias e informações da atualidade, e é através deles que a sociedade como um todo, tem acesso a conhecimentos necessários para sua evolução e criação de novas ideias e pensamentos, como um ciclo necessário de expressão de ideias e acesso à cultura.

Por serem uma das principais formas de transmissão de pensamentos da atualidade, são também uma das principais formas de manifestação da liberdade de expressão e do direito à cultura, razão pela qual merecem tratamento especial pelos Estados, como forma de garantir sua promoção, proteção e disseminação.

Uma das formas que o Estado possui de exercer e promover estas garantias é através da tributação. A partir da utilização de impostos, o Estado é capaz de incentivar ou desincentivar condutas das mais diversas formas, regulando o mercado e a economia, e inclusive, fazendo com que determinados serviços e bens sejam mais ou menos usufruídos.

Assim, através do presente texto, o que se busca é realizar um comparativo entre a existência de tratamento tributário mais benéfico aos livros, e aqui especialmente aos livros eletrônicos, nos países Brasil e Portugal, para verificar se eles utilizam os impostos como ferramenta de promoção e proteção deste tipo específico de manifestação dos direitos à liberdade de expressão e o direito à cultura.

Para tanto, se analisará o texto constitucional do Brasil e de Portugal para verificar a existência da previsão expressa do direito à liberdade de expressão e do direito à cultura, uma vez que utilizam os livros eletrônicos como um importante e atual veículo de manifestação, para posteriormente verificar o tratamento tributário dado aos países Brasil e Portugal, no que tange à tributação de livros eletrônicos.

Optou-se pela análise comparativa entre Brasil e Portugal, uma vez que se trata respectivamente de ex-colônia e colonizador, portanto, possuem uma história do direito que, em determinado ponto, fora compartilhada por ambos os países, além da facilidade de acesso aos materiais em razão da língua portuguesa em comum.

Não foram analisados contextos históricos ou sociais, em razão da delimitação de tempo da pesquisa proposta, mas tão somente os textos constitucionais e as legislações ordinárias, jurisprudências e entendimentos dos órgãos fiscais sobre o tema.

Delimita-se a análise da liberdade de expressão e do direito à cultura como os dois direitos manifestados através dos livros eletrônicos e aqui ora analisados, mas desde já se destaca que não são os únicos direitos veiculados através dos livros, pois é possível verificar o direito à informação, à educação e ao lazer os quais não serão, nesta oportunidade, objeto de análise[2].

---

2 "Assim, quando a Constituição Federal prescreve serem imunes aos impostos o livro, o jornal, o periódico e o papel destinado à sua impressão (art. 150, VI, "d"), ela não está senão dando efetividade aos direitos fundamentais à livre "manifestação do pensamento" (art. 5º, IV) e de "expressão da atividade intelectual, artística, científica e de comunicação" (art. 5º, IX). Também tem em mira (i) assegurar a todos o "acesso à informação" (art. 5º, XIV), (ii) evitar venha de algum modo embaraçada a "plena liberdade de informação jornalística em qualquer veículo de comunicação social" (art. 220, § 1º) e (iii) banir qualquer censura "de natureza política, ideológica e artística" (art. 220, § 2º). (CARRAZA, 2013, p. 908)

2. A LIBERDADE DE EXPRESSÃO E DIREITO À CULTURA NO TEXTO CONSTITUCIONAL BRASILEIRO E NO TEXTO CONSTITUCIONAL PORTUGUÊS

Neste primeiro momento, propõe-se verificar a existência, tanto no Direito Constitucional Português como no Direito Constitucional Brasileiro, a existência de previsão constitucional expressa sobre o direito à cultura e o direito à liberdade de expressão, verificando inclusive, a existência ou não de referência expressa aos livros enquanto fonte importante de manifestação destes direitos.

Através de uma análise do texto constitucional do Brasil, fora possível verificar que a Liberdade de Expressão é um direito assegurado aos brasileiros de forma expressa na Constituição Federal de 1988.

Em seu rol de direitos e garantias fundamentais, de maneira simples e clara, o direito à liberdade de expressão está previsto em dois incisos diferentes, dentro do art. 5º, primeiro artigo dentro do Título que trata sobre direitos e garantias fundamentais: "art. 5º [...] IV - é livre a manifestação do pensamento, sendo vedado o anonimato", assim como "art. 5º [...] IX - é livre a expressão da atividade intelectual, artística, científica e de comunicação, independentemente de censura ou licença;"

Ainda, realizada sob uma época pós Ditadura Militar que perdurou no país por mais de 20 anos, a Constituição Federal de 1988 destinou um artigo inteiro, expressamente para discorrer sobre o direito à liberdade de expressão, como se vê:

> Art. 220. A manifestação do pensamento, a criação, a expressão e a informação, sob qualquer forma, processo ou veículo não sofrerão qualquer restrição, observado o disposto nesta Constituição.
> § 1º Nenhuma lei conterá dispositivo que possa constituir embaraço à plena liberdade de informação jornalística em qualquer veículo de comunicação social, observado o disposto no art. 5º, IV, V, X, XIII e XIV.
> § 2º É vedada toda e qualquer censura de natureza política, ideológica e artística.
> § 3º Compete à lei federal:
> I - regular as diversões e espetáculos públicos, cabendo ao Poder Público informar sobre a natureza deles, as faixas etárias a que

não se recomendem, locais e horários em que sua apresentação se mostre inadequada;

II - estabelecer os meios legais que garantam à pessoa e à família a possibilidade de se defenderem de programas ou programações de rádio e televisão que contrariem o disposto no art. 221, bem como da propaganda de produtos, práticas e serviços que possam ser nocivos à saúde e ao meio ambiente.

§ 4° A propaganda comercial de tabaco, bebidas alcoólicas, agrotóxicos, medicamentos e terapias estará sujeita a restrições legais, nos termos do inciso II do parágrafo anterior, e conterá, sempre que necessário, advertência sobre os malefícios decorrentes de seu uso.

§ 5° Os meios de comunicação social não podem, direta ou indiretamente, ser objeto de monopólio ou oligopólio.

§ 6° A publicação de veículo impresso de comunicação independe de licença de autoridade.

No que tange ao Direito à Cultura, a Constituição Federal Brasileira de 1988 também prevê expressamente seu direito, algumas vezes de maneira indireta ao texto, como no art. 23°[3], em que dispõe serem todos os Entes Políticos (Estados, Municípios e União) competentes à promoção dos meios de acesso à cultura, como também dispõe de um artigo específico para tratar sobre o assunto.

Ainda, o art. 215 da Constituição Federal de 1988 prevê não só que é dever do Estado garantir o pleno exercício dos direitos culturais, como também o acesso às suas fontes, e inclusive o dever de apoiar e incentivar a valorização e a difusão das manifestações culturais, como se vê: "Art. 215. O Estado garantirá a todos o pleno exercício dos direitos culturais e acesso às fontes da cultura nacional, e apoiará e incentivará a valorização e a difusão das manifestações culturais. [...]"

Além disso, o art. 216 e 216-A do Texto Constitucional Brasileiro prevê a promoção e proteção do patrimônio cultural brasileiro, assim como o incentivo para produção de conhecimento de bens e valores culturais, dentre diversas outras normas que buscam proteger e disseminar a cultura à sociedade.

---

3 "Art. 23. É competência comum da União, dos Estados, do Distrito Federal e dos Municípios: [...] V - proporcionar os meios de acesso à cultura, à educação, à ciência, à tecnologia, à pesquisa e à inovação;"

Por fim, destaca-se que, apesar de existirem diversas menções sobre a liberdade de expressão e o direito à cultura, não há, de forma expressa, qualquer menção à palavra "livros" neste contexto, apenas existindo as expressões "manifestações culturais" e "sob qualquer forma".

Em uma conclusão parcial, é possível verificar que a Constituição Federal Brasileira hoje vigente possui dispositivos expressos e claros sobre o Direito à Liberdade de Expressão e o Direito à Cultura, sendo inclusive um dever do próprio Estado de incentivar e proporcionar acesso às manifestações culturais, sendo o livro aqui considerado como uma destas formas de manifestação, mesmo que não expressamente citado no texto constitucional.

Passa-se a análise do Direito Constitucional Português de 1976, atualmente vigente. Referido texto constitucional possui um artigo inteiro dentro do título "Direitos, Liberdades e Garantias", para tratar sobre a liberdade de expressão, como se vê:

> Art. 37.° Liberdade de expressão e informação
> 1. Todos têm o direito de exprimir e divulgar livremente o seu pensamento pela palavra, pela imagem ou por qualquer outro meio, bem como o direito de informar, de se informar e de ser informados, sem impedimentos nem discriminações.
> 2. O exercício destes direitos não pode ser impedido ou limitado por qualquer tipo ou forma de censura.
> 3. As infrações cometidas no exercício destes direitos ficam submetidas aos princípios gerais de direito criminal ou do ilícito de mera ordenação social, sendo a sua apreciação respetivamente da competência dos tribunais judiciais ou de entidade administrativa independente, nos termos da lei.
> 4. A todas as pessoas, singulares ou coletivas, é assegurado, em condições de igualdade e eficácia, o direito de resposta e de retificação, bem como o direito a indenização pelos danos sofridos.

No que tange ao direito à cultura, a Constituição da República Portuguesa vigente também possui previsão constitucional expressa. Em seu art. 42 está prevista a Liberdade de Criação Cultural, que assegura a livre criação intelectual, artística e científica, dispondo ainda que "Esta liberdade compreende o direito à invenção, produção e divulgação da obra científica, literária ou artística, incluindo a proteção legal dos direitos de autor."

Frisa-se que esta garantia, embora prevista como Liberdade de Criação Cultural, está intrinsicamente ligada ao Direito à Liberdade de Expressão, uma vez que autoriza aos cidadãos a manifestação de pensamento através da criação e produção de obras de cunho científico, literário ou artístico.

Sobre o Direito à Cultura, encontra-se previsto no Texto Constitucional Português, assim como já visto no Texto Constitucional Brasileiro, o expresso dever do Estado, de promover, incentivar e assegurar a todos o acesso à cultura, como se vê:

> Artigo 73.º Educação, cultura e ciência
> 1. Todos têm direito à educação e à cultura.
> [...]
> 3. O Estado promove a democratização da cultura, incentivando e assegurando o acesso de todos os cidadãos à fruição e criação cultural, em colaboração com os órgãos de comunicação social, as associações e fundações de fins culturais, as coletividades de cultura e recreio, as associações de defesa do património cultural, as organizações de moradores e outros agentes culturais.
> 4. A criação e a investigação científicas, bem como a inovação tecnológica, são incentivadas e apoiadas pelo Estado, por forma a assegurar a respetiva liberdade e autonomia, o reforço da competitividade e a articulação entre as instituições científicas e as empresas.

Ainda sobre Direito à Cultura, a Constituição da República Portuguesa também prevê, em seu art. 78º, o direito à fruição e criação cultural, assim como a responsabilidade do Estado, em conjunto com agentes culturais, o dever de:

> a) Incentivar e assegurar o acesso de todos os cidadãos aos meios e instrumentos de ação cultural, bem como corrigir as assimetrias existentes no país em tal domínio;
> b) Apoiar as iniciativas que estimulem a criação individual e coletiva, nas suas múltiplas formas e expressões, e uma maior circulação das obras e dos bens culturais de qualidade;
> c) Promover a salvaguarda e a valorização do património cultural, tornando-o elemento vivificador da identidade cultural comum;
> d) Desenvolver as relações culturais com todos os povos, especialmente os de língua portuguesa, e assegurar a defesa e a promoção da cultura portuguesa no estrangeiro;
> e) Articular a política cultural e as demais políticas sectoriais.

Por fim, verifica-se que, assim como na Constituição Brasileira, a Constituição Portuguesa não possui menção expressa à palavra "livros", embora possua expressões que abarcam os livros, como "obras científica, literária ou artística" e "criação individual e coletiva, nas suas múltiplas formas e expressões".

Nesta primeira análise, observa-se que em ambos os Textos Constitucionais existem previsões expressas sobre o Direito à Liberdade de Expressão, assim com o Direito à Cultura, sendo que, tanto na Constituição Portuguesa como na Constituição Brasileira, o Estado possui o dever de promover, incentivar, proteger e disseminar a cultura, em todas as suas formas de produção, incluindo aqui os livros, objeto do presente texto.

3. O TRATAMENTO TRIBUTÁRIO DOS LIVROS ELETRÔNICOS NO BRASIL E EM PORTUGAL

Uma das formas de, não só tutelar à liberdade de expressão e o direito à cultura, como também de promovê-los e disseminá-los para os cidadãos, é desonerar seus maiores veículos de manifestação, pelo próprio Estado, através dos impostos.

Assim, e cientes de que os livros eletrônicos são atualmente um dos maiores veículos da liberdade de expressão e cultura, passa-se a observar a legislação do Brasil e de Portugal, para verificar se eles utilizam a tributação como ferramenta de proteção e incentivo aos direitos aqui em discussão.

No Brasil, Constituição Federal de 1988 prevê em seu texto, a expressa imunidade tributária aos livros e periódicos, assim como o papel destinado à sua impressão, como se vê: "art. 150. Sem prejuízo de outras garantias asseguradas ao contribuinte, é vedado à União, aos Estados, ao Distrito Federal e aos Municípios: [...] VI - instituir impostos sobre: [...] d) livros, jornais, periódicos e o papel destinado à sua impressão."

Luis Eduardo Schoueri justifica a imunidade tributária dos livros:

> "Ao contrário, o que se encontra no referido dispositivo é um estímulo à atividade cultural, por meio dos livros, periódicos e jornais,

além de garantia da liberdade de manifestação do pensamento, do direito de crítica e de posicionamento político, religioso ou ideológico." (SHOUERI, 2018, p. 457)

Esta imunidade, no entanto, não veio desde as primeiras Constituições Brasileiras, como a Liberdade de Expressão. A imunidade aos livros surgiu apenas na Constituição Federal de 1946, e ainda sim, no tocante à imunidade da matéria prima para a sua produção[4], mas não do livro em si, como se vê: "Art 31 - A União, aos Estados, ao Distrito Federal e aos Municípios é vedado: [...] V - lançar impostos sobre: [...] c) papel destinado exclusivamente à impressão de jornais, periódicos e livros."

Apenas após a Constituição de 1967 é que se previu expressamente a imunidade sobre os livros e o papel destinado à sua impressão, que se repetiu na Constituição de 1988, como já acima apresentado.

Até aqui, é possível verificar que na própria Constituição Federal de 1988 está prevista a imunidade, ou seja, a ausência de tributação dos livros, por serem uma forma de manifestação do direito à liberdade de expressão, e direito à cultura.

Ocorre, porém, que nada existe no texto constitucional sobre a imunidade aos livros eletrônicos, que em razão da era digital atual, é amplamente utilizado pela sociedade. Ao contrário, o que existe é a expressa disposição sobre sua matéria prima, até então primordialmente utilizada: o papel.

Muito se discutiu na doutrina e jurisprudência sobre a extensão da imunidade dos livros, para entender se também estavam abarcados os livros eletrônicos. Relevante parte da doutrina entendeu que a imunidade busca tutelar direitos e garantias fundamentais, como a liberdade de expressão e o direito à cultura, pouco importando a forma ou a tecnologia pela qual o livro era acessado.

---

4 "Aquela imunidade surgiu porque, naquele período, o papel para jornal era importado e o imposto poderia onerar demasiadamente aqueles veículos. Imputa-se ao festejado escritor baiano Jorge Amado, deputado constituinte de 1946 pelo Partido Comunista Brasileiro, a iniciativa, que seria devida à prática, durante a ditadura getulista, de dificultar a importação de papel de imprensa pelos jornais de oposição; daí a imunidade viabilizar sua produção." (SHOUERI, 2018, p. 458)

Nas palavras de Roque Antônio Carraza:

> Na medida em que livro, para fins de imunidade, é o veículo do pensamento, são imunes, independentemente de sua base material (papel, celuloide, papiro, plástico, metal etc.), não só os atos jurídicos praticados com livros convencionais (impressos em papel), como os praticados com livros eletrônicos (impressos em disquetes de computador, fitas para videocassetes, fitas cassetes e assim por diante). Tais livros não se descaracterizam só porque diferem, pelo aspecto - mas não pela finalidade -, daquele impresso por Gutemberg. (CARRAZA, 2013, p. 923)

Em razão desta discussão, o Supremo Tribunal Federal do Brasil fora intentado a responder se a imunidade, ou seja, se a vedação constitucional à tributação de livros, também se estendia aos livros eletrônicos.

Assim, com o julgamento em sede de repercussão geral do Recurso Extraordinário 330.817, que originou o Tema 593, o Supremo Tribunal Federal entendeu que "A imunidade tributária constante do art. 150, VI, d, da CF/88 aplica-se ao livro eletrônico (e-book), inclusive aos suportes exclusivamente utilizados para fixá-lo." [5]

Sob o fundamento de que a imunidade busca tutelar valores importantes, como a liberdade de expressão, o direito à cultura e outros, e sendo os livros um veículo transmissor de ideias e pensamentos, pouco importa qual é o suporte das publicações, sendo assim, os livros eletrônicos também gozam da referida imunidade tributária[6].

Vale destacar, no entanto, que nem todos os livros, quer sejam eles eletrônicos ou não, são imunes à tributação. Assim, "[...] se o livro não constituir veículo de ideias, de transmissão de pensamentos, ainda que formalmente possa ser considerado como tal, será descabida a aplicação da imunidade. [...]"[7]

---

5 Disponível em: https://portal.stf.jus.br/jurisprudenciaRepercussao/verAndamentoProcesso.asp?incidente=1984213&numeroProcesso=330817&classeProcesso=RE&numeroTema=593. Acesso em 08/12/2024.

6 Disponível em: https://jurisprudencia.stf.jus.br/pages/search?classeNumeroIncidente=%22RE%20330817%22&base=acordaos&sinonimo=true&plural=true&page=1&pageSize=10&sort=_score&sortBy=desc&isAdvanced=true. Acesso em 08/12/2024.

7 Ibidem. Trecho do julgamento do RE 330817.

Conclui-se, portanto, que no Brasil, os impostos são utilizados como ferramenta de promoção a determinados direitos e valores tutelados constitucionalmente, assim, os livros eletrônicos, quando utilizados como veículos de manifestação de pensamento e da cultura na era digital, não sofrem qualquer tributação.

Passa-se à análise da tributação sobre livros eletrônicos em Portugal. Em primeiro lugar, é importante destacar que, diferentemente do Brasil, Portugal não possui um Sistema Tributário, lá denominado como Sistema Fiscal, definido expressamente em sua Constituição Portuguesa de 1976, atualmente vigente.

Em Portugal, a Constituição da República Portuguesa destina apenas dois artigos para tratar sobre o Sistema Fiscal, delimitando seu objetivo, a forma de criação dos impostos e impondo determinadas balizas para sua instituição. Nada possui sobre imunidades tributárias ou quaisquer outros preceitos tributários.

Neste sentido, verifica-se que o Sistema Fiscal Português é encontrado em leis infraconstitucionais, e difere-se do Sistema Tributário Brasileiro não só neste sentido, como também em razão de possuir, cada imposto, um código próprio.

Para ater-se ao objeto da presente pesquisa, fora consultada apenas as leis que impactam diretamente na tributação de livros eletrônicos. Assim, a Lei Geral Tributária, publicada através do Decreto-Lei 398/98[8], que determina normas gerais em matéria tributária, e o Código do IVA atual – publicado através do Decreto-Lei 102/2008.[9]

A legislação de Portugal, diferentemente do Brasil, não prevê a imunidade tributária para os livros, quer sejam eles eletrônicos ou não. Em Portugal os livros são tributados diretamente pelo IVA – Imposto sobre Valor Acrescentado, mas possuem, em razão da prerrogativa legal, uma alíquota reduzida, assim como determinadas isenções.

8 Disponível em: https://diariodarepublica.pt/dr/detalhe/decreto-lei/398-1998-191558. Acesso em: 08/12/2024.

9 Disponível em: https://diariodarepublica.pt/dr/legislacao-consolidada/decreto-lei/2008-34500675. Acesso em: 08/12/2024.

Especificamente no item 2.1, da Lista I prevista no Código do IVA, que se encontra em vigor desde 1º de janeiro de 2019, os livros, assim como os livros eletrônicos, possuirão uma taxa reduzida, como se vê:

> LISTA I - Bens e serviços sujeitos a taxa reduzida [...] 2.1 - Livros, jornais, revistas de informação geral e outras publicações periódicas que se ocupem predominantemente de matérias de caráter científico, educativo, literário, artístico, cultural, recreativo ou desportivo, em todos os suportes físicos ou por via eletrónica, ou em ambos, com exceção das publicações que consistam total ou predominantemente em conteúdos vídeo ou música. Excetuam-se igualmente as publicações ou livros de caráter obsceno ou pornográfico, como tal considerados na legislação sobre a matéria, e as obras encadernadas em peles, tecidos de seda, ou semelhante.

Atualmente, a taxa reduzida de que trata o Código do IVA é de 6% sobre os livros eletrônicos, como dispõe o próprio Código em seu art. 18º, nº 1, alínea "a". Assim, os livros e livros eletrônicos, excetuados aqueles previstos no dispositivo acima transcrito, são tributados no percentual de 6%, como prevê a legislação portuguesa.

Cumpre destacar que, nem sempre estivera previsto a tributação específica para os livros eletrônicos, mas com o avanço da tecnologia na era digital, tornou-se necessária a discussão sobre a redução da taxa para livros eletrônicos.

Em razão disso é que em 2019, através do art. 270 do Orçamento de Estado para 2019, que fora aprovado pela Lei 71/2018, é que se alterou a Lista I anexa ao Código do IVA, para constar a previsão de taxa reduzida também para livros eletrônicos.

No entanto, fora possível verificar que, mesmo após a alteração da Lista I anexa ao Código do IVA, em 2021 a Autoridade Tributária e Aduaneira de Portugal emitiu Informação Vinculativa sobre a aplicação da taxa reduzida a outros suportes de livros, que não os físicos[10]. Em resposta, a Autoridade Tributária respondeu que toda forma de suporte aos livros, incluindo *e-books*, *audiobooks* ou audiolivros fazem jus à taxa reduzida do IVA.

---

10 Disponível em: chrome-extension://efaidnbmnnnibpcajpcglclefindmkaj/https://www.audico.pt/wp-content/uploads/2021/11/205_Vinculativa_21546.pdf. Acesso em 09/12/2024.

Com relação à isenção, é possível verificar duas hipóteses no Código do IVA: as locações de livros realizadas por organismos sem finalidade lucrativa e transmissões de livros a título gratuito nas hipóteses abaixo delineadas:

> Art. 9º Isenção nas Operações Internas - Estão isentas do imposto: [...] 12) As locações de livros e outras publicações, partituras musicais, discos, bandas magnéticas e outros suportes de cultura e, em geral, as prestações de serviços e transmissões de bens com aquelas estreitamente conexas, desde que efectuadas por organismos sem finalidade lucrativa; [...]
>
> Artigo 15.º Isenções nas operações relacionadas com regimes suspensivos 10 - Estão isentas de imposto: [...] b) As transmissões de livros a título gratuito efetuadas aos departamentos governamentais nas áreas da cultura e da educação, a instituições de caráter cultural e educativo, a centros educativos de reinserção social e a estabelecimentos prisionais;

Em pesquisa ao banco de acórdãos da European Case Law Identifier – ECLI, não foram identificadas quaisquer decisões judiciais em que o objeto seria a discussão de tratamento tributário diferenciado aos livros eletrônicos, como ocorreu no Brasil.

Conclui-se, portanto, que assim como o Brasil, Portugal utiliza-se da tributação como forma de promover e proteger valores e direitos que são manifestados através dos livros digitais, uma vez que concede a eles uma tributação diferenciada e mais benéfica que os demais bens e serviços.

CONCLUSÃO

Após a análise que se propôs a fazer no presente trabalho, fora possível verificar que tanto no Texto Constitucional de Portugal como no Texto Constitucional do Brasil, existem previsões expressas sobre o Direito à Liberdade de Expressão, assim com o Direito à Cultura, sendo que, tanto na Constituição Portuguesa como na Constituição Brasileira, o Estado possui o dever de promover, incentivar, proteger e disseminar a cultura, em todas as suas formas de produção, incluindo aqui os livros, de maneira específica os livros eletrônicos, objeto do presente trabalho.

Com relação ao tratamento tributário aos livros eletrônicos, verificou-se que no Brasil é concedida a imunidade tributária aos livros pelo próprio Texto Constitucional que, mesmo não dispondo de modo expresso sobre os livros eletrônicos, a eles se aplicam, conforme entendimento do Supremo Tribunal Federal brasileiro de 2022.

Por outro lado, em Portugal não há qualquer tratamento constitucional direto sobre o assunto, tampouco é concedido imunidade tributária aos livros eletrônicos, porém, o Estado de Portugal prevê uma alíquota reduzida no imposto incidente sobre livros, e dispõe expressamente que esta alíquota reduzida se aplica aos livros eletrônicos. Ainda, Portugal dispõe de situações específicas em que os livros, inclusive aqueles eletrônicos, são isentos da tributação.

Concluiu-se que em ambos os países, a tributação é utilizada como ferramenta de promoção e proteção do direito à liberdade de expressão e do direito à cultura, através do tratamento tributário que se dá aos livros eletrônicos tão utilizados na presente era digital, mas de formas distintas.

REFERÊNCIAS BIBLIOGRÁFICAS

BRASIL, *Constituição da República Federativa do Brasil de 1988.* Disponível em: http://www.planalto.gov.br/ccivil_03/constituicao/constituicao.htm. Acesso em: 09/12/2024.

BRASIL, *Constituição da República Federativa do Brasil de 1946.* Diário Oficial da União, 19 de setembro de 1946. Disponível em: http://www.planalto.gov.br/ccivil_03/constituicao/constituicao46.htm. Acesso em: 09/12/2024.

BRASIL, *Constituição da República Federativa do Brasil de 1967.* Diário Oficial da União, 24 de janeiro de 1967. http://www.planalto.gov.br/ccivil_03/constituicao/constituicao67.htm Acesso em 09/12/2024.

BRASIL, Supremo Tribunal Federal. *Julgamento do Recurso Extraordinário 330.817 /* RG em 08 de março de 2017. Relator Min. Dias Toffoli. Disponível em: https://portal.stf.jus.br/jurisprudenciaRepercussao/verAndamentoProcesso.asp?incidente=1984213&numeroProcesso=330817&classeProcesso=RE&numeroTema=593. Acesso em: 09/12/2024.

CARRAZA, Roque Antônio. *Curso de Direito Constitucional Tributário.* 29. ed. São Paulo: Malheiros, 2013.

PORTUGAL, Autoridade Tributária e Aduaneira. *Informação Vinculativa nº 21546 de 01 de julho de 2021.* Disponível em: chrome-extension://efaidnbmnnnibpcajpcglclefindmkaj/https://www.audico.pt/wp-content/uploads/2021/11/205_Vinculativa_21546.pdf. Acesso em 09/12/2024.

PORTUGAL, *Código do IVA - Código do Imposto sobre o Valor Acrescentado*. Decreto-Lei n.º 102/2008. Disponível em: https://diariodarepublica.pt/dr/legislacao-consolidada/decreto-lei/2008-34500675. Acesso em: 08/12/2024.

PORTUGAL, *Constituição da República Portuguesa de 1976*. Disponível em: https://www.parlamento.pt/Legislacao/Paginas/ConstituicaoRepublicaPortuguesa.aspx. Acesso em: 09/12/2024.

PORTUGAL, *Lei Geral Tributária*. Decreto 398/98. Disponível em: https://diariodarepublica.pt/dr/detalhe/decreto-lei/398-1998-191558. Acesso em: 08/12/2024.

SCHOUERI, Luis Eduardo. *Direito Tributário*. 8. ed. São Paulo: Saraiva Educação, 2018.

CAPÍTULO

2

A VEDAÇÃO CONSTITUCIONAL AO ANONIMATO E SEUS DESDOBRAMENTOS NA ERA DIGITAL: UMA ANÁLISE EVOLUTIVA

Fernanda Mendonça dos Santos Figueiredo[1]

Resumo: Este trabalho analisa a evolução da vedação ao anonimato no ordenamento constitucional e os desafios impostos pela era digital, à luz da Constituição Federal de 1988. A vedação ao anonimato, introduzida pela primeira vez na Constituição republicana de 1891, teve como fundamento a necessidade de garantir a transparência nas manifestações públicas, para proteger a jovem república, e a responsabilização dos indivíduos por seus atos, principalmente no contexto da imprensa, o que foi mantido pela Constituição Federal de 1988. O texto discute, ainda, as implicações do anonimato digital, especialmente com o advento das mídias sociais e plataformas digitais, que amplificaram tanto as possibilidades de expressão quanto os riscos associados à comunicação anônima. A reflexão proposta aborda a complexidade do anonimato na era digital, suas implicações para a privacidade e para a segurança jurídica, além dos desafios de equilibrar os direitos fundamentais de liberdade de expressão e de proteção contra abusos, fazendo uma breve análise acerca do tratamento do instituto do anonimato no Direito estrangeiro.

Palavras-chave: anonimato; Constituição de 1988; plataformas digitais.

1 Fernanda Mendonça dos Santos Figueiredo: Doutoranda e mestre em Direito Constitucional pelo Instituto Brasileiro de Ensino, Desenvolvimento e Pesquisa (IDP). Advogada. Brasília (DF). Brasil.

1. INTRODUÇÃO

No contexto contemporâneo brasileiro, a relação entre liberdade de expressão e anonimato emerge como um tema complexo e multifacetado, suscitando intensos debates nos domínios jurídico, político e social[2].

No Brasil, a liberdade de pensamento[3] foi consagrada em 1824 com a Constituição Política do Império, influenciada pelas constituições francesa e espanhola.

Quase setenta anos depois, em 1891, foi promulgada a primeira Constituição republicana do Brasil, a qual, além de garantir a livre manifestação do pensamento, proibiu, em seu art. 72, o anonimato[4].

Portanto, a inserção da vedação ao anonimato no Direito constitucional brasileiro tem suas raízes na primeira Constituição republicana de 1891.

Na virada do século XIX para o XX, o Brasil testemunhou uma imprensa vigorosa e frequentemente partidária, que utilizava o anonimato para atacar fervorosamente seus adversários políticos. Logo, este marco histórico, que corresponde à inserção da vedação ao anonimato no Direito constitucional brasileiro, re-

---

2 Historicamente, o anonimato nasceu em meio às expressões artísticas, às peças teatrais, aos livros e aos romances. Na antiguidade, muitos autores valeram-se de pseudônimos (segundo o dicionário Michaelis, pseudônimo é o nome falso adotado por escritor ou artista plástico para assinar suas obras) , que é uma espécie de anonímia, para produzirem livros com gênero distinto do seu padrão usual ou mesmo para evitar insinuações de excesso de criação, tais como Anthony Trollope e Anthony Burgess, que, por sua vez, também foi o desenhista anônimo de um de seus romances. O poema por mais vezes reimpresso na Inglaterra do século 18, "Elegy", foi publicado anonimamente. Durante muito tempo, Walter Scott publicou seus romances mais populares na Grã-Bretanha sem revelar sua autoria. Também havia mulheres que escreviam com pseudônimos masculinos, sobretudo em revistas e jornais. O filósofo inglês John Locke, conhecido como pai do liberalismo, recorreu ao anonimato para a publicação de suas obras mais políticas. (EAGLETON, 2008.) No ordenamento jurídico brasileiro, o uso de pseudônimos ligados à arte está amparado pelo ordenamento jurídico na Lei 9.610/98 e no art. 19 da Lei 10.406/2002. No entanto, quando o foco se desloca da esfera da arte e de outras situações específicas previstas na legislação brasileira para o exercício do direito fundamental à liberdade de expressão em sua concepção mais ampla, o anonimato assume a condição de limitador dessa manifestação.

3 Art. 179. (...) IV. Todos podem communicar os seus pensamentos, por palavras, escriptos, e publica-los pela Imprensa, sem dependencia de censura;

4 § 12. Em qualquer assumpto é livre a manifestação do pensamento pela imprensa ou pela tribuna, sem dependencia de censura, respondendo cada um pelos abusos que commetter, nos casos e pela fórma que a lei determinar. Não é permittido o anonymato.

flete as preocupações jurídicas da época, sendo fruto também do contexto político-social bastante intenso.

Naquele momento da história, a vedação ao anonimato pela ordem constitucional visava fortalecer a transparência e a honestidade no debate público, pilares fundamentais da jovem república brasileira, além de promover a responsabilidade individual pelas opiniões manifestadas.

À exceção do período ditatorial, as cartas constitucionais brasileiras sempre garantiram a liberdade de expressão em menor ou maior grau, vedando o anonimato.

No sistema constitucional vigente estabelecido pela Constituição Federal de 1988, a liberdade de expressão, como direito fundamental individual de primeira geração, está disposta no inciso IV, do art. 5º, o qual dispõe que «é livre a manifestação do pensamento, sendo vedado o anonimato», configurando o anonimato como um dever constitucional absoluto a ser observado por todos os cidadãos, mantido no ordenamento sob a justificativa da necessidade de se garantir a transparência nas manifestações de pensamento e a possibilidade de responsabilização do emissor nos casos em que abusos pudessem comprometer direitos de terceiros ou a própria integridade do debate público.

A finalidade da Constituição ao manter a vedação ao anonimato era evitar o cometimento de crimes de injúria, racismo, manifestações que objetivassem desrespeitar a vida privada, depreciar e expor a intimidade alheia e ferir a honra de outrem, ou ainda, que tivessem a intenção de subverter a ordem jurídica, o regime democrático e o bem-estar social (MORAES, 2004, p. 207).

Nesse sentido, a ordem constitucional estabelecida pela Constituição Federal de 1988 assegurou o democrático e civilizado regime de circulação de opiniões, ideias e informações, com exercício amplo e pleno, sobretudo frente ao Estado, como forma de evitar limitações arbitrárias e censuras, ao mesmo tempo em que vedou o anonimato com o intuito de evitar distorções e desvirtuamentos na utilização desse direito[5].

---

5 Por desvirtuamento do direito à liberdade de expressão entende-se o uso que interfere na esfera de direitos fundamentais e na privacidade de outrem ou altera a verdade de fatos e informações.

Como se observa, os motivos que justificaram a inserção da vedação ao anonimato na Constituição republicana de 1891 e na Constituição de 1988 mostram-se notavelmente semelhantes ao longo de quase um século.

Tanto no início da República quanto na redemocratização do país, a proibição do anonimato visava enfrentar desafios comuns relacionados à capacidade de responsabilização por abusos cometidos no âmbito público. Em ambas as épocas, uma imprensa frequentemente polarizada e tendenciosa utilizava o anonimato para atacar adversários políticos sem prestar contas por suas palavras.

No entanto, desde a promulgação da Constituição Federal de 1988 até os dias atuais, têm ocorrido avanços significativos na tecnologia, os quais transformaram profundamente as formas de interação e comunicação social por meio da *internet*, anteriormente restritas à televisão, rádio, jornais e revistas.

O desenvolvimento da *internet*, e, mais recentemente, das plataformas digitais e das mídias sociais provocou uma verdadeira revolução na comunicação, criando espaços para o debate público e para a expressão de opiniões, ampliando exponencialmente o alcance e a velocidade com que as informações são disseminadas, promovendo a chamada conectividade global.

É certo que o constituinte de 1988, quando vedou o anonimato, não previu a sua dinâmica e aplicação para os dias atuais, sobretudo no ambiente virtual.

Atualmente, experiencia-se no mundo inteiro a criação de perfis fictícios e anônimos, alguns desses perfis, inclusive, criados por robôs, que incitam a violência, fazem apologia ao crime, facilitam a propagação de discursos de ódio e desinformação, praticam *bullying* virtual, expõem a intimidade alheia, atingem grupos minorizados e vulneráveis, disparam as chamadas *fake news* e que acabam por manipular, por meio do direcionamento dos algoritmos, (BARROSO, 2024, p. 65)[6] o mundo real, influen-

---

6 A capacidade de participar e de ser ouvido no discurso público on line é atualmente definida pelos algoritmos de moderação de conteúdo das grandes empresas de tecnologia. Embora as plataformas digitais tenham se apresentado inicialmente como espaços neutros, em que os usuários poderiam publicar livremente, elas na verdade desempenham funções legislativas, executivas e

ciando na formação de opiniões e interferindo, até mesmo, na própria democracia.

Em uma outra perspectiva, no entanto, também é possível afirmar que o surgimento de movimentos sociais e protestos *online* demonstra como o uso do anonimato pode capacitar indivíduos marginalizados e grupos vulneráveis a participarem ativamente do debate público, desafiando estruturas de poder estabelecidas. Também os indivíduos integrantes de grupos oprimidos ou submetidos a violência, valendo-se do anonimato, podem exercer o direito de externar suas posições e não sofrerem nenhum tipo de reprimenda.

Nesse contexto, o sistema jurídico brasileiro enfrenta o atual desafio de equalizar as disposições constitucionais tradicionais – livre manifestação do pensamento e vedação ao anonimato – às dinâmicas desse novo cenário digital, no qual a emergência e o crescimento das tecnologias digitais permitem que os indivíduos se expressem de modo anônimo[7], desafiando diretamente essas estruturas.

Esses novos e importantes fatores exigem uma reflexão cuidadosa sobre a interseção entre liberdade de expressão e anonimato e se ainda é coerente, e até mesmo possível, manter a sua proibição no contexto contemporâneo.

Como conciliar toda essa complexa engrenagem? Afinal, enquanto o anonimato pode ser uma ferramenta de proteção para vozes marginalizadas, também pode ser usado para expor a sociedade de modo potencializado a discursos de ódio e campanhas coordenadas de desinformação manipuladas por algoritmos.

---

judiciais, pois: (i) instituem unilateralmente as regras de discurso em seus termos e condições, (ii) definem, por seus algoritmos, como o conteúdo é distribuído e moderado e, por fim, (iii) decidem como essas regras são aplicadas (BARROSO, 2024).

7 Importante afirmar que a manifestação será, pelo menos inicialmente, anônima, havendo intenso debate quanto aos métodos para se rastrear o emissor original daquela manifestação. No entanto, muitas vezes o resultado desse rastreamento poderá se deparar com um robô.

2. ABORDAGEM HISTÓRICA: A INTRODUÇÃO DA VEDAÇÃO AO ANONIMATO E SUA EVOLUÇÃO NO SISTEMA CONSTITUCIONAL BRASILEIRO

A vedação ao anonimato foi introduzida na primeira Constituição da República, de 1891, influenciada pelo cenário político de transição do Império para a República e pelas visões críticas de figuras proeminentes, como Rui Barbosa (BALEEIRO, 2012, p. 65)[8], refletindo as preocupações jurídicas, bem como o próprio contexto social e político da época.

A promulgação da Constituição de 1891 marcou uma mudança significativa na estrutura política do Brasil, substituindo o regime monárquico pelo sistema republicano (MAXIMILIANO, 2005, p. 709)[9]. Esse período de transição foi caracterizado por intensos debates sobre a organização do Estado e as liberdades individuais, especialmente no que se refere à liberdade de expressão e à imprensa.

O Governo Provisório, instituído pelo Decreto 1, de 15 de novembro de 1889, sofria muitas críticas e cisões, em razão das dificuldades enfrentadas pelo novo regime àquele tempo, sendo alvo de considerável hostilidade na imprensa interna (BALEEIRO, 2012, p. 45).

Rui Barbosa, figura central na redação da Constituição de 1891, trouxe consigo uma visão crítica da imprensa da época. Apesar de sua própria atuação como jornalista no Jornal do Brasil, Rui Barbosa via com preocupação o surgimento de uma imprensa que ele julgava irresponsável e que era influenciada por interesses particulares.

A obra de Rui Barbosa *A Imprensa e o dever da verdade* explicita sua luta contra o processo de corrupção da imprensa e a intensa defesa da ética que deveria prevalecer na atividade jornalística

---

8 O Governo Provisório, instituído pelo Dec. no I/1889, era chefiado pelo Marechal de Campo Manoel Deodoro da Fonseca, alagoano, herói do Paraguai, e teve como subchefe, em princípio, Rui Barbosa, baiano (1849-1923), advogado e jornalista, também Ministro da Fazenda. (BALEEIRO, 2012).

9 Os jornaes pregavam a revolta abertamente, cobriam de ridículo o soberano popularíssimo e nem poupavam a honra de sua virtuosa filha, herdeira presumptiva do throno. (MAXIMILIANO, 2005, p. 709).

(BARBOSA, 2019, p. 21-22). Ele argumentava que a liberdade de expressão deveria ser acompanhada de certos limites, a fim de evitar abusos que pudessem prejudicar a ordem pública e a reputação das pessoas, sobretudo das pessoas públicas.

Pelo Decreto 29, de 3 de dezembro de 1889, foi nomeada uma comissão, encabeçada pelo jurista Joaquim Saldanha Marinho, para elaborar um anteprojeto de Constituição, com a finalidade de servir de base aos trabalhos da Assembleia Constituinte.

No anteprojeto da Constituição de 1891 apresentado pela comissão, estava assegurada a liberdade de manifestação do pensamento, sem qualquer referência à vedação ao anonimato.

O Decreto 510, de 22 junho de 1890, que promulgou a Constituição da República dos Estados Unidos do Brasil, estabeleceu em seu art. 72, § 13 "É livre a manifestação das opiniões, em qualquer assumpto, pela imprensa, ou pela tribuna, sem dependencia de censura, respondendo cada um pelos abusos, que commetta, nos casos e pela fórma que a lei taxar".

A entrada em vigor da Constituição estava condicionada à aprovação pelo futuro Congresso Nacional e antes mesmo da submissão do texto do Decreto 510/1890 ao Congresso Nacional, foi publicado o Decreto 914-A, em 23 de outubro de 1890, para promover alterações em seu conteúdo, embora tenha mantido intacta a redação do art. 72, § 13.

Posteriormente, houve uma emenda proposta pela comissão, designada pelo Governo Provisório e coordenada por Rui Barbosa, aprovada em 16 de janeiro de 1891, que acrescentou ao §13º a expressão "não sendo permittido o anonymato" (CÂMARA DOS DEPUTADOS, 1926, p. 609-610).

A introdução da cláusula final no texto constitucional – "não sendo permittido o anonymato"[10] – gerou fervorosos debates nas sessões da Constituinte, como o ocorrido em 26 de janeiro de 1891, liderado pelo deputado constituinte Francisco Luís da Veiga.

---

10 Grafia da época.

Naquela ocasião, o deputado sugeriu a supressão da expressão que proibia o anonimato. Em seu pronunciamento na tribuna, Veiga afirmou:

> A disposição do projecto, além de parecer ser mais própria de uma lei regulamentar da liberdade de imprensa, não julgo seja liberal. A extincção do anonymato não extinguirá o testa de ferro e peiará inutilmente a liberdade do cidadão.
>
> O anonymato não protege só o fraco e oprimido contra os fortes e opressores; muita gente honesta, independente e digna, por isso mesmo que o é, serve-se delle para defender, sem poder ser suspeitada, a leve causa quando identificado com os grandes e poderosos. Em França, no tempo do segundo Imperio, como é sabido, foi abolido o annonymato na imprensa, mas a lei cahiu em completo desuso, com applausos dos melhores amigos da liberdade. Demais, um poder legislativo que, para garantir a liberdade e independência de seus membros, convoca o escrutínio secreto, que é uma espécie de annonymato, não parece o mais proprio para aboli-lo para o povo.

Apesar das calorosas discussões em torno da expressão, a vedação ao anonimato acabou sendo inserida no texto constitucional.

Foi, portanto, nesse contexto, que a primeira Constituição da República dos Estados Unidos do Brasil, publicada em 24 de fevereiro de 1891, previu em seu art. 72, § 12º[11], a vedação ao anonimato, inserida na seção de declaração de direitos, refletindo as preocupações de Rui Barbosa[12] e outros constituintes com os abusos cometidos por manifestações anônimas na imprensa.

---

11 A numeração do parágrafo foi alterada de 13 para 12 em razão da supressão de parágrafo anterior.
SEÇÃO II
Declaração de Direitos
Art.72 - A Constituição assegura a brasileiros e a estrangeiros residentes no paiz a inviolabilidade dos direitos concernentes á liberdade, á segurança individual e á propriedade, nos termos seguintes:
(...) § 12. Em qualquer assumpto é livre a manifestação do pensamento pela imprensa ou pela tribuna, sem dependencia de censura, respondendo cada um pelos abusos que commetter, nos casos e pela fórma que a lei determinar. Não é permittido o anonymato.

12 Rui Barbosa foi um crítico contundente da imprensa que se valia do anonimato para disseminar informações sem responsabilidade (BARBOSA, 1949, p. 226-230). Em seus escritos e discursos, ele expressava seu repúdio a uma cobertura jornalística que fugisse da verdade e enfatizava que a ausência de identificação dos autores enfraquecia a credibilidade e a seriedade do jornalismo, contribuindo para um ambiente de desinformação e difamação.

Ao incluir a vedação ao anonimato na Constituição da República de 1891, Rui Barbosa e seus contemporâneos[13] buscavam estabelecer um equilíbrio entre a liberdade de expressão, a garantia de uma imprensa livre e a necessidade de proteger os direitos individuais contra os escritos e manifestações irresponsáveis (BARBOSA, 1949, p. 226-230).

Assim, nesse ambiente de procurar impedir os abusos cometidos pela imprensa por meio do uso do anonimato irresponsável, como destacava Rui Barbosa (1949, p. 226), que a vedação ao anonimato entrou no sistema constitucional brasileiro[14].

Esta medida influenciou as constituições subsequentes, bem como foi responsável por moldar o entendimento jurídico sobre o anonimato, enquanto limite constitucional à liberdade de manifestação do pensamento no Brasil moderno.

Na Constituição da República de 1934, a vedação ao anonimato foi reproduzida no art. 113, § 9º, no capítulo destinado aos direitos e garantias individuais.

Na Carta Constitucional do Estado Novo de 1937, o art. 122, § 15, b, também previu a vedação ao anonimato no capítulo dos direitos e garantias individuais.

---

13 Barbalho (1924, p. 319), em seu livro Constituição federal brasileira: commentarios, reconhece e enaltece o papel da imprensa no Brasil da época. No entanto, ele argumenta que a vedação ao anonimato seria importante para impor limites, dar comedimento e evitar que a imprensa, às vezes se valendo do anonimato e da covardia, pudesse cometer abusos.
Por fim, argumenta que a inserção da vedação ao anonimato não seria uma novidade sem precedente na legislação, citando o Decreto de 18 de junho de 1822, de José Bonifácio de Andrada e Silva, que previa "Todos os escriptos deverão ser assignados pelos escriptores para sua responsabilidade: e os editores ou impressores, que imprimirem e publicarem papeis anonymos, são responsaveis por eles" (BARBALHO, 1924. p. 321).

14 Em um artigo publicado em 19 de junho de 1893, denominado Liberdade de Imprensa, Rui Barbosa afirmou: Não se procure exculpar, ou atenuar o atentado legislativo com o atrazo da legislatura federal em organizar o regimen da imprensa, resguardando-a por meio de medidas protetoras. A não ser quanto à necessidade, que nos parece urgente, de estabelecer sanções penais eficazes contra o uso do anonimato. que avilta a publicidade entre nós. que a constituição peremptòriamente aboliu, mas que os maus hábitos do nosso jornalismo continuam a explorar, os direitos da palavra escrita, entre nós. encontram na lei fundamental e no código a mais completa defesa legal. Mas não há valos, constitucionais, ou legislativos, que o arbítrio não vingue de um salto, quando os governos são da natureza elástica e resvaladia desses. a que aludiu, com eloqüente indignação, o senador DRUMMOND: (*) "governos sem consciência, cujos atos se revestem dos mais deploráveis excessos.". Barbosa, Rui. A Ditadura de 1893. [Jornal do Brasil]. Obras Completas. Vol. XX, tomo II ao IV. Rio de Janeiro: Ministério da Educação e Saúde, 1949. Pag. 276.

Em 1946, a Constituição previu a vedação ao anonimato no art. 141, § 5º, inserido no capítulo destinado aos direitos e garantias individuais.

Na Constituição de 1988, a vedação ao anonimato está estabelecida no art. 5º, IV, inserido no Título II, dos direitos e garantias fundamentais, mais precisamente no Capítulo I, que trata dos direitos e deveres individuais e coletivos.

Como se constata, desde 1891, à exceção da Constituição de 1967 (e da Emenda Constitucional 1/1969), a previsão de vedação ao anonimato existe no Direito brasileiro.

De toda forma, ainda que a vedação ao anonimato tenha sido reproduzida nas constituições brasileiras, é importante chamar a atenção para uma sutil, mas relevante mudança das constituições anteriores para a Carta Cidadã, de 1988.

Isto porque, enquanto nas constituições anteriores a vedação sempre esteve nos capítulos destinados aos direitos e garantias fundamentais, na Constituição da República de 1988, a proibição ao anonimato está prevista dentro do título destinado a tratar dos direitos e garantias fundamentais, mas, mais especificamente, dentro do capítulo reservado a dispor sobre os direitos e deveres individuais e coletivos.

Nesse sentido, a partir dessa mudança levada a efeito na estrutura da Constituição da de 1988, é possível deduzir que a vedação ao anonimato foi estabelecida como um dever constitucional para garantir o funcionamento adequado e justo da sociedade conforme os princípios e valores fundamentais expressos na Constituição.

Nos anais da Assembleia Nacional Constituinte da Constituição de 1988, pode-se examinar os debates em torno do artigo que instituiu a vedação ao anonimato.

Os deputados que votaram a favor da vedação eram guiados pelo lema: liberdade, sim. Irresponsabilidade, não.

O deputado Constituinte Ulysses Guimarães afirmou "*Aprovamos a liberdade de informação, a responsabilidade de quem informa e a preservação da imagem do homem público. Não apenas na política, mas em qualquer campo*" (SENADO FEDERAL, 1988, p. 124).

Veja-se que, naquele momento, associava-se a vedação ao anonimato também a uma possível quebra do sigilo da fonte (SENADO FEDERAL, 1988, p. 15), partindo do pressuposto de que seria imposta ao indivíduo a obrigação de revelar o ponto de partida da informação, ou seja, a fonte[15].

Contudo, essa questão foi logo esclarecida no sentido de que o desejo do legislador ao impor a vedação ao anonimato seria o da responsabilização pela manifestação de fato inverídico e sem fundamento. Diziam os defensores da proibição do anonimato: liberdade máxima, responsabilidade igual (SENADO FEDERAL, 1988, p. 15).

Os deputados constituintes entendiam que o texto, tal como votado, abriria campo para a liberdade total de manifestação, ao mesmo tempo que resguardava a possibilidade de identificação do responsável direto, preservando-se todas as armas para responsabilização do indivíduo.

A análise das Constituições brasileiras revela a constância na manutenção da vedação ao anonimato como um princípio fundante do ordenamento jurídico nacional. Desde a sua primeira inserção na Constituição republicana de 1891 até a sua manutenção na Constituição Federal de 1988, essa proibição reflete preocupações profundas do constituinte com a garantia da transparência nas manifestações públicas, sobretudo nos meios de comunicação tradicionais existentes à época (televisão, rádio, jornais, revistas, folhetos, entre outros) e a possibilidade de identificação da pessoa com a efetiva responsabilização daquele que cometesse abusos por meio das manifestações de pensamento.

A inserção da vedação ao anonimato na Constituição republicana de 1891 retratou o receio dos excessos da imprensa irresponsável, buscando garantir que as manifestações públicas

---

15 Depois o texto do projeto foi renumerado e depurado e, posteriormente, propôs-se a redação que seria apresentada para a votação em segundo turno, já com um texto mais aperfeiçoado, mais trabalhado e com a exclusão do trecho relativo ao sigilo da fonte, que acabou sendo objeto de previsão expressa no art. 5°, inciso XIV da Constituição da República de 1988 (CÂMARA DOS DEPUTADOS, 1988, p. 4). Assim, o texto inicialmente aprovado foi alterado na votação final.

fossem atribuídas a indivíduos identificáveis, responsabilizando seus autores por suas palavras e ações.

A Constituição da República Federativa do Brasil de 1988, promulgada quase um século depois, manteve esse princípio, reforçando os mesmos fundamentos que motivaram sua inclusão inicial[16].

De toda forma, apesar de historicamente ligada ao receio do Poder Legislativo com eventuais abusos cometidos pela imprensa, o dispositivo, tal como posto na Constituição da República de 1988, aparentemente abarcou toda e qualquer manifestação genérica de pensamento, e não apenas aquelas veiculadas por meio da atividade jornalística.

A esse respeito, no julgamento do Mandado de Segurança 24.369/DF perante o Supremo Tribunal Federal, o Relator do processo, Ministro Celso de Melo, afirmou:

> O veto constitucional ao anonimato, como se sabe, busca impedir a consumação de abusos no exercício da liberdade de manifestação do pensamento, pois, ao exigir-se a identificação de quem se vale dessa extraordinária prerrogativa político-jurídica, essencial à própria configuração do Estado democrático de direito, visa-se, em última análise, a possibilitar que eventuais excessos, derivados da prática do direito à livre expressão, sejam tornados passíveis de responsabilização, "a posteriori", tanto na esfera civil, quanto no âmbito penal. Essa cláusula de vedação - que jamais deverá ser interpretada como forma de nulificação das liberdades do pensamento - surgiu, no sistema de direito constitucional positivo brasileiro, com a primeira Constituição republicana, promulgada em 1891 (art. 72, § 12), que objetivava, ao não permitir o anonimato, inibir os abusos cometidos no exercício concreto da liberdade de manifestação do pensamento, viabilizando, desse modo, a adoção de medidas de responsabilização daqueles que, no contexto da publicação de livros, jornais ou panfletos, viessem a ofender o patrimônio moral das pessoas agravadas pelos excessos praticados, consoante assinalado por eminen-

16 A Constituição da República de 1988 veicula o mais democrático e civilizado regime da livre e plena circulação de ideias, mas sem deixar de prescrever o direito de resposta e todo o regime de responsabilidades civis, penais e administrativas. Direito de resposta e responsabilidades que, mesmo atuando a posteriori, infletem sobre as causas para inibir abusos no desfrute da plenitude de liberdade de imprensa (SUPREM TRIBUNAL FEDERAL, 2009).

tes intérpretes daquele Estatuto Fundamental (JOÃO BARBALHO, "Constituição Federal Brasileira - Comentários", p. 423, 2ª ed., 1924, F. Briguiet; CARLOS MAXIMILIANO, "Comentários à Constituição Brasileira", p. 713, item 440, 1918, Jacinto Ribeiro dos Santos Editor). Vê-se, portanto, tal como observa DARCY ARRUDA MIRANDA ("Comentários à Lei de Imprensa", p. 128, item 79, 3ª ed., 1995, RT), que a proibição do anonimato tem um só propósito, qual seja, o de permitir que o autor do escrito ou da publicação possa expor-se às consequências jurídicas derivadas de seu comportamento abusivo: "Quem manifesta o seu pensamento através da imprensa escrita ou falada, deve começar pela sua identificação. Se não o faz, a responsável por ele é a direção da empresa que o publicou ou transmitiu.

Neste contexto, a interpretação que se deve ter do art. 5º, IV, da Constituição de 1988 é de que a vedação ao anonimato tem como objetivo permitir a identificação das pessoas que publicam ou transmitem informações, de modo que possam ser responsabilizadas por eventuais danos, como ofensas ao patrimônio moral de terceiros. Assim, a norma não visa restringir a liberdade de expressão, mas garantir que seu exercício seja realizado de maneira responsável, permitindo que os autores de abusos sejam chamados a responder por suas ações[17].

Salienta-se, por fim que, no exercício de sua função jurisdicional constitucional, o Supremo Tribunal Federal não se debruçou sobre questões diretamente relacionadas ao anonimato na *internet*.

17 Cabe relembrar que há situações em que a restrição jurídica do acesso de terceiros à identidade de um sujeito é completa, a exemplo dos processos eleitorais, em que a Constituição determina uma vedação absoluta à associação da identidade do eleitor ao conteúdo de seu voto, de modo a proteger a própria democracia. No extremo oposto, há circunstâncias em que é proibida a restrição de identidade, sujeitando-se certos indivíduos a obrigações de divulgação de informações pessoais, como ocorre, por exemplo, no caso da nomeação de servidores públicos ou na divulgação de aprovados em concursos públicos. Entre tais polos há, ainda, uma infinidade de situações de restrição parcial da associação de um indivíduo a determinado comportamento ou discurso, sendo o caso mais facilmente compreensível o do pseudonimato artístico. Desse modo, apesar de ser difundida a ideia de que existiria uma vedação constitucional ao anonimato, é possível observar que o ordenamento jurídico brasileiro utiliza uma ampla gama de técnicas de gestão da identidade, de modo a, em diferentes circunstâncias, proibir, facultar ou determinar a identificação de uma pessoa parcial ou integralmente (WIMMER; CARVALHO, 2022).

3. O ANONIMATO DIGITAL

É indiscutível que o constituinte de 1988, ao vedar o anonimato, não previu sua dinâmica e aplicação no contexto atual, especialmente no ambiente virtual, com a possibilidade de manifestação de opiniões, ideias e circulação de informações de modo anônimo, circunstância esta que desafia atualmente o sistema jurídico brasileiro face às novas realidades da era digital.

O questionamento que se faz é: a vedação ao anonimato pode ser considerada letra morta?

No estágio inicial do desenvolvimento da *internet*, até alguns anos atrás, prevalecia a concepção de uma rede estática, na qual o usuário era o principal agente na busca e acesso ao conteúdo de informação.

Contudo, nas últimas décadas, com o surgimento e a popularização das mídias sociais, a *internet* assumiu uma posição central, ativa e dinâmica na sociedade, caracterizando-se pela produção contínua e multifacetada de conteúdo, frequentemente realizada de forma anônima.

O anonimato digital refere-se à capacidade de um indivíduo realizar ações ou interagir no ambiente *online* sem revelar sua identidade verdadeira.

Também ocorre o anonimato digital quando há a ocultação de dados pessoais, como nome, localização, endereço de IP ou outros identificadores, de forma a evitar a associação direta entre a pessoa e suas atividades na *internet*. Essa anonimização pode ser alcançada por meio de ferramentas de privacidade, como redes privadas virtuais (VPNs), navegadores anônimos ou criptografia.

Nas mídias sociais, os conteúdos muitas vezes são compartilhados ou reproduzidos por usuários sem que a fonte original ou o autor do conteúdo sejam facilmente identificados. Esse fenômeno de anonimização da informação pode ocorrer quando informações, postagens ou mídias são transmitidas por várias pessoas, muitas vezes de forma anônima ou sem atribuição explícita, o que dificulta a rastreabilidade da origem inicial.

Toda essa dinâmica está diretamente ligada à conduta anônima na *internet*, na qual a autoria de uma postagem ou de um conteúdo se torna imprecisa ou deliberadamente oculta.

Em virtude da tradição histórica brasileira no que tange ao uso do anonimato, frequentemente entendido como um meio para a prática de cometimento de crimes, o anonimato digital é concebido de forma análoga, sendo interpretado sob a mesma ótica.

A tendência no Brasil, portanto, é qualificar o fenômeno do anonimato digital, com a criação de perfis anônimos – inclusive automatizados por robôs – como uma ferramenta para incitar violência, propagar discursos de ódio, promover crimes, atacar grupos vulneráveis, disseminar *fake news* e praticar *cyberbullying*.

No entanto, também é relevante analisar esse fenômeno sob outra ótica, pois o surgimento de movimentos sociais e protestos *online* evidencia o potencial do anonimato em empoderar indivíduos marginalizados e grupos vulneráveis, permitindo-lhes participar de forma ativa no debate público e contestar estruturas de poder preexistentes. Além disso, o anonimato oferece aos membros de grupos oprimidos ou vítimas de violência a oportunidade de expressar suas opiniões sem o risco de represálias ou sanções.

Portanto, embora o anonimato digital possa ser utilizado de maneira nociva, ele também desempenha um papel fundamental na promoção da liberdade de expressão e na proteção da privacidade de indivíduos e grupos vulneráveis.

Dessa forma, não se pode encarar o uso do anonimato digital unicamente como algo negativo, uma vez que, quando utilizado de forma ética e responsável, ele pode ser um instrumento importante para a inclusão social, o empoderamento de minorias e a contestação de estruturas de poder opressivas[18].

Entretanto, a controvérsia em torno do anonimato digital vai além da intenção do indivíduo que se manifesta anonimamente,

---

18 Ainda que num país de regime democrático como o Brasil, o Direito estatal não pode exigir que, para levar a efeito sua liberdade de expressão, a pessoa tenha "coragem" bastante para submeter a sério risco sua integridade e segurança pessoal, em vista de possíveis represálias, assédio e discriminação. Em casos tais, impedir o anonimato configura uma restrição que fere o núcleo essencial do direito fundamental (MACHADO; DONEDA, 2020).

abrangendo também um debate mais amplo e técnico sobre a real possibilidade de um anonimato absoluto *online*[19], considerando os rastros digitais deixados na rede.

Em reportagem para a BBC, Rob Shavell, cofundador e chefe executivo do DeleteMe – serviço de assinaturas especializado em remoção de dados pessoais de outras plataformas –, afirma que não dá para apagar todos os rastros digitais (SABINO, 2020), também denominados de registros digitais. A guarda de registros digitais é a prática de armazenar informações sobre as atividades realizadas pelos usuários na *internet* (CONSELHO DIGITAL, 2024).

Tem-se, portanto, uma enorme complexidade que envolve o chamado anonimato digital, sendo chamado por muitos especialistas de falsa sensação de anonimato, isto porque, mesmo quando são utilizadas ferramentas para se ocultar a identidade, é possível, com técnicas avançadas de análise de dados, rastrear a identificação do usuário. Também a coleta de dados pelas plataformas digitais, de forma explícita ou implícita, pode auxiliar na eventual identificação de determinado usuário[20].

As questões se multiplicam. O que significa realmente o anonimato na *internet*: é a total ausência de autoria ou apenas a dificuldade de identificar o autor? Ser anônimo implica não ser identificável de imediato? Se a manifestação é anônima, ela é automaticamente considerada ilegal e deve ser, portanto, eliminada ou somente se tiver conteúdo ilícito? (SIVIERO, 2017) O uso do

---

19 É de se constatar que o cenário atual e futuro se mostra, a princípio, adverso ao anonimato na internet, inclinando-se ao ocaso do usuário anonymous e ascensão daquele nonymous, haja vista (i) a voracidade do mercado e dos provedores de serviço de internet pela recolha de informações de natureza pessoal; (ii) o interesse estatal de prevenção, investigação e repressão de crimes e atos ofensivos que parece ter supremacia sobre liberdades fundamentais; (iii) a desconfiança do poder de efetiva anonimização das técnicas existentes; e (iv) o surgimento de um modelo tecnológico em que a pessoa humana se vê imersa em ambientes inteligentes constituídos de objetos interligados em redes digitais com a função de haurir informações pessoais para oferecer serviços individualizados de acordo com o perfil comportamental (MACHADO; DONEDA, 2020).

20 A Lei 12.965/2014, que instituiu o Marco Civil da Internet, dispõe sobre a necessidade de guarda dos registros de acesso pelos provedores de internet e as situações em que serão obrigados a apresentá-los. Esses registros podem ser requisitados pelas autoridades competentes em casos de investigação, comprometendo a ideia de anonimato absoluto. De toda forma, a história tem mostrado que essa dinâmica nem sempre é tão simples, sobretudo em se considerando a ausência, até o presente momento, de regulamentação das plataformas digitais.

anonimato *online* é, de fato, passível de restrição? O anonimato deveria ser permitido?

Em conclusão, o anonimato digital é um conceito repleto de complexidades e ambiguidades, que desafiam tanto os usuários quanto os especialistas. Apesar de ferramentas destinadas a proteger a identidade, a possibilidade de rastrear indivíduos continua a existir, o que coloca em questão a verdadeira eficácia do anonimato na internet. As discussões sobre sua definição, os limites da sua utilização e as implicações legais revelam um complexo cenário, no qual a linha entre liberdade de expressão e proteção contra abusos pode ser tênue. Assim, o debate sobre o anonimato *online* exige uma análise cuidadosa, ponderando tanto a importância de se garantir a privacidade quanto a necessidade de coibir práticas ilícitas.

4. TRATAMENTO DO ANONIMATO NO DIREITO ESTRANGEIRO

A vedação ao anonimato, conforme ocorre no Brasil, é igualmente observada na Venezuela, mas está ausente nas constituições dos demais países (CONSTITUTE.ORG, 2024), muitos dos quais, na verdade, tratam a questão de maneira diametralmente oposta, enfatizando a necessidade de proteção da privacidade do indivíduo.

Exemplo de um destes países é a Alemanha, onde o direito ao anonimato é parte integrante da liberdade de expressão, bem como do próprio desenvolvimento da personalidade, atuando ainda, como caráter de proteção a grupos eventualmente vulneráveis. A jurisprudência do Tribunal Federal Constitucional alemão protege as manifestações anônimas como parte do direito à livre manifestação de pensamento, bem como trata o direito ao anonimato como um direito de autodeterminação do indivíduo, conforme relatou o professor Lothar Michael, da Universidade de Düsseldorf, na Alemanha, para quem, também deve ser protegido aquele que manifesta opiniões divergentes ou minoritárias (CONJUR, 2016).

Em relevante artigo sobre o tema, Machado e Doneda (2020) expõem decisão da Suprema Corte dos EUA de proteção ao anonimato, no caso *McIntyre v. Ohio Elections Commission*, de 1995, em que se afirmou que "a decisão de um autor de permanecer anônimo [...] é um aspecto da liberdade de expressão protegida pela Primeira Emenda". O artigo afirma ainda que, muito embora a Suprema Corte dos EUA não possua expresso pronunciamento referente ao anonimato *online*, no caso *Reno v. American Civil Liberties Union* arrazoou que ao discurso veiculado pela *internet* deve se estender a proteção que a Primeira Emenda confere à livre expressão e comunicação via demais mídias (MACHADO; DONEDA, 2020).

Também nesse mesmo estudo, Machado e Doneda (2020) expuseram que a Suprema Corte de Israel, em 2010, proferiu uma das primeiras decisões amparando judicialmente o discurso anônimo na plataforma digital.

Portanto, a questão do anonimato digital revela uma diversidade de abordagens no cenário internacional, refletindo as diferentes concepções sobre a liberdade de expressão, a proteção à privacidade e o direito à autodeterminação.

CONCLUSÃO

O exame do instituto do anonimato no contexto jurídico brasileiro, desde a sua inserção na Constituição de 1891 até os desafios impostos recentemente pela era digital, perpassa pela complexidade que envolve as transformações sociais, políticas e tecnológicas atuais.

A vedação ao anonimato, introduzida pela Constituição republicana de 1891 e mantida na Carta Magna de 1988, surge inicialmente como uma providência destinada a combater, principalmente, os abusos cometidos pela imprensa e garantir a responsabilidade pelas manifestações públicas que pudessem prejudicar a ordem pública e a reputação individual, sobretudo dos homens públicos.

Com a revolução tecnológica e a emergência de novas formas dinâmicas de comunicação, a aplicação da vedação constitucional do instituto do anonimato enfrenta um novo paradigma.

O surgimento de plataformas digitais, redes sociais e a disseminação acelerada de informações criaram um cenário no qual a comunicação anônima pode ser utilizada tanto para a proteção de vozes marginalizadas, para a proteção da privacidade do indivíduo quanto para a perpetuação de abusos, como a disseminação de *fake news*, discursos de ódio e manipulação de opinião pública.

O anonimato digital, como um fenômeno complexo, traz à tona novos desafios, especialmente no que diz respeito ao equilíbrio entre a liberdade de expressão e a responsabilização pelos atos praticados no ambiente virtual.

A reflexão sobre o anonimato digital requer, portanto, um exame cuidadoso de suas implicações, tanto para a preservação da privacidade e da liberdade de expressão, quanto para a proteção da ordem pública e da segurança jurídica. O direito à liberdade de expressão não pode ser absoluto, especialmente quando seus abusos ameaçam os direitos e a dignidade de outros indivíduos ou comprometem a própria democracia. Ao mesmo tempo, é imprescindível garantir que os mecanismos legais e digitais de controle respeitem os direitos fundamentais de privacidade, liberdade e segurança.

Assim, é necessário buscar um ponto de equilíbrio que considere as novas dinâmicas digitais e, ao mesmo tempo, preserve os valores centrais da Constituição, como a responsabilidade, a transparência e a proteção contra os excessos. O anonimato, em sua forma contemporânea, exige uma abordagem jurídica mais sofisticada e reflexiva, capaz de responder aos desafios tecnológicos sem comprometer os direitos fundamentais conquistados ao longo da história constitucional brasileira.

Apenas após o amadurecimento efetivo da discussão sobre o anonimato *online*, o Brasil estará em posição de iniciar debates sobre questões ainda mais delicadas, que já foram abordadas em diversos países, como a anonimização de dados pessoais.

REFERÊNCIAS BIBLIOGRÁFICAS

BALEEIRO, Aliomar. *1891*. 3. ed. Brasília: Senado Federal, Subsecretaria de Edições Técnicas, 2012. (Coleção Constituições brasileiras, v. 2). Disponível em: https://bit.ly/3aeCqbN. Acesso em: 18 jul. 2024.

BARBALHO, João. *Constituição federal brazileira: commentarios*. Rio de Janeiro: Typographia da Companhia Litho-Typographia, 1902.

BARBOSA, Rui. *A imprensa e o dever da verdade*. Prefácios de Cid Benjamin, Christian Edward Cyril Lynch. – Brasília: Senado Federal, Conselho Editorial, 2019. (Edições do Senado Federal; v. 272). Disponível em: https://www2.senado.leg.br/bdsf/bitstream/handle/id/564683/imprensa.pdf Acesso em: 18 jul. 2024.

________. *A Ditadura de 1893. [Jornal do Brasil]. Obras Completas*. Vol. XX, tomo II ao IV. Rio de Janeiro: Ministério da Educação e Saúde, 1949.

BARROSO, Luís Roberto. *Inteligência Artificial, Plataformas Digitais e Democracia*. Belo Horizonte: Fórum, 2024.

BRASIL. [Constituição (1824)]. *Constituição Política do Império do Brasil*. 1824. Rio de Janeiro, RJ. Disponível em: https://www.planalto.gov.br/ccivil_03/constituicao/constituicao24.htm . Acesso em: 10 jul. 2024.

________. [Constituição (1891)]. *Constituição da República dos Estados Unidos do Brasil*. 1891. Rio de Janeiro, RJ. Diário Oficial da União. Disponível em: https://www.planalto.gov.br/ccivil_03/constituicao/constituicao91.htm . Acesso em: 10 jul. 2024.

________. [Constituição (1934)]. *Constituição da República dos Estados Unidos do Brasil de 1934*. 1934. Rio de Janeiro, RJ. Diário Oficial da União. Disponível em: https://www.planalto.gov.br/ccivil_03/constituicao/constituicao34.htm . Acesso em: 10 jul. 2024.

________. [Constituição (1937)]. *Constituição dos Estados Unidos do Brasil de 1937*. 1937. Rio de Janeiro, RJ. Diário Oficial da União. Disponível em: https://www.planalto.gov.br/ccivil_03/constituicao/constituicao37.htm . Acesso em: 10 jul. 2024.

________. [Constituição (1946)]. *Constituição dos Estados Unidos do Brasil de 1946*. 1946. Rio de Janeiro, RJ. Diário Oficial da União. Disponível em: https://www.planalto.gov.br/ccivil_03/constituicao/constituicao46.htm . Acesso em: 10 jul. 2024.

________. [Constituição (1967)]. *Constituição da República Federativa do Brasil de 1967* (com Emenda Constitucional 1, de 1969). 1967. Brasília, DF. Diário Oficial da União. Disponível em: https://www.planalto.gov.br/ccivil_03/constituicao/constituicao67.htm . Acesso em: 10 jul. 2024.

________. [Constituição (1988)]. *Constituição da República Federativa do Brasil*. 1988. Brasília, DF. Diário Oficial da União. Disponível em: https://www.planalto.gov.br/ccivil_03/constituicao/constituicao.htm . Acesso em: 16 jul. 2024.

________. Decreto 510, de 22 de junho de 1890. Brasília, DF. Disponível em: https://legis.senado.leg.br/norma/388004/publicacao/15722625 . Acesso em: 16 jul. 2024.

________. Decreto 914-A, de 23 de outubro de 1890. Brasília, DF. Disponível em: https://www2.camara.leg.br/legin/fed/decret/1824-1899/decreto-914-a-23-outubro-1890-517812-publicacaooriginal-1-pe.html#:~:text=Publica%20a%20Constitui%C3%A7%C3%A3o%20dos%20Estados,Governo%20Provisorio%20ao%20Congresso%20Constituinte.&text=Art.,Federativa%2C%20proclamada%20pelo%20decreto%20n. Acesso em: 16 julh. 2024.

________. Supremo Tribunal Federal. ADPF 130. Relator: Min. Ayres Britto, Tribunal Pleno, julgado em 30-04-2009, DJe-208, divulg. 05-11-2009, public. 06-11-2009.

________. Supremo Tribunal Federal. Informativo STF nº 286/2002. Disponível em: http://www.stf.jus.br//arquivo/informativo/documento/informativo286.htm . Acesso em: 10 out. 2024.

CÂMARA DOS DEPUTADOS. *Annaes do Congresso Constituinte da República*. Segunda Edição, revista. Volume II. Rio de Janeiro, Imprensa Nacional, 1926.

_______. Comissão de Redação. *Ata das Reuniões*. Dário da Assembleia Nacional Constituinte. Ano II - Suplemento "B" ao nº 307. Brasília - DF. Disponível em: https://imagem.camara.gov.br/Imagem/d/pdf/307anc23set1988SUPB.pdf Acesso em: 18 jul. 2024.

CONSELHO DIGITAL. A falsa sensação de anonimato na internet: entenda o que é guarda de registro IP e como requisitar dados de acesso. *Conselho Digital*, 2024. Disponível em: https://conselhodigital.org.br/2024/06/a-falsa-sensacao-de-anonimato-na-internet-entenda-o-que-e-guarda-de-registro-ip-e-como-requisitar-dados-de-acesso/. Acesso em: 12 nov. 2024.

CONSTITUTE. Constituições de países do mundo. *CONSTITUTE*, 2024. Disponível em: https://www.constituteproject.org/constitutions?lang=en&q=anonymity. Acesso em: 12 nov. 2024.

CONSULTOR JURÍDICO. Direito ao anonimato decorre da liberdade de expressão, defende professor alemão. *Consultor Jurídico*, 2016. Disponível em: <https://www.conjur.com.br/2016-out-02/direito-anonimato-decorre-liberdade-expressao-professor/>. Acesso em: 15 nov 2024.

EAGLETON, Terry. História do anonimato. *Folha de São Paulo*. São Paulo, 07 de setembro de 2008. Disponível em: https://www1.folha.uol.com.br/fsp/mais/fs0709200814.htm#:~:text=O%20anonimato%20%C3%A9%20a%20condi%C3%A7%C3%A3o,rom%C3%A2ntico%2C%20que%20j%C3%A1%20vai%20tarde.&text=%22Anonymity%20%2D%20A%20Secret%20History%20of,Secreta%20da%20Literatura%20Inglesa%2C%20ed. Acesso em: 11 mar. 2024.

SABINO, Marco Antonio da Costa Sabino. Afinal, existe mesmo anonimato na internet? *FIA*. Disponível em: <https://fia.com.br/blog/anonimato-na-internet/#:~:text=Anonimato%20na%20internet%20%C3%A9%20uma,poderiam%20revelar%20quem%20ele%20%C3%A9.>. Acesso em: 15 nov 2024.

SENADO FEDERAL. Brasília – Distrito Federal. *Diário da Assembleia Nacional Constituinte*. Ano II – nº 175. p. 124. Disponível em: https://www25.senado.leg.br/web/atividade/anais/constituintes . Acesso em: 10 nov. 2024.

SIVIERO, Fabiana. É correta a vedação genérica ao anonimato? *Dissenso.org*. [S.l: s.n.]. Disponível em: <https://dissenso.org/e-correta-a-vedacao-generica-ao-anonimato/>. Acesso em: 16 nov. 2024.

MACHADO, Diego; DONEDA, Danilo. Direito ao anonimato na internet: fundamentos e contornos dogmáticos de sua proteção no direito brasileiro (Right to Anonymity on the Internet: Foundations and Legal Outlines for Its Protection in the Brazilian Law). *Revista de Direito Civil Contemporâneo*, v. 23, nº 7, p. 95–140, 2020.

MAXIMILIANO, Carlos. *Comentários à Constituição brasileira de 1891*. Prefácio de Eros Grau. Brasília: Senado Federal, Conselho Editorial, 2005. Ed. Fac-similar – p. 709.

MORAES, Alexandre de. *Constituição do Brasil interpretada e legislação constitucional*. 4. ed. – São Paulo: Atlas, 2004.

WIMMER, Miriam; CARVALHO, Lucas Borges. O papel e os limites do anonimato: em busca de uma interpretação constitucionalmente adequada. *Pensar*, v. 27, n. 2, p. 1-16, Jun 2022.

CAPÍTULO

3

PLATAFORMA DIGITAL E DEVIDO PROCESSO LEGAL NA BUSCA E APREENSÃO EXTRAJUDICIAL: PERSPECTIVAS E DESAFIOS

Lorena Carla Santos Vasconcelos Sotto-Mayor[1]

Resumo: Este ensaio busca descrever a plataforma digital em que tramitarão as buscas e apreensões extrajudiciais de bens móveis, perquirindo sobre sua adequação à salvaguarda de direitos fundamentais como o direito de propriedade, a ampla defesa e o devido processo legal. Pretende, ainda, fazer incursões na legislação alienígena, em busca de notícias sobre sistemas semelhantes eventualmente utilizados em outros países, distinguindo a comparação em direito propriamente dita da mera notícia.
Palavras-chave: busca e apreensão extrajudicial de bens móveis; plataformas digitais; direitos individuais fundamentais.

---

1 Formada em Direito em 2002. Foi advogada, procuradora do município de Jaboatão dos Guararapes, juíza de Direito em Alagoas e, hoje, é titular do Cartório Campos, em Balneário Camboriú (SC). Pós-graduada em Direito Público pela Universidade Potiguar e mestre em Direito Público pela Universidade Federal de Alagoas.

A Lei 14.711/2023 trouxe inovações, dentre as quais, às que se debruçam sobre o processo de consolidação da propriedade fiduciária de bens móveis, nomeadamente no que cinge a veículos automotores, chegando a autorizar a busca e apreensão extrajudicial de tais bens.

Apelidada de Marco Legal das Garantias, a nova lei possibilitou a bancos e instituições de crédito que celebraram contratos de alienação fiduciária de bens móveis, através de procedimento extrajudicial movido em serventias extrajudiciais de registros de títulos e documentos, constituir eventual devedor em mora, contratar empresas para localização do bem e, após a notificação do devedor, buscá-lo e apreendê-lo extrajudicialmente, para após aliená-lo, de maneira a satisfazer os créditos inadimplidos.

Em fevereiro do ano de 2024 (dois mil e vinte e quatro), tanto a União dos Oficiais de Justiça do Brasil - UNIOFICIAIS/BR, como a Associação dos Magistrados do Brasil – AMB, interpuseram Ações Diretas de Inconstitucionalidade tendo por objeto artigos do Marco Legal das Garantias (ADIs 7600 e 7601), ambas sob relatoria do Ministro Dias Toffoli, ao argumento de que referida lei violaria garantias constitucionais como devido processo legal e reserva de jurisdição, bem como o direito de propriedade.

A Lei 14.711/2023 pretendeu trazer inovações diversas que agilizam a recuperação de créditos através de suas garantias, de onde dimana seu apelido de "Marco Legal das Garantias".

Dentre as inúmeras inovações legislativas, houve diversas disposições que trataram da recuperação de créditos através de procedimentos expropriatórios extrajudiciais, por meio de execuções das garantias perante as serventias extrajudiciais, como registros de imóveis ou de títulos e documentos.

Uma das disposições que mais suscitaram controvérsias, e que de fato é inédita no arcabouço normativo brasileiro, é a possibilidade de busca e apreensão de bens móveis diretamente pelos agentes financeiros, após notificação e persistência da inadimplência por parte do devedor.

O choque entre direitos fundamentais está posto, nesta inovadora e atualíssima disposição legislativa, a desafiar a argúcia dos hermeneutas e atrair a atenção da Ciência do Direito.

É preciso identificar ao núcleo essencial dos direitos fundamentais em relevo e projetá-los em ambiência de proteção do indivíduo, mas, também, concomitantemente, de proteção do mercado e do fluxo de capitais, sistema gerador de riquezas e de otimização do bem estar das populações.

É certo, portanto, que a inovação legislativa posta como objeto de estudo e sua interação com os direitos e garantias individuais, seja das pessoas naturais, seja dos agentes concessores de crédito, possui impacto na vida cotidiana dos indivíduos, vez que contratos de alienação fiduciária em garantia de automóveis são contratos absolutamente corriqueiros, mas também e concomitantemente, na ordem econômica, vez que o ambiente hígido e seguro para a concessão e recuperação de crédito possui relevância ímpar para a robustez da circulação de riquezas.

Todo o procedimento articulado pela Lei 14.711/2023 é processado através da plataforma digital denominada Central do Registro de Títulos e Documentos e Civil de Pessoas Jurídicas (Central RTDPJ Brasil) a qual é organizada e mantida pelo ON-RTDPJ (a seguir, explicaremos sua natureza jurídica).

A Lei 14.711/2023 modificou diversas leis vigentes no Brasil, e dentre elas, o Decreto-Lei 911, de 1º de Outubro de 1969, que trata da alienação fiduciária em garantia de bens móveis. Revogando o art. 8º-A do Decreto-Lei 911/1969, a Lei 14.711/2013 inseriu-lhe os arts. 8º-B a 8º-E, que constituem o regulamento do novo procedimento extrajudicial de expropriação de bens móveis alienados fiduciariamente.

De forma a tornar mais claro o procedimento criado pela Lei 14.711/2023, no que tange às alterações promovidas no Decreto-Lei 911/1969, OLIVEIRA e TARTUCE [2024] dividem a execução extrajudicial de bens imóveis em três atos, a saber, a) consolidação da propriedade; b) busca e apreensão do bem e, c) a própria alienação extrajudicial do bem.

Tais atos podem figurar no mesmo procedimento, mas não há uma relação implicacional entre um e outro. Em outras palavras, pode haver consolidação da propriedade sem que haja busca e apreensão ou alienação extrajudicial, assim como é possível a existência da busca e apreensão sem que tenha havido prévia consolidação da propriedade na via extrajudicial.

Não obstante a referida independência de cada qual desses atos, foram concebidos dentro de uma visão procedimental lógica, tanto sob o ponto de vista de sua cronologia, quanto de suas finalidades.

O primeiro dispositivo legal trazido pela Lei 14.711/2023 ao seio do Decreto-Lei 911/1969, qual seja, o art. 8º-B, finca a necessidade (que é, ao mesmo tempo, verdadeira condição de procedibilidade do procedimento de excussão extrajudicial de bens móveis garantidores de alienação fiduciária em garantia) de cláusula expressa, escrita em destaque, no contrato de alienação fiduciária em garantia, de que existe a possibilidade de o credor optar pela consolidação da propriedade perante o competente cartório de registro de imóveis.

Trata-se de preocupação inicial com a transparência do procedimento, restando a questão, a ser respondida ao longo deste estudo, quanto à sua suficiência para garantia da preservação do conteúdo material da cláusula do devido processo legal, bem como da possibilidade de desafiar a garantia constitucional da inafastabilidade ou da reserva de jurisdição.

Dentro do já referido art. 8º-B da Lei 14.711/2023, fixa-se a competência (tecnicamente, o termo mais apropriado seria "atribuição") do cartório de registro de títulos e documentos onde deverá prosseguir o procedimento, que será o do domicílio do devedor ou do local em que se situa o bem objeto da celebração do contrato.

Mais uma vez, revela-se a preocupação em fixar contornos precisos ao procedimento, de modo a garantir segurança jurídica aos sujeitos que comporão a relação processual, fulcrando-se os locais onde o devedor poderá buscar informações sobre o procedimento e onde poderá exercer atos de resistência à pretensão, conforme previsões legais.

Diante do cartório de títulos e documentos com atribuição para o processamento, o credor fiduciário requererá a consolidação da propriedade fiduciária, comprovando que o devedor se encontra em mora.

Aqui, visualiza-se com grande nitidez o anverso da discussão sobre a constitucionalidade do procedimento extrajudicial de execução da garantia fiduciária da propriedade móvel, que é a proteção ao direito fundamental da propriedade, sob o aspecto da tutela do crédito.

É possível enxergar, de forma contrastada, choque entre direitos fundamentais do credor fiduciário e do devedor fiduciante, o que revolve à necessidade de revisitar conceitos essenciais do Direito Civil, na teoria geral do direito das obrigações, constatando-se a realística interpenetração entre Direito Civil e Direito Constitucional, bem como a eficácia horizontal dos direitos fundamentais.

Deveras, a propriedade fiduciária é classificada por OLIVEIRA e TARTUCE [2024] como propriedade temporária, porque configurada com cláusula resolutiva expressa, segundo a qual, tendo o devedor fiduciante saldado sem mútuo, resolve-se a propriedade do credor fiduciário em favor do primeiro, que passa a titular a propriedade plena sobre a coisa.

Daí a afirmação de que a propriedade fiduciária seria uma propriedade menos plena [OLIVEIRA e TARTUCE [2024]]. Essa categorização de propriedade sem total plenitude se arrima também no fato de que, caso haja a caracterização da mora do devedor fiduciante e se consolide a propriedade fiduciária em favor do credor fiduciário, este tem a propriedade resultante, embora já neste momento liberta da cláusula resolutiva, imantada pela obrigação de fazer consistente em promover a venda judicial do bem.

No caso dos bens imóveis, o credor fiduciário, já detentor da propriedade consolidada, deve promover a venda dos bens através de leilões extrajudiciais. No caso de bens móveis, com a disciplina do Decreto-Lei 911/1969, após as modificações promovidas pela Lei 14.711/2023, o credor fiduciário, uma vez consolidada a propriedade, poderá promover a venda extrajudicial da coisa independentemente de leilões, desde que tenha a posse plena no bem.

Retornando ao procedimento, uma vez requerida a consolidação da propriedade acoplada pela comprovação da mora, o devedor será notificado pelo oficial de registro de títulos e documentos para pagar a dívida no prazo de 20 (vinte) dias, sob pena de consolidação da propriedade em favor do credor fiduciante, podendo apresentar documentos comprobatórios de que a cobrança é indevida, em sua totalidade ou mesmo, parcialmente.

Há, visivelmente, a colmatação da possibilidade de defesa e resistência por parte do devedor fiduciário, muito embora deva-se responder, no estudo a ser desenvolvido, se tal é suficiente para satisfazer a dimensão da amplitude exigida pela Constituição da República.

Segue-se a fase procedimental da avaliação da defesa apresentada pelo oficial de registro, que poderá abster-se de prosseguir no procedimento (art. 8º-B, § 3º do Decreto-Lei 911/1969). Aqui, vivifica-se a dúvida quanto à constitucionalidade da previsão, em face da garantia da inafastabilidade ou reserva de jurisdição.

Segue a Lei 14.711/2023, ao alterar o Decreto-Lei 911/1969, estabelecendo que o não adimplemento do devedor no prazo legal implicará na consolidação da propriedade em favor do credor fiduciário. A averbação gera uma obrigação de fazer para o devedor, é dizer, o depósito da coisa, objeto da garantia, ou sua disponibilização, em favor do credor, no prazo de 5 (cinco) dias sob pena de incorrer em multa de 5% (cinco por cento) sobre o valor da indenização. A partir de então, o credor poderá alienar o bem, sem que para isso precise recorrer a forma específica, à exemplo dos leilões.

Existe, contudo, a possibilidade de o devedor não devolver o bem ou colocá-lo à disposição. Para tal hipótese, o Decreto-Lei 911/1969, com as alterações promovidas pela Lei 14.711/2023, previu a possibilidade de busca e apreensão extrajudicial da coisa, conforme expressa previsão contida no art. 8º-C, §3º.

Aqui, também, há importantes ponderações acerca da constitucionalidade da busca e apreensão do bem de forma extrajudicial, como ela ocorreria na prática, sendo este ato, possivelmente, o clímax das argüições de inconstitucionalidade esgrimidas em face a Lei 14.711/2023.

Conclui-se, com facilidade, que, desde o início da descrição do procedimento ora levado a efeito, até o seu último ato, surgem questionamentos de envergadura constitucional, a atrair a discussão acerca da constitucionalidade de vários dos dispositivos normativos, nomeadamente a expropriação por alienação promovida pelo credor fiduciário e a busca e apreensão extrajudicial do bem. Tudo isso em ambiência digital, suscitando, ainda, dúvidas sobre a interface entre o choque dos direitos fundamentais na arena digital. Deveras, a já referida plataforma digital denominada Central do Registro de Títulos e Documentos e Civil de Pessoas Jurídicas (Central RTDPJ Brasil) a qual é organizada e mantida pelo ON-RTDPJ. encontra sua regulação no CÓDIGO NACIONAL DE NORMAS DO FORO EXTRAJUDICIAL DA CORREGEDORIA NACIONAL DE JUSTIÇA DO CONSELHO NACIONAL DE JUSTIÇA (do Provimento 149), sendo que seu art. 212 , parágrafo único, determina ser obrigatória a adesão de todos os oficiais de registro de títulos e documentos e os oficiais de registro civil das pessoas jurídicas à Central RTDPJ Brasil ON RTDPJ.

Analisando-se a plataforma digital Central do Registro de Títulos e Documentos e Civil de Pessoas Jurídicas (Central RTDPJ Brasil), vê-se que após um bem sucedido projeto piloto, todos os cartórios de registros de títulos e documentos instalados em capitais poderão realizar buscas e apreensões extrajudiciais, hodiernamente. O próximo passo é que todos os cartórios de títulos e documentos do país passem a realizar o procedimento.

O registrador deverá, primeiramente, em seu módulo como pessoa física, habilitar a possibilidade de fazimento de busca e apreensão extrajudicial em sua serventia.

Para fazer um pedido de busca e apreensão, o credor deverá preencher os campos de uma tela que indica a foram como o devedor poderá saldar o seu passivo, devendo necessariamente marcar a opção "pagamento integral" e, facultativamente, as alternativas "parcelas vencidas" e "propor acordo personalizado", em que o credor poderá ofertar condições negociais diferenciadas.

Deverá, a seguir, descrever o bem (ser for um veículo, deverá descrever o chassi e outros dados de individualização. Contudo, pode haver busca e apreensão de outros bens móveis, é sempre bom lembrar) e indicar se deseja registrar o contrato ou apenas, a notificação, conforme disposições legais acima explicitadas. Caso o contrato já esteja registrado, deve ser indicado o cartório em que tal registro se encontra.

O credor deverá fazer, no sistema, a inserção de planilhas que fazem a projeção das dívidas (inteira e das parcelas) por um período aconselhável de sessenta dias, período dentro do qual a diligência deverá ser aperfeiçoada. Tais planilhas poderão ser acessadas pelo devedor, para que possa satisfazer o débito com exatidão.

É preciso que o credor indique também, via plataforma digital, a prova de constituição em mora. Muitos bancos já contam com APIs que os ligam à plataforma, facilitando a remessa de documentos.

Na próxima tela, devem ser inseridos todos os dados do credor, para que o devedor possa conhecer quem está a fazer a cobrança, seus meios de acesso. Também os dados do devedor estarão naquele ambiente virtual. Finalmente, o sistema gera um documento que contém todas essas informações, e que corporificará a notificação que será enviada ao devedor. Há a possibilidade de anexar outros documentos, como por exemplo, procurações para advogados que, eventualmente, subscrevam o pedido.

Após, o credor assinará o requerimento. Automaticamente, esse requerimento ficará pronto para a análise do cartório. O registrador poderá devolver com exigências ou seguir para a notificação do devedor.

Uma vez notificado, o devedor poderá ter total acesso à plataforma e pagar ou contestar, de acordo com as especificações legais, aludidas alhures. Ressalte-se que na própria notificação, há o link para o sistema, para que o devedor possa conhecer todo o teor narrado nos parágrafos anteriores. Segue um prazo de vinte dias para que o devedor se manifeste.

Caso não haja manifestação, o credor, através de um novo requerimento via central eletrônica, poderá demandar a busca e apreensão extrajudicial do bem. Ao pedir a busca e apreensão, o requerente deve indicar o valor da reversão, pois o devedor terá o prazo de cinco dias para haver, de volta, o bem, mediante o pagamento do valor integral da dívida.

Na diligência de busca e apreensão ou logo após, é gerado o termo de posse, através da plataforma, pela pessoa incumbida de concretizar a busca e apreensão. O termo de posse deve conter fotografias do bem, para fixar seu estado no momento da diligência, além de todos os dados de quem estará na posse do bem. Há campo, ainda, para observações, a fim de relatar informações significativas sobre o ato ou o procedimento como um todo. O termo de posse é acessível via qr code pelo devedor, que também poderá acessar diretamente a plataforma.

Vê-se, portanto, que a plataforma criada é livremente acessada por todos os atores que interagem neste procedimento, garantindo transparência, agilidade e segurança para a prática do ato.

Em pesquisas junto a sistemas jurídicos alienígenas, há notícias de estudos, no Direito estrangeiro, que se debruçam sobre *smart contracts*. Para TALAMINI e CARDOSO [2023],

> O conceito de smart contract relaciona-se à utilização de código computacional, registrado em determinada plataforma tecnológica, para a definição de hipóteses que, uma vez verificadas, acarretam a execução automática de determinadas consequências previamente estabelecidas no código.
>
> Isso permite que sejam utilizados para o estabelecimento de relações obrigacionais simples ou complexas (embora, com relação a essas últimas, a utilização de smart contracts possa ser mais problemática, como será examinado mais adiante).
>
> Conforme Shermin Voshmgir, smart contract é um ajuste autoexecutável previsto em código computacional e gerenciado por uma rede de blockchain. O código contém um conjunto de regras sob as quais as partes daquele smart contract ajustaram interagir entre si. Se e quando as regras predefinidas são atingidas, o ajuste é automaticamente executado.
>
> [...]
>
> Para Michèle Finck, os smart contracts são uma das várias aplicações descentralizadas que podem ser executadas numa infraestrutura de blockchain.8 Para a autora, o que distingue os smart contracts de contratos digitais anteriormente existentes é a execução automatizada. Nas redes de blockchain, diante da impossibilidade de modificação do código e das regras previstas pelo smart contract registradas nos blocos de uma rede blockchain, essa execução não pode ser impedida, a não ser que a possibilidade de interrupção esteja especificamente prevista no próprio código do contrato inteligente.

No caso da busca e apreensão, além das relevantes características da tecnologia blockchain, que, segundo TALAMINI e CARDOSO [2023] garantem transparência, imutabilidade, descentralização e resiliência, há a figura de um terceiro imparcial – o registrador de títulos e documentos – que poderá auxiliar na tutela de direitos no curso do procedimento.

Assim, é possível concluir que a central dos registradores de títulos e documentos que deve operacionalizar as buscas e apreensões extrajudiciais possui características similares às da tecnologia blockchain, garantindo transparência e possibilitando a amplitude da defesa no permeio do referido procedimento, podendo ser assemelhada aos *smart contracts* noticiados no Direito alienígena.

REFERÊNCIAS BIBLIOGRÁFICAS

ALEXY, Robert. *Teoria dos Direitos Fundamentais*. - São Paulo : Malheiros Editores, 2008.

ALMADA, Ana Paula P. Lopes ... [et al.] ; coordenação Alberto Gentil de Almeida Pedroso. – 2 ed. – Rio de Janeiro : Método, 2024.

ATAÍDE JR., Jaldemiro Rodrigues de. Uma proposta de sistematização da eficácia temporal dos precedentes diante do projeto de novo CPC. In: DIDIER JR., Fredie (Coord.); BASTOS, Antonio Adonias Aguiar (Coord). *O projeto do novo código de processo civil:* 2ª Série - estudos em homenagem ao professor José Joaquim Calmon de Passos. Salvador : Juspodivm, 2012, pp. 363-409.

ÁVILA, Humberto. *Teoria dos princípios: da definição à aplicação dos princípios jurídicos*. 11ª edição, rev. - São Paulo. Malheiros Editores, 2010.

BARDIN, Laurence. *Análise de Conteúdo*. - Lisboa : Edições 70, 2009.

BENTHAM, Jeremy. *Uma Introdução aos Princípios da Moral e da Legislação*. 2ª ed. - São Paulo: Abril Cultural.

BENTHAM, Jeremy. *Uma Introdução aos Princípios da Moral e da Legislação*. 2ª ed. - São Paulo: Abril Cultural.

BOBBIO, Norberto. *A era dos direitos*. - Rio de Janeiro : Elsevier, 2004

BOBBIO, Norberto. *A era dos direitos*. - Rio de Janeiro : Elsevier, 2004.

CATÃO, Adrualdo Lima. Law and Economics Consequencialism and Legal Pragmatism: the influence os Oliver Homes Jr. In *IVR World Congress Law Science and Technology*, número 25, 2011, Frankfurt am Main. Paper series. Frankfurt am Main: Goethe University Frankfurt am Main, 2012, pp. 1 – 19.

CHALHUB, Melhim Namen. *Alienação fiduciária* – Negócio Fiduciário. 8 ed. – Rio de Janeiro : Forense, 2023.

CITTADINO, Gisele. *Pluralismo, direito e justiça distributiva*. Elementos da filosofia constitucional contemporânea. - Rio de Janeiro : Lumen Juris, 1999.

CITTADINO, Gisele. *Pluralismo, direito e justiça distributiva*. Elementos da filosofia constitucional contemporânea. - Rio de Janeiro : Lumen Juris, 1999.

COSTA, Paulo H. S.; SILVA, Mariluze Ferreira de A. O método pragmático de Charles S. Peirce. *Revista Eletrônica Metanoia*, São João del-Rei/MG, n.13, 2011, pp. 19-32, disponível em <http://www.ufsj.edu.br/revistalable>, acesso em 11 de setembro de 2013.

COSTA, Paulo H. S.; SILVA, Mariluze Ferreira de A. O método pragmático de Charles S. Peirce. *Revista Eletrônica Metanoia*, São João del-Rei/MG, n.13, 2011, pp. 19-32, disponível em <http://www.ufsj.edu.br/revistalable>, acesso em 11 de setembro de 2023.

DEWEY, John. *Experiência e natureza*. Col. Os pensadores, São Paulo: Abril Cultural, 1974.

DEWEY, John. *Experiência e natureza*. Col. Os pensadores, São Paulo: Abril Cultural, 1974.

FARIAS, Cristiano Chaves de. ROSENVALD, Nelson. 11. ed. *Curso de direito civil*: obrigações. Salvador: Podium, 2017.

FARIAS, Cristiano Chaves de; ROSENVALD, Nelson. *Curso de direito civil*: parte geral e LINDB. 19. ed. Salvador: JusPodivm, 2021, v. 1.

FREITAS, Lorena. O realismo jurídico como pragmatismo: A retórica da tese realista de que direito é o que os juízes dizem que é direito. 2009. Tese (Doutorado em Direito) – Universidade Federal de Pernambuco, Recife, 2009.

HERMES, Manuellita. A Doutrina do Direito Comparado no Brasil. *Revista General de Derecho Público Comparado*, nº 33, julio 2023

HORBACH, Carlos. O Direito comparado no STF: internacionalização da jurisdição constitucional brasileira. *Revista de Direito Internacional*, v. 12, n.2, p. 194-210, 2015.

JAMES, William. *What pragmatism means*. Disponível em http://www.marxists.org/reference/subject/philosophy/works/us/james.htm. Acesso em 27.09.2023.

MARINONI, Luiz Guilherme. A jurisdição no Estado Contemporâneo. In: MARINONI, Luiz Guilherme (Coord.). *Estudos de Direito Processual Civil* – Homenagem ao Professor Egas Dirceu Moniz de Aragão. São Paulo: RT, 2005.

NEVES, Marcelo. Entre Hidra e Hércules – *Princípios e regras constitucionais*. - São Paulo. WMF Martins Fontes, 2013

OLIVEIRA, Carlos E. Elias de. TARTUCE, Flávio. *Lei das garantias*: alienação fiduciária em garantia, execução extrajudicial, cartórios, desjudicialização e outros temas; prefácio Ministro Luis Felipe Salomão. - 1. ed. - Rio de Janeiro : Forense, 2024. Edição do Kindle.

PEGORARO, Lucio; RINELLA, Angelo. *Sistemas constitucionais comparados*. Tradução: Manuellita Hermes. Cidade Autónoma de Buenos Aires: Astrea; Torino: G. Giappichelli Editore; vol. 1, São Paulo: Editora Contracorrente, 2021. Cap 1

PEIRCE, Charles Sanders. *How to make our ideas clear*. Disponível em http://www.peirce.org/writings/p119.html. Acesso em 12.09.2023.

POLETI, Claudinei Antonio. LEITE, Gisele. *Alienação fiduciária de bens imóveis*. – Belo Horizonte. Editora B H, 2024.

POSNER, Richard A. *A Economia da Justiça*. São Paulo: Martins Fontes, 2009.

POSNER, Richard A. *Problemas de Filosofia do Direito*. - São Paulo: Martins Fontes, 2007

RAMOS, Glauco Gumerato. Ativismo e garantismo no processo civil: apresentação do debate. *Jus Navigandi*, Teresina, ano 16, nº 2.788, 18fev. 2011 . Disponível em: <http://jus.com.br/revista/texto/18526>. Acesso em: 8 dez. 2023.

SALAMA, Bruno Meyerhof. *A História do Declínio e Queda o Eficientismo na Obra de Richard Posner*. Disponível em http://works.bepress.com/bruno_meyerhof_salama/35. Acesso em 14.09.23.

SALAMA, Bruno Meyerhof. *O que é "direito e economia"?* Uma introdução à epistemologia da disciplima para o estudante o profissional e o pesquisador em direito. Disponível em http://works.bepress.com/bruno_meyerhof_salama/35. Acesso em 15.09.23

SANTAELLA, Lúcia. Contribuições do pragmatismo de Peirce para o avanço do conhecimento. *Revista de Filosofia*. Curitiba, volume 16, nº 18, pp. 75-86, jan./jun. 2004.

SILVA, Fernando Candido da. *Registro de Títulos e Documentos e Registro Civil das Pessoas Jurídicas.* 2ª ed. – Curitiba: Appris, 2019.

SOTTO-MAYOR, Lorena Carla Santos Vasconcelos. Análise pragmática de acórdãos proferidos em habeas corpus: garantismo e antigarantismo nos julgados do Tribunal de Justiça do Estado de Alagoas. Dissertação (Mestrado em Direito). Maceió, 2014.

SOUTO, Cláudio, SOUTO, Solange. *Sociologia do direito*: uma visão substantiva. 3 ed. Porto Alegre: Sérgio Fabris, 2003

TALAMINI, Eduardo. CARDOSO, André Guskow. *Revista do Ministério Público do Estado do Rio de Janeiro* nº 89, jul./set. 2023, p. 47

XIMENES, Julia Maurmann . Levantamento de dados na pesquisa em direito - A técnica da análise de conteúdo. In: Vladmir Oliveira da Silveira. (Org.). Anais do XX Congresso Nacional do CONPEDI Tema: *A Ordem Jurídica Justa*: um diálogo Euroamericano. 1ed. Florianópolis: Fundação Boiteux, 2011, v. 1, p. 7608-7622

ZWEIGERT, Konrad; KÒTZ, Hein. *As introduction to Comparative Law*. 3 ed. Oxford. Oxford University Press. 1998 (caps. 1 e 2).

CAPÍTULO

4

O TRATAMENTO DISPENSADO AOS DADOS PESSOAIS E ANÁLISE DOS ATOS DE CONCENTRAÇÃO EM MERCADOS DIGITAIS

Henrique Telles Vargas[1]

Resumo: A transformação digital e o domínio dos dados pessoais remodelaram profundamente os mercados contemporâneos, especialmente no contexto das redes sociais e serviços digitais. Este capítulo investiga o tratamento dispensado aos dados pessoais sob o viés regulatório e a análise dos atos de concentração em mercados digitais no Brasil e na União Europeia. A centralidade dos dados como ativo econômico levanta preocupações relacionadas à concorrência, inovação, privacidade e liberdade de expressão. As grandes plataformas, como Facebook e Instagram, concentram vastos volumes de dados pessoais, o que lhes confere vantagens competitivas e influencia diretamente a estrutura de mercado. Esse fenômeno cria barreiras à entrada de novos competidores e consolida o poder das empresas dominantes. A Lei Geral de Proteção de Dados (LGPD) no Brasil, inspirada pelo Regulamento Geral de Proteção de Dados (GDPR) da

1 Doutorando em Direito Constitucional no Instituto Brasileiro de Ensino, Desenvolvimento e Pesquisa (IDP). Mestre em Direito na Universidade Federal de Santa Catarina 2023 (UFSC). Master of Laws LLM em Direito Empresarial pela Fundação Getúlio Vargas 2018 (FGV). Graduado em Direito pela Universidade do Sul de Santa Catarina 2012 (UNISUL). Professor Universitário (Graduação e Pós-Graduação em Direito). Procurador Geral do Município de Garopaba/SC. Advogado. Sócio Proprietário do escritório Araujo, Reinisch & Telles Advogados. Autor da obra: A análise Concorrencial dos atos de concentração em mercados digitais. Coautor dos livros: Sociedades Limitadas: estudos da Comissão de Direito Empresarial da OAB/SC (2018), Compliance e Proteção de Dados (2021), Juscibernética: A liberdade da informação e o controle algoritmo na sociedade de informação (2022), Percepções Sobre o Ensino do Direito: perspectivas históricas, conceituais e metodológicas (2022). Estudos na Perspectiva de Uniformização, Coletivização e Enforcement do Direito (2023). Construyendo Puentes: Colaboración Jurídica entre Chile y Brasil (2025). Autor de diversos artigos jurídicos.

União Europeia, visa equilibrar a inovação tecnológica com a proteção da privacidade dos indivíduos.

Por outro lado, o Direito Antitruste enfrenta desafios inéditos na análise de atos de concentração nesses mercados dinâmicos, onde o controle sobre dados representa um novo vetor de poder econômico. A necessidade de repensar as estruturas regulatórias e políticas públicas torna-se evidente para mitigar os riscos concorrenciais e éticos decorrentes dessa nova realidade digital.

Este estudo conclui que há uma interdependência crescente entre proteção de dados e regulação antitruste, exigindo uma abordagem integrada para garantir mercados justos e proteger os direitos dos cidadãos.

Palavras-chave: dados pessoais; regulação; Direito Antitruste; LGPD; GDPR; atos de concentração; mercados digitais.

1. INTRODUÇÃO

Nas últimas décadas a transformação digital trouxe profundas mudanças para a sociedade[2]. O rompimento de barreiras geográficas é fruto da tão aclamada "globalização", a qual ao final do dia tem a pretensão de criar uma universalização de cultura. Todo esse pulsante "movimento", que foi [ainda é] potencializado pela internet criou novos mercados, esses sob premissas de existência e operação totalmente digitais, desaguando numa necessidade de reflexão sobre suas regulações.

No Brasil, especialmente, redes sociais como Facebook, Instagram e Twitter emergiram como poderosas ferramentas de comunicação, mas também como agentes econômicos que controlam vastas quantidades de dados pessoais. Esse domínio sobre os dados alterou significativamente as dinâmicas de mercado e gerou preocupações em torno da concorrência, inovação, privacidade e liberdade de expressão.

A análise dos atos de concentração em mercados digitais — fusões e aquisições que envolvem plataformas de redes sociais e outros serviços digitais — é essencial para entender como o poder econômico é distribuído e controlado.

A questão central deste trabalho é investigar o tratamento dado aos dados pessoais no Brasil e na União Europeia sob o viés

2 Trata-se sociedade no sentido global, ou seja, abarcando o que se chama vulgarmente de sociedade ocidental e oriental.

regulatório, mais especificamente no que toca aos atos de concentração econômica envolvendo mercados digitais. O problema que guia este estudo é o seguinte: A análise dos atos de concentração em mercados digitais acaba por influenciar diretamente a (des)regulação do uso de dados pessoais pelos agentes econômicos? Para responder a essa questão, é necessário explorar como o controle sobre dados, a liberdade de expressão e a concorrência estão entrelaçados, com implicações para os reguladores e para o futuro desses mercados.

Este texto analisa a regulação dos mercados digitais no Brasil, sob o viés do Direito Antitruste, com foco na análise prévia dos atos de concentração, oferecendo uma visão abrangente de como a concentração de dados no mercado digital impacta diretamente a liberdade e a privacidade dos usuários.

2. O NOVO PETRÓLEO: DADOS PESSOAIS

O mercado digital se caracteriza pela rápida evolução tecnológica e pela capacidade de capturar e processar grandes volumes de dados em tempo real. As redes sociais, como intermediárias entre usuários e conteúdo, ocupam uma posição única nessa economia baseada em dados. Plataformas como o Facebook, que inicialmente começaram como espaços de socialização, rapidamente se transformaram em gigantes da publicidade digital, utilizando dados de usuários para personalizar anúncios e maximizar receitas (Freitas, 2019).

No entanto, o (des)controle sobre dados cria riscos concorrenciais. Como apontam Ezrachi e Stucke (2016), o uso intensivo de algoritmos para processar dados pessoais pode criar barreiras à entrada para novos competidores, limitando a inovação e consolidando o poder das grandes plataformas. Esse fenômeno é particularmente evidente nas redes sociais, onde efeitos de rede — a tendência de que o valor de uma plataforma aumente conforme o número de usuários cresce — fortalecem as empresas dominantes.

A interseção entre a evolução das bases econômicas e a relação entre o direito à proteção de dados e o Direito Antitruste tem se tornado crucial no contexto da economia digital. Com o advento do Big Data[3], as empresas passaram a coletar, armazenar e analisar imensos volumes de dados pessoais para otimizar operações, promover inovação e personalizar produtos e serviços, transformando os dados em um recurso essencial para a competitividade (Ciuriak, 2018).

Essa nova dinâmica econômica afeta diretamente a proteção de dados, uma vez que o aumento do uso de dados pessoais eleva os riscos de violação da privacidade e uso inadequado, exigindo uma regulamentação adequada para resguardar os direitos dos indivíduos (Ezrachi e Stucke, 2016). Ao mesmo tempo, o controle de grandes volumes de dados proporciona às empresas, principalmente àquelas plataformas digitais a exemplo das redes sociais, uma vantagem competitiva significativa, influenciando o cenário concorrencial ao dificultar a entrada de novos competidores e promovendo a concentração de mercado (Miranda, 2021).

Assim, o desenvolvimento das bases econômicas sugere a necessidade de reconsiderar a interação entre a proteção de dados e o Direito Antitruste, promovendo, por exemplo, o acesso a dados e a sua portabilidade como forma de evitar práticas anticompetitivas (Hasenclever e Silva, 2007). Nesta nova era, algoritmos, Inteligência Artificial (IA) e aprendizado automático estão remodelando os processos produtivos, de consumo e interação, impulsionando uma transformação contínua e profunda (Zuboff, 2019).

O conceito de "economia do conhecimento" proposto por Drucker (1969) destacou a centralidade do conhecimento para o desenvolvimento econômico, sendo posteriormente refinado por autores como Powell e Snellman (2004), que descrevem a economia do conhecimento como uma economia dependente de atividades intensivas em conhecimento. A transição para uma economia baseada em dados reflete uma mudança na maneira como as empresas operam, colocando os dados como o principal recurso de criação de valor, ao invés do conhecimento (Meireles, 2021).

---

3 O Big Data pode ser definido como fenômeno/tendência de coletar, adquirir, armazenar e processar grandes volumes de dados digitais para criar valor econômico (Bagnoli, 2020).

Porém, essa transição também apresenta desafios importantes, como a necessidade de proteger a privacidade e dados, bem como garantir uma infraestrutura adequada para a coleta e análise dos volumes crescentes de dados. Além disso, a economia baseada em algoritmos introduz novos riscos, como o viés algorítmico e a falta de transparência em decisões automatizadas, elementos que necessitam de regulamentação [Azevedo (apud Harvey), 2004].

Salienta-se que a gestão responsável dessa transição para a economia de dados é essencial para que se possa aproveitar as oportunidades enquanto se mitigam os riscos relacionados à privacidade, equidade e bem-estar social, garantindo que as implicações éticas e econômicas sejam levadas em consideração (Ezrachi e Stucke, 2016).

Em termos econômicos, a concentração de poder de certos players tem impactos profundos. Plataformas de "preço zero", onde os usuários não pagam diretamente pelo serviço, mas são monetizados indiretamente por meio de publicidade segmentada, alteram as dinâmicas de mercado. O poder de mercado não reside mais apenas na oferta de serviços, mas na capacidade de processar dados e utilizá-los para influenciar o comportamento dos consumidores e as escolhas de mercado.

A exemplo, a evolução do poder das redes sociais na sociedade moderna reflete uma transformação profunda nas dinâmicas econômicas e sociais. Historicamente, o poder econômico se concentrava em setores tradicionais, como a indústria e o comércio, onde as empresas competiam por participação de mercado principalmente com base em produtos e serviços tangíveis. Com o surgimento das plataformas digitais, especialmente as redes sociais, esse paradigma mudou substancialmente.

Esses fatos revelam um aspecto fundamental dessa transformação: a mudança de um modelo econômico baseado em transações diretas, para um no qual os usuários se tornaram os produtos. As plataformas de "preço zero" oferecem serviços aparentemente gratuitos, mas, na realidade, capturam e monetizam os dados dos usuários através de publicidade segmentada. Isso significa que o poder de mercado dessas empresas não reside mais apenas em fornecer uma rede de interação, mas sim na capacidade de coletar, processar e analisar vastas quantidades de dados pessoais para influenciar decisões e comportamentos.

Esse modelo redefine o que entendemos por poder econômico, porque a informação e o controle sobre os dados se tornam as novas moedas de troca. Ao dominar o processamento de dados e a modelagem de comportamento, essas plataformas acumulam poder de mercado de forma sem precedentes. Elas não só controlam o fluxo de informações que as pessoas consomem, mas também moldam as escolhas de mercado dos indivíduos, criando um ciclo de retroalimentação em que o comportamento do usuário é continuamente analisado, previsto e influenciado.

Esse poder não se limita ao âmbito econômico, pois também se estende ao social e político, pois as mesmas ferramentas usadas para influenciar decisões de consumo podem ser utilizadas para moldar opiniões políticas e sociais, amplificando discursos e polarizações. Ao concentrar esse poder em poucas mãos, essas plataformas exercem uma influência global sobre a sociedade moderna, transformando a natureza da comunicação, da interação social e do exercício de poder.

Essa evolução de poder destaca a crescente importância de repensar as estruturas regulatórias e as políticas públicas, uma vez que essas plataformas desafiam fronteiras tradicionais do direito e da economia, exigindo novos frameworks para lidar com suas externalidades.

3. O TRATAMENTO DE DADOS PESSOAIS NO BRASIL

A Lei Geral de Proteção de Dados (LGPD) representa um marco regulatório significativo no Brasil, delineando a forma como dados pessoais devem ser coletados, armazenados, tratados e compartilhados. Seu surgimento foi impulsionado pela necessidade urgente de proteger os direitos fundamentais de liberdade, privacidade e o livre desenvolvimento da personalidade na sociedade contemporânea. A LGPD, sancionada em 14 de agosto de 2018

(Lei 13.709/2018) e em vigor desde 18 de setembro de 2020, surge em um contexto global de preocupação crescente com a proteção de dados, especialmente após a implementação do Regulamento Geral de Proteção de Dados (GDPR) na União Europeia em 2018.

A lei tem como foco principal a proteção dos dados pessoais dos cidadãos, buscando equilibrar a inovação tecnológica com o respeito aos direitos humanos. É importante notar que a LGPD não se aplica a informações sigilosas de negócios, como segredos industriais, planos estratégicos ou algoritmos proprietários, a menos que esses dados incluam informações pessoais identificadas ou identificáveis. Para esses casos, outras legislações específicas, como a Lei de Propriedade Industrial (LPI) e a Lei de Direitos Autorais (LDA), fornecem a proteção necessária. Contudo, sempre que dados pessoais estiverem envolvidos, a LGPD prevalece como instrumento de tutela jurídica.

O surgimento da LGPD está intrinsecamente ligado à evolução das preocupações globais com a privacidade dos dados pessoais na era digital. Antes da LGPD, o Brasil possuía uma série de leis esparsas que tratavam de aspectos relacionados à privacidade, como o Código Civil (2002), o Código de Defesa do Consumidor (1990) e o Marco Civil da Internet (2014). No entanto, essas legislações não apresentavam um sistema coeso e abrangente de proteção de dados.

A promulgação do GDPR na União Europeia foi um catalisador para a criação da LGPD. O GDPR elevou os padrões globais de proteção de dados, exigindo que nações com relações comerciais com a Europa possuíssem legislações equivalentes. Nesse contexto, o Brasil se viu compelido a modernizar sua legislação para evitar prejuízos econômicos e proteger adequadamente os direitos dos cidadãos. De acordo com Burkart (2021), a LGPD é uma resposta direta às exigências internacionais, enquanto Soares (2019) destaca que a lei brasileira se inspira substancialmente no regulamento europeu. É pertinente salientar a congruência dessa Lei com o GDPR – em inglês, General Data Protection Regulation – da UE, que já está em operação desde 25 de maio de 2018.

A promulgação da GDPR foi o ponto de partida para uma revisão global das políticas de proteção de dados, uma vez que delineia uma premissa fundamental: apenas permite transações comerciais com nações que também possuam legislação de proteção de dados consolidada. Esse contexto europeu reverberou nas políticas brasileiras, culminando na sanção presidencial de Michel Temer à LGPD em 14 de agosto de 2018, um movimento que veio a complementar as diretrizes estabelecidas pelo Marco Civil da Internet (MCI) de 2014. A LGPD trouxe consigo uma nova cultura de responsabilidade na administração dos dados pessoais. A trajetória da legislação reflete um esforço de adequação à realidade tecnológica, onde a proliferação de dados exige regulamentações que garantam a segurança e a transparência no seu uso.

Ao prever seus fundamentos da LGPD, o legislador demonstrou interesse em harmonizar sua existência com o respeito à privacidade, devendo ser coibidos eventuais excessos, como a injúria e a difamação, conforme já são garantidos pela legislação pátria. No mais, em caso de excesso da liberdade de expressão com violação das normas relativas ao tratamento dos dados pessoais, deve prevalecer o respeito à privacidade, objetivo e fundamento da LGPD. No entanto, a LGPD existe para regular juridicamente um fenômeno de mercado e, assim, não visa engessá-lo. Conforme já explanado, a coleta de dados e seus desdobramentos são um mercado valiosíssimo. Nesse sentir, a livre iniciativa é um fundamento de mercado — e assim é previsto constitucionalmente. Sem a garantia da livre iniciativa no tratamento de dados pessoais, poder-se-ia vivenciar, em vez de um crescimento exponencial do Big Data, uma retração da economia pautada em dados.

4. O TRATAMENTO DE DADOS PESSOAIS NA UNIÃO EUROPEIA

Destaca-se, logicamente, que a legislação consubstanciada na LGPD não constitui exclusividade nem invenção do Brasil. A salvaguarda das pessoas físicas no que tange à proteção de seus dados pessoais é enaltecida como um direito fundamental na jurisprudência da União Europeia, conforme estipulado no art. 8º, seção 1, da Carta de Direitos Fundamentais da UE – Convenção

Europeia para a Proteção dos Direitos do Homem e das Liberdades Fundamentais (CEDH, 2000).

Anota-se que o disposto no art. 8° baseia-se no art. 286 do tratado que institui a Comunidade Europeia e na Diretiva 95/46/CE do Parlamento Europeu e do Conselho, de 24 de outubro de 1995, relativa à proteção das pessoas singulares no que diz respeito ao tratamento de dados pessoais e à livre circulação desses dados, bem como no art. 8° da CEDH e na Convenção do Conselho da Europa para a Proteção das Pessoas relativamente ao Tratamento Automatizado de Dados de Caráter Pessoal (CEDH, 2000). Em maio de 2018, entrou em vigor o GDPR, um marco europeu na regulação e na proteção de dados pessoais, que prevê expressamente um rol de direitos ao usuário. Durante muito tempo, inclusive no contexto europeu, a proteção de dados foi considerada irrelevante para o Direito Antitruste. Pais (2020) ressalta esse ponto, lembrando que basta observar o comportamento da comissão europeia frente ao caso do Facebook/WhatsApp e Microsoft/LinkedIn.

No entanto, o cenário já não é mais o mesmo: o *European Data Protection Board* (EDPB), órgão responsável por assegurar a aplicação coerente do GDPR, é responsável, entre outras atividades, por elaborar diretrizes, recomendações e melhoras práticas para o devido cumprimento da legislação do GDPR. Esse órgão emitiu, em 2018, uma declaração sobre os impactos da proteção de dados em casos de concentração econômica, deixando claras a intenção e a necessidade de analisar atos de concentração e seus efeitos, não somente sob os usuários, mas na perspectiva das condutas horizontais, ou seja, diretamente sob a ótica concorrencial.[4]

---

4 Case da proposta de aquisição da Shazam pela Apple: a Comissão Europeia abriu uma investigação para avaliar a proposta de aquisição da Shazam pela Apple sob o fundamento do Regulamento de Concentração Econômica da EU, diante da preocupação de a concentração poder reduzir a escolha dos usuários de serviços de transmissão de música, bem como, após a aquisição do Shazam, a Apple obter acesso a dados comercialmente sensíveis sobre os clientes dos seus concorrentes para o fornecimento de serviços de transmissão de música. A Comissão concluiu que a aquisição não suscita preocupações do Direito da Concorrência. Mais precisamente, que a entidade resultante da fusão não seria capaz de prejudicar ou retirar do mercado fornecedores concorrentes de serviços de transmissão de música, acessando dados comercialmente sensíveis sobre os seus clientes ou restringindo o acesso à aplicação Shazam. Ao chegar a essa decisão, a Comissão concluiu que o apli-

A nitidez da necessidade do Direito Antitruste regular em alguns aspectos o fenômeno do *Big Data* transbordou a mera declaração de autoridades reguladoras a respeito da ligação entre proteção de dados e regulação de mercado. São inúmeros os *cases* nos quais as autoridades antitruste abarcam matérias inerentes ao fenômeno da coleta, manipulação, disponibilidade e corretagem de dados. Conforme Santos e Moraes (2018, p. 122), "uma empresa que se utilize de práticas abusivas no relacionamento com o consumidor, aproveitando-se de sua situação de vulnerabilidade, possivelmente corresponderá, também, em desequilíbrio no âmbito concorrencial".

Ao passo que novos e poderosos personagens surgem no mercado, os olhos da legislação antitruste se voltam a ele. Claro que muitas vezes a atenção das agências reguladoras demoram um pouco para se adequar à nova dinâmica do mercado, no entanto é escopo básico da legislação antitruste a regulação de mercado. Na opinião de Coelho (1995), o Direito Antitruste, ao zelar pelas estruturas fundamentais do sistema econômico de liberdade de mercado, acaba refletindo não apenas sobre os interesses dos empresários vitimados pelas práticas lesivas à constituição econômica, como também sobre os dos consumidores, trabalhadores e, por meio da geração de riquezas e do aumento dos tributos, os interesses da própria sociedade em geral.

As autoridades antitruste ainda não haviam se debruçado completamente sobre as implicações do uso de *Big Data* para uma política de defesa da concorrência, mas essa situação tem se modificado com o surgimento de discussões sobre as preocupações anticompetitivas suscitadas pela exploração dessa capacidade. A necessidade de incorporar considerações de privacidade na análise antitruste emergiu em 2007, à luz da aquisição da DoubleClick pelo Google. Essa transação despertou a preocupação

---

cativo Shazam tinha apenas uma relevância limitada como ponto de entrada para os concorrentes de streaming de música da Apple Music, e que a integração dos conjuntos de usuários do Shazam não conferiria uma vantagem única à entidade resultante da fusão, especialmente porque os serviços de streaming concorrentes continuariam a poder acessar e usar bancos de dados semelhantes (European Comission, 2018; Schoorisse; Cole, 2018).

de diversos atores, incluindo indivíduos e agentes econômicos, em relação à integração das bases de dados das duas entidades e a capacidade ampliada do Google de rastrear a atividade dos usuários, inclusive fora de sua própria plataforma.

No âmbito internacional, são inúmeros os *cases* que interligam o Direito Antitruste à proteção de dados em massa. Atos de concentração baseados em dados já foram diversas vezes colocados em xeque pelas autoridades antitruste internacionais. O *case* sobre a aquisição do WhatsApp pelo Facebook é emblemático. Nele, a Comissão Europeia multou o Facebook em 10 milhões de euros por fornecer informações incorretas ou enganosas durante a investigação de 2014 realizada pela Comissão (Cardoso; Tsoni, 2017). O protagonismo de casos envolvendo o Facebook, Meta, em "comércio de dados" é evidente, seja por meio de suas aquisições, seja pelo compartilhamento entre suas outras plataformas digitais, a exemplo do WhatsApp e do Instagram.[5]

5. INTERRELAÇÕES ENTRE INSTITUIÇÕES DE PROTEÇÃO DE DADOS E DEFESA DA CONCORRÊNCIA NA UNIÃO EUROPEIA

A interseção entre a proteção de dados e a defesa da concorrência é um campo dinâmico e desafiador no Direito comparado europeu. A crescente digitalização e globalização das atividades econômicas fizeram das informações pessoais ativos extremamente valiosos. Esse cenário torna a privacidade dos dados e a concorrência justa áreas fundamentais para a regulação dos mercados contemporâneos. Conciliar a necessidade de coleta e tratamento de dados com o direito à privacidade, sem compro-

---

5 Em outro case polêmico, o Escritório Federal de Concorrência alemão (Bundeskartellamt) proibiu o Facebook de combinar dados de usuários de diferentes fontes, porque serviços de propriedade dele, como o WhatsApp e o Instagram, poderiam continuar a coletar dados. Para o órgão, atribuir os dados às contas de usuário do Facebook só seria possível quando houvesse consentimento livre dos usuários nesse sentido. Quando o consentimento não fosse realizado, os dados deveriam permanecer dentro do respectivo serviço e não poderiam ser processados em combinação com os dados do Facebook; coletar dados de sites de terceiros e atribuí-los a uma conta de usuário do Facebook também só seria possível se os usuários dessem seu consentimento livre para tal finalidade (Bundeskartellamt, 2019).

meter a competição, é um dos principais desafios enfrentados pelas agências reguladoras da União Europeia (UE).

A regulamentação da proteção de dados na Europa tem raízes históricas em eventos importantes. A Convenção Europeia de Proteção de Dados de 1981 estabeleceu princípios básicos de privacidade, mas foi com a Diretiva 95/46/EC que surgiram as autoridades independentes de proteção de dados nos Estados-Membros da UE. Essa diretiva reconheceu tais autoridades como "elemento essencial" para proteger os titulares dos dados.

Antes mesmo da Diretiva 95/46/EC, a França destacou-se com a criação da Comissão Nacional de Informática e Liberdades (CNIL) em 1978, uma das primeiras autoridades do mundo dedicadas à proteção de dados. A CNIL serviu como modelo e impulsionou o desenvolvimento de legislações semelhantes em outros países europeus, culminando no Regulamento Geral de Proteção de Dados (GDPR) de 2018. Este regulamento harmonizou as leis de proteção de dados em toda a UE e fortaleceu o papel das autoridades nacionais.

Duas instituições de destaque são responsáveis pela proteção de dados na UE: a Autoridade Europeia para a Proteção de Dados (AEPD) e o Comitê Europeu de Proteção de Dados (EDPB). A AEPD, estabelecida pelo GDPR, tem o papel de supervisionar a conformidade das instituições da UE com as leis de proteção de dados, emitir diretrizes e promover a cooperação entre autoridades nacionais. O EDPB, por sua vez, coordena essas autoridades, garantindo a aplicação consistente do GDPR em todo o bloco. A Comissão Europeia, embora não seja exclusivamente dedicada à proteção de dados, também desempenha um papel fundamental na formulação de políticas e na supervisão do cumprimento das regulamentações pelos Estados-Membros. No campo da defesa da concorrência, a Diretoria-Geral de Concorrência (DG COMP) da Comissão Europeia é a principal instituição responsável pela aplicação das normas antitruste da UE. Essas normas, codificadas nos arts. 101 e 102 do Tratado sobre o Funcionamento da União Europeia (TFUE), visam prevenir práticas anticompetitivas, como cartéis e abusos de posição dominante.

A DG COMP atua na investigação de fusões, aquisições e práticas comerciais que possam afetar a livre concorrência. Trabalha em estreita colaboração com as autoridades nacionais de concorrência dos Estados-Membros para garantir uma aplicação uniforme das regras em toda a UE.

Com o avanço da economia digital, as inter-relações entre as áreas de proteção de dados e defesa da concorrência tornaram-se cada vez mais evidentes. Empresas que dominam grandes volumes de dados podem obter vantagens competitivas desleais, levantando preocupações tanto em relação à privacidade quanto à concorrência justa.

Por exemplo, em casos de fusões entre empresas de tecnologia que detêm grandes bases de dados, as implicações precisam ser analisadas sob duas perspectivas: o impacto na privacidade dos indivíduos e o potencial para abuso de posição dominante. Essa dualidade exige uma colaboração efetiva entre as autoridades de proteção de dados e as de defesa da concorrência.

A revisão de fusões é uma área crítica dessa inter-relação. Quando duas empresas com grandes bases de dados planejam se fundir, as autoridades devem considerar como a concentração de dados pode afetar a concorrência e a privacidade. Casos emblemáticos mostram que a acumulação de dados pode fortalecer monopólios e comprometer os direitos dos cidadãos.

Outro aspecto relevante é a cooperação e coordenação entre as autoridades. Embora os objetivos de cada uma sejam distintos – as de proteção de dados focam nos direitos individuais, enquanto as de concorrência visam mercados justos –, ambas precisam trabalhar juntas para resolver questões complexas na economia digital. A troca de informações e a criação de diretrizes conjuntas são mecanismos essenciais para essa cooperação.

A interrelação entre proteção de dados e defesa da concorrência na União Europeia reflete a complexidade dos mercados digitais contemporâneos. A colaboração entre instituições como a AEPD, o EDPB e a DG COMP é fundamental para garantir um equilíbrio entre a inovação tecnológica, a concorrência justa e a proteção da privacidade dos indivíduos. A evolução contínua dessa relação será crucial para enfrentar os desafios regulatórios emergentes e proteger os interesses dos cidadãos e das empresas em um mundo cada vez mais digitalizado.

6. ATOS DE CONCENTRAÇÃO ECONÔMICA

A análise dos atos de concentração é uma prática central no Direito Antitruste. Ela busca evitar que fusões e aquisições resultem em estruturas de mercado excessivamente concentradas, capazes de afetar a competição e, em última análise, o bem-estar do consumidor (Gaban & Domingues, 2009). No Brasil, o Conselho Administrativo de Defesa Econômica (Cade) é a entidade responsável por conduzir essas análises, com base na lei de defesa da concorrência (Lei 12.529/2011).

O conceito de ato de concentração tem origem no Direito da Antitruste e refere-se à operação pela qual duas ou mais empresas independentes se unem, formando uma única empresa, ou quando uma empresa adquire controle direto ou indireto sobre a outra. Essas operações podem assumir várias formas, incluindo fusões, aquisições, joint ventures e acordos de controle comum.[6] Nesse sentir, a análise dos atos de concentração, como fusões, aquisições, joint ventures e incorporações, é fundamental para entender as dinâmicas de mercado e os impactos concorrenciais em diferentes setores. Essas operações, que podem transformar profundamente a estrutura dos mercados, são regulamentadas por leis antitruste, visando garantir que não resultem em uma concentração de poder econômico que prejudique os consumidores. Segundo Ezrachi e Stucke (2016), esse tipo de movimento pode reduzir a diversidade de opções, elevar preços ou frear inovações.

---

6 Segundo a professora Paula Forgioni, o pano de fundo do ato de concentração sempre será o aumento de riqueza e sua concentração em poucas mãos. Ou seja, segundo a autora, a ideia central é simples e relaciona-se com o aumento de poder econômico de agentes do mercado. A autora ainda alerta que os acordos entre empresas podem ser entendidos como práticas concentracionistas, pois, a partir do momento em que dois agentes (concorrentes ou não) se unem, ainda que mantenham sua autonomia, passarão a deter uma vantagem sobre os demais e que, após a operação, transforma-se em maior poder econômico de ambas. FORGIONI, Paula A. Os fundamentos do antitruste. 9. ed. São Paulo: Revistas dos Tribunais, 2016.

O critério para avaliação dessas operações varia conforme a legislação de cada jurisdição, sendo comum a análise do impacto na estrutura de mercado, do risco de abuso de poder econômico e da possibilidade de coordenação entre as empresas envolvidas. No entanto, conforme apontam Powell e Snellman (2004), é igualmente relevante avaliar os efeitos pró-competitivos, como ganhos em eficiência e avanços tecnológicos, que podem gerar benefícios diretos aos consumidores.

Embora os atos de concentração possam parecer nocivos à primeira vista, não se pode generalizar seus efeitos, pois muitas dessas operações promovem eficiências que incentivam a inovação e trazem vantagens econômicas. Por isso, cada caso deve ser analisado de forma individualizada, levando em conta o contexto do mercado específico e suas características singulares.

7. A NOTIFICAÇÃO PRÉVIA DOS ATOS DE CONCENTRAÇÃO NO BRASIL E NA UNIÃO EUROPEIA

No contexto dos mercados digitais, a análise dos atos de concentração tornou-se mais complexa. Diferente de mercados tradicionais, onde o controle sobre ativos físicos define o poder econômico, em mercados digitais, como o que engloba as redes sociais, o controle sobre dados pessoais tornou-se um ativo estratégico essencial. O poder sobre dados digitais cria desafios para a regulação concorrencial, especialmente no que tange à identificação de práticas anticompetitivas.

O art. 88 da Lei 12.529/2011 dispõe sobre os critérios de notificação de atos de concentração no Brasil. Para avaliar se uma operação é de notificação obrigatória no país, o Cade realiza um teste contendo três variáveis, como (i) o faturamento bruto das partes; (ii) tipo de operação a ser realizada; e (iii) existência de efeitos potenciais ou reais no Brasil, conforme explica Motta (2021, p. 33-34):

> (i) **O faturamento bruto das partes:** no Brasil, no ano anterior ao do ato de concentração, os valores originalmente previstos na Lei 12.529/2011 foram atualizados pela Portaria Interministerial

994/2012. Ressalta-se que, conforme o art. 4º da Resolução 2/2012 do Cade, considera-se grupo econômico, para fins de cálculo dos faturamentos constantes do art. 88 da Lei 12.529/2011, cumulativamente: (i) as empresas que sejam sob controle comum, interno ou externo; e (ii) todas as empresas nas quais qualquer das empresas do item (i) seja titular, direta ou indiretamente, de pelo menos 20% do capital social ou votante. No caso de fundos de investimento, são considerados integrantes do mesmo grupo econômico, cumulativamente: (i) o grupo econômico de cada cotista que detenha, direta ou indiretamente, participação igual ou superior a 50% das cotas do fundo de investimento envolvido na operação, via participação individual ou por meio de qualquer tipo de acordo de cotistas; e (ii) as empresas controladas pelo fundo envolvido na operação e as empresas nas quais o referido fundo detenha, direta ou indiretamente, participação igual ou superior a 20% do capital social ou votante.

(ii) **Tipo de operação a ser realizada:** a redação do art. 90 da Lei 12.529/2011 é ampla e abrange um número significativo de operações societárias. Realiza-se um ato de concentração quando: (i) duas ou mais empresas independentes se fundem; (ii) uma ou mais empresas adquirem, direta ou indiretamente, por compra ou permuta de ações, quotas, títulos ou valores mobiliários conversíveis em ações, ou ativos, tangíveis ou intangíveis, por via contratual ou por qualquer outro meio ou forma, o controle ou partes de uma ou outras empresas; (iii) uma ou mais empresas incorporam outra ou outras empresas; ou (iv) duas ou mais empresas celebram contrato associativo, consórcio ou *joint venture*[7]. Algumas aquisições de participação minoritária e subscrições de títulos e valores mobiliários conversíveis em ações também são de notificação obrigatória.

(iii) **Existência de efeitos potenciais ou reais no Brasil:** apenas operações que possam impactar o mercado brasileiro são de notificação obrigatória. Ainda que empresas com atuação expressiva no nosso país tenham atingido o critério de faturamento mínimo, se o negócio por elas visado estiver voltado para o mercado internacional, tal operação não será de notificação obrigatória.

7 Um exemplo envolveu a parceria entre Ford e Volkswagen para desenvolvimento e licenciamento de sistemas de direção automatizada de veículos autônomos. Como se tratava de nova tecnologia que, em um primeiro momento, não seria comercializada no Brasil, o Cade entendeu que referida operação não era de notificação obrigatória. Por outro lado, negócios que são feitos no exterior e que produzem efeitos no Brasil por meio de, por exemplo, exportações, são de notificação obrigatória. Um exemplo envolveu uma parceria entre Pangang, ThyssenKrupp e TKAS Auto Steel para fabricação, na China, de aços galvanizados para uso automotivo. Tendo em vista que parte da produção chinesa seria exportada para o Brasil, o Cade entendeu que se tratava de operação de notificação obrigatória (Motta, 2021).

No entanto, em mercados tão dinâmicos como os digitais, se faz necessária a valorização do critério inovação quando se analisa o controle de condutas. Corroborando tal pensamento, é incontestável na literatura que as eficiências dinâmicas ou inovativas são relevantes para o bem-estar social do que as eficiências alocativas.

A análise schumpeteriana do *consumer welfare* (bem-estar do consumidor) diverge da abordagem tradicional que enfatiza a competição perfeita e a eficiência alocativa. A escola schumpeteriana considera a inovação como a força motriz do crescimento econômico e da prosperidade do consumidor, mesmo que isso possa implicar grau de concentração de mercado temporária.

Na União Europeia a análise prévia dos atos de concentração se dá conforme critérios definidos pelo Regulamento n° 139/2004 do Conselho da Comissão Europeia. Assim, há duas alternativas para que aquisições de controle sejam de notificação obrigatória na União Europeia. Primeira alternativa: (i) faturamento mundial combinado de todas as partes superior a EUR 5 bilhões; e (ii) faturamento europeu individual de pelo menos duas partes superior a EUR 250 milhões. Segunda alternativa: (i) faturamento mundial combinado de todas as partes superiora EUR 2,5 bilhões; (i) faturamento combinado de todas as partes superior a EUR 100 milhões em no mínimo três Estados-membros da União Europeia; (iii) faturamento individual de ao menos duas partes superior a EUR 25 milhões nos três Estados-membros do item anterior; e (iv) faturamento europeu individual de ao menos duas partes superior a EUR 100 milhões. Entretanto, a operação não será de notificação obrigatória se cada parte atingir mais de 2/3 do seu faturamento europeu em um único Estado-membro. Essa exceção é aplicável às duas alternativas mencionadas acima.

Há também o mecanismo denominado *referral*, que permite, a pedido das partes ou das autoridades concorrenciais de cada país-membro da União Europeia, a transferência da análise de um determinado caso entre os Estados-membros da União Europeia e a Comissão Europeia. Essa medida permite uma análise *one-stop-shop* da operação pela autoridade concorrencial mais apropriada; é dizer, uma análise ampla possivelmente realizada por uma autoridade central.

Essas considerações são importantes, pois na realidade do Big Data, os parâmetros materiais, utilizados na análise antitruste dos atos de concentração, não parecem adequados. Diversas vezes o valor não abarca a potencialidade do ato de concentração. Nesse sentido, critica Frazão (2019), quando sustenta que no contexto da economia movida a dados do setor digital, o parâmetro baseado unicamente no faturamento pode acabar por não avaliar operações com impactos competitivos importantes, mas que estão, a priori, aquém daquele faturamento.

A preocupação e cuidado com a regulação desses mercados não nasceu "da noite para o dia". Desde a origem do Direito Antitruste a sua evolução ao longo das últimas décadas refletem uma crescente preocupação com o impacto da concentração de poder em mercados-chave, inicialmente focando em mercados de bens tangíveis, mas gradualmente migrando para mercados de tecnologia e inovação.[8]

No Brasil como sugestão de refinamentos, Motta (2021) sugere uma nova redação ao art. 88 da Lei 12.529/2011 para indexar atos de concentração à combinação do faturamento bruto das partes: o Cade deveria apreciar os atos de concentração em que o faturamento bruto combinado dos grupos econômicos envolvidos for superior a R$ 825 milhões no ano anterior à operação, permitindo o alcance de operações, ainda que a empresa-objeto da transação não aufira receitas. O abandono de critérios ba-

---

8 Sobre a origem do Direito Antitruste merece esclarecer que desde a Grécia antiga, o Direito Antitruste contemplava a regulação de monopólios. Há registros de regulamentos aplicados a entidades econômicas com "poder de mercado", que foram apresentados ao Senado grego no ano de 386 a.C. No entanto destaca-se o pioneirismo da legislação antitruste canadense que, em 1889, promulgou o Act for the prevention and suppression of combinations formed in restraint of trade. O propósito desse ato era combater acordos ou combinações que visavam restringir o comércio por meio da fixação de preços ou da limitação da produção, preceitos esses incorporados, três anos depois, ao primeiro Código Penal canadense (Gaban; Domingues, 2009). Nos EUA, o caso pioneiro e de grande destaque foi do Standard Oil Trust. O monopólio se deu de tal forma que o estado americano enxergou a necessidade de agir a fim de garantir a existência da concorrência, surgindo as campanhas ao fortalecimento/criação da legislação antitruste. Nesse sentido, ou seja, de resposta aos trustes, nasceu o Sherman Act, em 1890, um dos primeiros atos de um governo a fim de reduzir as distorções concorrenciais observadas no mercado mundial. Esse ato, promulgado em 1890, é considerado notável diploma legal contra a centralização de poder nas mãos de poucos agentes econômicos. Tal Lei foi sancionada em um ambiente político e econômico voltado à proteção do consumidor contra o poder econômico excessivo no mercado (Salomão Filho, 2007).

seados na participação de mercado afastaria o subjetivismo da avaliação reiterada e sobre qual metodologia deveria ser adotada para apurar a representatividade das partes.

Outra proposta que poderia ser sustentada está fundamentada na classificação, como ato de concentração, de toda operação realizada em determinado segmento, desde que operacionalizada com empresas detentoras de uma parcela mínima de mercado ou, ainda, valores de faturamento brutos superiores a uma quota-parte ou piso.

No entanto, vale a justa ponderação de que a atuação das agências reguladores não é uma tarefa fácil: transações que envolvam empresas com ativos valiosos, como um conjunto de dados estratégicos ou de perfil, podem deixar de ser apreciadas pelas autoridades concorrenciais se não atingirem os limites monetários estabelecidos nas legislações antitruste (Brasil, 2011).

8. A ANÁLISE CONCORRENCIAL EM MERCADOS DIGITAIS

A análise concorrencial tradicional depende de definições claras de mercado relevante e de barreiras à entrada. No entanto, nos mercados digitais, essas definições se tornam mais nebulosas. Conforme argumenta Posner (2010), a posse de dados e a capacidade de extrair valor desses dados por meio de algoritmos criam formas de poder de mercado que não se enquadram facilmente nos modelos tradicionais.

No que toca a análise, ou seja, independente da notificação prévia [ocorrer ou não] a estrutura tradicional de análise antitruste pode ser resumida pelo trinômio: a) concentração; b) concorrência e c) bem-estar do consumidor, em que o aumento da concentração de mercado é associado à redução da concorrência e, consequentemente, à redução do bem-estar do consumidor (Machado; Bittar; Tavassi, 2018, p. 46).

No entanto, esse modelo é colocado em xeque em mercados com características de concorrência dinâmica, ou seja, em que a contestação das posições de mercado se dá via inovação, uma vez que se parte do pressuposto de que as inovações contribuem para a melhoria do bem-estar coletivo e que, de acordo com a visão schumpeteriana[9], poderia ser favorecida por estruturas monopolísticas, a metodologia tradicional de análise de atos de concentração se vê desafiada.

O Cade, em sua função de análise dos atos de concentração, enfrenta o desafio de definir o mercado relevante quando o poder das plataformas está diretamente relacionado ao número de usuários e à quantidade de dados coletados. Um exemplo prático desse desafio foi o caso da aquisição do WhatsApp pelo Facebook, que foi investigado pelo Cade em 2014. Apesar de ser aprovado sem restrições, o caso levantou preocupações sobre o impacto futuro da integração de dados entre as plataformas (Cade, 2014).

A convergência entre a regulação das redes sociais, a concorrência e proteção de dados no Brasil pode ser observada em diversos casos práticos. A fusão entre o Facebook e o WhatsApp, por exemplo, levantou questões sobre o uso compartilhado de dados pessoais e a capacidade da empresa de monopolizar a comunicação digital (Cade, 2014). Embora aprovado, o caso gerou discussões sobre a necessidade de maior transparência e fiscalização sobre como os dados são utilizados para fins comerciais e competitivos.

9 As teorias econômicas relativas à inovação, particularmente aquelas fundamentadas nos estudos de Schumpeter, ganharam relevância na literatura acadêmica. Na obra Capitalismo, socialismo e democracia, Schumpeter (1961) propõe uma teoria de concorrência que diverge do modelo neoclássico de concorrência perfeita. Essa teoria se destina a prover uma interpretação renovada para o funcionamento da economia capitalista em sua totalidade. O autor sustenta que o sistema capitalista se desenvolve devido às assimetrias entre as empresas, que buscam se apropriar de lucros extraordinários derivados da criação de novos produtos, serviços e mercados.
Assim, na perspectiva schumpeteriana, o motor do processo competitivo não é a concorrência medida pelos seus efeitos imediatos nos preços, mas sim a busca por benefícios de longo prazo, associados à inovação de produtos e serviços, ao desenvolvimento de novos mercados e à criação de novas formas de organização. O progresso do sistema capitalista é impulsionado por disparidades entre as corporações. Na perseguição por grandes lucros, as empresas ambicionam capitalizar sobre os benefícios decorrentes da criação de produtos, serviços e mercados inovadores. Dessa forma, segundo a perspectiva de Schumpeter (1961), o verdadeiro catalisador da competição não reside nos efeitos imediatos da concorrência sobre os preços, e sim na aspiração por vantagens de longa duração. Tais vantagens são correlacionadas à inovação em produtos e serviços, à expansão de mercados emergentes e à instauração de novos modelos organizacionais que podem resultar em divergências nas taxas de lucro.

Outro caso relevante envolve o Google e a DoubleClick, analisado nos EUA e na União Europeia, que ilustra a complexidade da interação entre regulação de dados e concorrência em mercados digitais (Ezrachi e Stucke, 2016). A capacidade de Google de integrar os dados da DoubleClick em seu sistema de anúncios consolidou seu domínio no mercado de publicidade online, criando uma barreira de entrada substancial para novas empresas. Casos como esse servem de alerta para o Brasil, onde o Cade e a ANPD devem trabalhar juntos para mitigar os efeitos anticompetitivos de grandes fusões e aquisições.

CONCLUSÃO

A análise dos atos de concentração em mercados digitais influencia de maneira direta e significativa a (des)regulação do uso de dados pessoais pelos agentes econômicos. O cenário atual demonstra que a concentração de poder econômico por parte de grandes plataformas digitais está intrinsecamente ligada à sua capacidade de coletar, processar e monetizar vastos volumes de dados pessoais. Fusões e aquisições que envolvem essas plataformas não apenas impactam a estrutura competitiva do mercado, mas também alteram as dinâmicas de controle e utilização dos dados.

A concentração econômica, ao reforçar o domínio de poucos agentes sobre os dados, tende a criar barreiras à entrada de novos competidores, reduzindo a diversidade e a inovação no mercado. Essa dinâmica fomenta práticas de uso de dados que podem, em muitos casos, resultar em violações da privacidade e restrições à liberdade de escolha dos consumidores. Por outro lado, quando devidamente regulada e supervisionada, a análise de atos de concentração pode servir como um mecanismo essencial para garantir que o uso de dados pessoais seja feito de maneira ética e transparente.

Regulamentações como a Lei Geral de Proteção de Dados (LGPD) no Brasil e o Regulamento Geral de Proteção de Dados (GDPR) na União Europeia surgem como respostas necessárias a esses desafios, buscando equilibrar a liberdade econômica com a proteção dos direitos fundamentais dos indivíduos. No entanto, a eficácia dessas regulamentações depende de uma abordagem integrada entre o Direito Antitruste e o Direito à Proteção de Dados. A ausência de uma análise criteriosa das fusões e aquisições pode levar à desregulação do uso de dados pessoais, enquanto uma supervisão adequada contribui para evitar abusos e garantir mercados mais justos e transparentes.

Portanto, a resposta ao problema proposto é afirmativa: a análise dos atos de concentração em mercados digitais não só influência, mas é fundamental para a regulação ou desregulação do uso de dados pessoais pelos agentes econômicos. A interação entre as autoridades de defesa da concorrência e as de proteção de dados é crucial para mitigar os riscos de concentração excessiva e promover um ecossistema digital que respeite a privacidade, a inovação e a livre concorrência.

REFERÊNCIAS BIBLIOGRÁFICAS

ABBOUD, G.; NERY JR., N.; CAMPOS, R. *Fake news e regulação*. São Paulo: Thomson Reuters Revista dos Tribunais, 2020.

AZEVEDO, Paulo Furquim de. Análise econômica da defesa da concorrência. In: TIMM, Luciano Benetti (Org.). *Direito e economia no Brasil*. São Paulo: Atlas, 2012.

BELLI, Luca. *O marco civil da internet e a governança da internet no Brasil:* Fundamentos e Perspectivas. Brasília: FGV, 2016.

AZEVEDO, Mario Luiz Neves de. *A economia baseada no "cercamento" do conhecimento:* globalização, seigniorage e mercadorias fictícias. ANPEd, 2012.

BAGNOLI, Vicente. Big Data compliance: a interface entre proteção de dados, consumidor e concorrência. In: PAIS, Sofia Oliveira; BAGNOLI, Vicente (Coord.). *Temas atuais de Direito da Concorrência:* economia digital, direitos fundamentais e outros desafios. Porto: Universidade Católica, 2020.

CIURIAK, Dan. *The economics of data: implications for the Data-Driven economy*. Centre for International Governance Innovation, Waterloo, 5 mar. 2018. Disponível em: https://www.cigionline.org/articles/economics-data-implications-data-driven-economy. Acesso em: 08 out. 2024.

COELHO, Fábio Ulhoa. *Direito Antitruste brasileiro*. São Paulo: Saraiva, 1995.

DONEDA, Danilo. *A proteção de dados pessoais no Brasil e na União Europeia*. Revista de Direito, 2019.

DONEDA, Danilo. *O marco civil da internet: a internet no Brasil e a regulação da privacidade*. São Paulo: Editora Atlas, 2014.

EZRACHI, Ariel; STUCKE, Maurice E. *Virtual Competition*: The Promise and Perils of the Algorithm-Driven Economy. Cambridge: Harvard University Press, 2016.

FARINHO, D. S. Delimitação do espectro regulatório de redes sociais. In: ABBOUD, G.; NERY JR., N.; CAMPOS, R. (Orgs.). *Fake news e regulação*. São Paulo: Thomson Reuters Revista dos Tribunais, 2020. p. 29-89.

FRAZÃO, Ana. Apresentação da obra. In: TEPEDINO, Gustavo; FRAZÃO, Ana; OLIVA, Milena Donato. *Lei Geral de Proteção de Dados Pessoais e suas repercussões no direito brasileiro*. São Paulo: Thomson Reuters Brasil, 2019. p. 5-6.

FRAZÃO, Ana de Oliveira. *Direito da Concorrência: pressupostos e perspectivas*. Saraiva, 2017.

FREITAS, Frederico. *Concorrência, dados pessoais e redes sociais*: uma análise sob a LGPD. São Paulo: Lumen Juris, 2019.

GABAN, Eduardo Molan; Domingues, Juliana Oliveira. *Direito Antitruste*: o combate a cartéis. Saraiva, 2009.

LUÑO, A. E. P. *Derechos humanos, estado de derecho y constitución*. 9. ed. Madri: Tecnos, 2005.

MACHADO, Michelle; BITTAR, Ana Carolina; TAVASSI, Ana Paula. Controle de estruturas em mercados intensivos em inovação. In: DONAS, Frederico Carrilho; SOARES, Marcio Dias (Coord.). *Direito Concorrencial*: questões atuais. São Paulo: Brucker, 2018.

MARANHÃO, J.; CAMPOS, R. Fake news e autorregulação regulada das redes sociais no Brasil: Fundamentos constitucionais. In: ABBOUD, G.; NERY JR., N.; CAMPOS, R. (Orgs.). *Fake news e regulação*. São Paulo: Thomson Reuters Revista dos Tribunais, 2020. p. 321-335.

MARQUES NETO, F. A. *Regulação econômica e suas modalidades*. Revista de Direito Público da Economia, Belo Horizonte, v. 7, n° 28, p. 37, 2009.

MEIRELES, Adriana Veloso. *Algoritmos e autonomia*: relações de poder e resistência no capitalismo de vigilância. Opinião Pública, Campinas, v. 27, n° 1, p. 28-50, jan./abr. 2021. Disponível em: https://www.scielo.br/j/op/a/vryT7RHCQ8q8RvYXF3zKvZS/?format=pdf&lang=pt. Acesso em: 08 out. 2024.

MOTTA, Lucas Griebeler da. *Análise multijurisdicional de aquisições centradas em dados*: diagnóstico atual e propostas de política pública para o Brasil. São Paulo: Associação Data Privacy Brasil de Pesquisa, 2021. Disponível em: https://www.dataprivacybr.org/wp-content/uploads/2021/05/dpbr_relatorio_data_driven_mergers_vf.pdf. Acesso em: 10 dez. 2024.

POSNER, Richard A. *Economic analysis of law*. 8. ed. New York: Aspen Publishers, 2010.

SALOMÃO FILHO, Calixto. *Direito concorrencial*: análise e doutrina. São Paulo: Malheiros, 2007.

SCHUMPETER, Joseph Alois. *Capitalismo, Socialismo e Democracia*. Tradução de Ruy Jungmann. Rio de Janeiro: Editora Fundo de Cultura, 1961.

WISCHMEYER, T. What is illegal offline is also illegal online – The German Network Enforcement Act 2017. In: PETKOVA, B.; OJANEN, T. (Orgs.). *Fundamental rights protection online*: The future regulation of intermediaries. London: Edward Elgar Publishing, 2019.

CAPÍTULO

5

MUTUAL LEGAL ASSISTANCE TREATIES (MLATS) NA ERA DIGITAL: DESAFIOS CONSTITUCIONAIS E PERSPECTIVAS JURÍDICAS GLOBAIS

Peterson Carlos do Prado[1]

Resumo: Este ensaio aborda os Acordos Bilaterais de Mútua Assistência Judiciária (MLATs), destacando sua relevância na cooperação internacional para combater crimes transnacionais como lavagem de dinheiro e corrupção. Além de explorar a estrutura e os objetivos dos MLATs, o texto analisa desafios decorrentes de sua aplicação em diferentes jurisdições e no contexto do ambiente digital globalizado. Por meio de exemplos de legislações como o Cloud Act norte-americano, o Marco Civil da Internet brasileiro e a Lei de Inteligência Nacional chinesa, o ensaio identifica as implicações de normas extraterritoriais e o impacto das diferenças constitucionais entre países. Conclui-se que, embora os MLATs sejam indispensáveis, sua eficiência depende de harmonização legislativa, modernização dos procedimentos e respeito aos direitos fundamentais, propondo caminhos prospectivos para uma cooperação mais eficaz e equilibrada entre soberania, segurança e privacidade. Não se pretende fazer estudo metodológico do Direito comparado, mas apenas referenciar alguns elementos.
Palavras-chave: cooperação internacional; crimes transnacionais; extraterritorialidade.

1 Especialista em Direito do Trabalho pela PUC Minas e mestrando em Direito Constitucional pelo Instituto Brasileiro de Ensino, Desenvolvimento e Pesquisa (IDP). Advogado. Ituiutaba (MG). Brasil.

1. INTRODUÇÃO

Este ensaio explora a relevância e os desafios associados aos Acordos Bilaterais de Mútua Assistência Judiciária (MLATs) na era digital, destacando suas implicações constitucionais e jurídicas globais. Com o avanço da tecnologia e o aumento de crimes transnacionais, os MLATs se tornaram ferramentas indispensáveis para promover a cooperação internacional em investigações criminais. No entanto, sua aplicação enfrenta obstáculos significativos, como diferenças legislativas entre países e questões relacionadas à soberania e privacidade.

O Regulamento Geral de Proteção de Dados (GDPR) da União Europeia também desempenha um papel crucial nesse contexto, ao estabelecer padrões rigorosos de proteção de dados pessoais, que influenciam a cooperação internacional. Ao mesmo tempo, exemplos como o Cloud Act dos EUA, o Marco Civil da Internet do Brasil e a Lei de Inteligência Nacional da China demonstram abordagens diversas que refletem prioridades distintas entre segurança, privacidade e soberania.

O ponto de vista defendido neste ensaio é que, embora os MLATs sejam cruciais, sua eficácia depende de reformas que modernizem os procedimentos e harmonizem as legislações globais, respeitando os direitos fundamentais. Ao analisar exemplos concretos, como o Cloud Act dos EUA, o Marco Civil da Internet do Brasil, Regulamento Geral de Proteção de Dados (GDPR) da União Europeia e a Lei de Inteligência Nacional da China, o texto avalia as divergências e convergências entre sistemas jurídicos. Assim, argumenta-se que um equilíbrio entre segurança, soberania e privacidade é essencial para fortalecer esses acordos e responder às demandas da criminalidade transnacional.

Este ensaio discute a relevância dos MLATs, sua estrutura e funcionamento, bem como os desafios enfrentados em sua implementação, com ênfase em sua aplicação no Brasil e em outros países. O ponto de vista defendido é que os MLATs são indispensáveis para a eficácia da justiça internacional, mas sua operacionalização exige melhorias para atender às demandas globais de maneira ágil e eficaz.

2. DESENVOLVIMENTO

Os MLATs têm sido amplamente utilizados em investigações que envolvem crimes transnacionais, mas sua insuficiência em lidar com as complexidades do ambiente digital moderno tem levado diversos países a adotarem normas extraterritoriais. Um exemplo significativo dessa abordagem é a alteração do Foreign Intelligence Surveillance Act (FISA), em 2008, por meio do FISA Amendments Act (FAA), que autorizou o governo norte-americano a monitorar indivíduos fora do território dos Estados Unidos sem a necessidade de mandado judicial. Essa norma, fundamentada em questões de segurança nacional, foi amplamente criticada por organizações internacionais, como o European Data Protection Supervisor, que apontou sua incompatibilidade com os princípios de proteção de dados da União Europeia (EDPS, 2019).

A partir da análise de Rogers (2015), que argumenta que a eficácia de normas extraterritoriais depende de sua harmonização com os padrões internacionais, é possível identificar um ponto de convergência na crítica à unilateralidade dessas normas. Concordo com essa posição, pois a falta de cooperação formal pode comprometer a confiança entre os países e gerar conflitos diplomáticos, especialmente quando essas medidas violam o princípio da soberania. Por outro lado, Boister (2012) defende que tais normas são uma resposta necessária às lacunas dos mecanismos tradicionais de cooperação internacional. Divergindo parcialmente, considero que a criação de normas extraterritoriais pode ser válida em casos de emergência, mas deve ser acompanhada de garantias legais robustas para evitar abusos.

No Brasil, o Marco Civil da Internet (Lei 12.965/2014) também prevê a aplicação extraterritorial, ao estipular que as empresas estrangeiras que operam no Brasil devem cumprir a legislação local no tratamento de dados de usuários brasileiros. Embora menos invasiva do que o FISA ou o Cloud Act norte-americano, a norma brasileira reflete um esforço para proteger a privacidade dos cidadãos no ambiente digital. O Cloud Act norte-americano (2018) reforça a obrigatoriedade de provedores de serviços digitais atenderem solicitações de dados, independentemente da localização dos servidores. Essa norma, como discutido no relatório do European Data Protection Supervisor (2019), intensifica os conflitos entre sistemas jurídicos, especialmente com a União Europeia, que prioriza a proteção de dados e a privacidade. Comparando o Cloud Act ao Marco Civil, nota-se que o Brasil busca equilibrar direitos fundamentais com a cooperação internacional, enquanto os Estados Unidos colocam a segurança nacional como prioridade, mesmo à custa de conflitos com outras jurisdições.

No entanto, como apontado por Silva (2020), a efetividade dessas medidas depende de uma implementação rigorosa e da cooperação com outras jurisdições. Concordo com essa análise, destacando que o Marco Civil, ao contrário de normas como o Cloud Act, adota uma abordagem mais equilibrada entre soberania e proteção de direitos fundamentais.

Um exemplo marcante no Brasil foi o uso dos MLATs na Operação Lava Jato. O acesso a registros bancários e contratos de empresas armazenados no exterior foi viabilizado por meio de acordos bilaterais com países como Suíça e Estados Unidos. O Supremo Tribunal Federal (STF) atuou para garantir que a obtenção de provas respeitasse os preceitos constitucionais, incluindo o contraditório e a ampla defesa. Tal procedimento reflete uma abordagem formalista, com foco na proteção de direitos fundamentais durante a cooperação internacional.

Por outro lado, em cortes internacionais, os MLATs frequentemente enfrentam interpretações mais flexíveis. Um exemplo é o caso "United States v. Microsoft", em que os Estados Unidos buscaram acessar dados armazenados pela Microsoft em servidores na Irlanda. O tribunal norte-americano baseou-se em interpretações amplas do CLOUD Act, permitindo acesso aos dados sem autorização judicial no país onde estavam armazenados. Esse caso destacou a tensão entre soberania nacional e interesses de segurança, uma questão que, no Brasil, seria enfrentada com maior rigor constitucional.

Na Europa, o Regulamento Geral de Proteção de Dados (GDPR) demonstrou ser um avanço significativo para equilibrar cooperação internacional e proteção de privacidade. Pereira

(2019) destaca que o GDPR é um modelo de referência, e minha análise converge com esse entendimento. A implementação de padrões semelhantes no Brasil, por meio da LGPD, é um passo positivo, mas ainda falta a consolidação de mecanismos de aplicação prática alinhados aos MLATs.

Outro exemplo relevante é o caso "Liberty and Others v. United Kingdom", julgado pelo Tribunal Europeu de Direitos Humanos (TEDH). Este caso abordou a troca de informações entre o Reino Unido e os Estados Unidos no âmbito de MLATs. O tribunal europeu enfatizou a necessidade de respeitar o Regulamento Geral de Proteção de Dados (GDPR), priorizando a proteção da privacidade, mesmo em contextos de cooperação internacional. Comparado ao Brasil, onde a LGPD ainda está em consolidação, o GDPR estabelece um padrão mais rígido e detalhado para o compartilhamento de dados.

Já a China, com sua Lei de Inteligência Nacional de 2017, adota uma postura ainda mais rigorosa, obrigando empresas estrangeiras a fornecer informações às autoridades locais. Segundo análises publicadas no Lawfare Blog (2017), essa legislação amplia significativamente o alcance do governo chinês em detrimento das garantias de privacidade. Embora seja compreensível dentro do contexto político e de segurança nacional do país, essa abordagem contrasta fortemente com os princípios europeus, baseados na proteção de dados como um direito fundamental (GDPR). Em minha análise, a lei chinesa representa um risco elevado para a privacidade global, pois cria um precedente perigoso de interferência estatal sem salvaguardas adequadas.

Um exemplo marcante de aplicação dos MLATs na China foi o caso do Banco da China, onde autoridades dos Estados Unidos solicitaram informações para investigar um esquema de lavagem de dinheiro internacional. A resposta chinesa, enquanto cooperativa, foi limitada pelas diretrizes da Lei de Inteligência Nacional de 2017, que prioriza a soberania e segurança nacional. Segundo o Lawfare Blog (2017), esse caso demonstrou uma abordagem centralizada e controlada pelo governo chinês, em contraste com sistemas que oferecem maior autonomia judicial.

Os exemplos acima evidenciam as divergências entre jurisdições. Nos Estados Unidos e China, a prioridade é dada à segurança nacional, muitas vezes em detrimento da soberania de outros países. Na Europa, a proteção de dados é central, enquanto no Brasil a formalidade e o controle judicial são aspectos predominantes.

Em síntese, a coexistência de normas extraterritoriais evidencia um desalinhamento entre as prioridades globais em matéria de segurança e privacidade. Enquanto normas como o GDPR promovem a proteção de dados como um valor universal, legislações como o FISA, o Cloud Act e a Lei de Inteligência da China refletem abordagens unilaterais que desrespeitam o princípio da soberania. Para evitar conflitos, é necessário avançar em direção a um modelo global de cooperação que equilibre eficácia investigativa e respeito aos direitos fundamentais.

Assim, as abordagens brasileiras, europeias e norte-americanas convergem na busca por eficiência, mas divergem quanto ao equilíbrio entre segurança e direitos fundamentais. Enquanto os Estados Unidos e a China refletem abordagens unilaterais que desrespeitam o princípio da soberania e favorecem a agilidade em detrimento da soberania, a Europa enfatiza a proteção de dados e o Brasil adota uma postura intermediária, com maior formalidade e controle judicial. Essas diferenças refletem as prioridades constitucionais de cada região, evidenciando a necessidade de harmonização internacional para fortalecer a eficácia dos MLATs.

CONCLUSÃO

Os MLATs desempenham um papel indispensável na cooperação internacional contra crimes transnacionais, mas sua implementação varia significativamente conforme o contexto jurídico e as prioridades de cada país. Nos Estados Unidos, normas como o FISA e o Cloud Act refletem uma abordagem pragmática e unilateral, priorizando a segurança nacional em detrimento de preocupações com soberania e privacidade. Essa perspectiva, embora eficaz em emergências, gera tensões internacionais e conflitos com jurisdições que priorizam a proteção de dados, como a União Europeia.

Na Europa, o Regulamento Geral de Proteção de Dados (GDPR) exemplifica uma abordagem equilibrada, garantindo cooperação internacional sem comprometer os direitos fundamentais. Em contrapartida, a China adota um modelo centralizado e autoritário, como evidenciado pela Lei de Inteligência Nacional de 2017, que prioriza a segurança estatal e compromete gravemente a privacidade individual.

O Brasil, por sua vez, busca um equilíbrio entre soberania, cooperação internacional e direitos fundamentais. O Marco Civil da Internet reflete essa tentativa, mas sua aplicação ainda carece de harmonização prática e mecanismos robustos para lidar com o ambiente digital globalizado. A Operação Lava Jato exemplifica como a supervisão judicial pode garantir a transparência e a legitimidade da cooperação internacional.

As críticas aos MLATs, como sua burocracia e lentidão, exigem soluções urgentes. Caminhos prospectivos incluem a harmonização legislativa global, a adoção de tecnologias que facilitem a comunicação segura e a capacitação contínua das autoridades centrais. Um modelo global que combine eficiência investigativa e respeito aos direitos fundamentais pode transformar os MLATs em instrumentos ainda mais eficazes, capazes de enfrentar os desafios da criminalidade transnacional no século XXI.

REFERÊNCIAS BIBLIOGRÁFICAS

BOISTER, Neil. An Introduction to Transnational Criminal Law. *Oxford University Press*, 2012.

BRASIL. Lei 12.965, de 23 de abril de 2014. Marco Civil da Internet. Disponível em: http://www.planalto.gov.br/ccivil_03/_ato2011-2014/2014/lei/l12965.htm. Acesso em: 10 dez. 2024.

BRASIL. Ministério da Justiça e Segurança Pública. Departamento de Recuperação de Ativos e Cooperação Internacional (DRCI). Disponível em: https://www.gov.br/mj/pt-br/assuntos/sua-protecao/cooperacao-internacional. Acesso em: 10 dez. 2024.

EUROPEAN DATA PROTECTION SUPERVISOR (EDPS). Opinion on the US CLOUD Act and its Implications for the EU. 2019. Disponível em: https://www.edps.europa.eu/sites/default/files/publication/19-07-10_edpb_edps_cloudact_coverletter_en.pdf. Acesso em: 11 dez. 2024.

LAWFARE BLOG. Beijing's New National Intelligence Law: Defense or Offense?. 2017. Disponível em: https://www.lawfareblog.com/beijings-new-national-intelligence-law-defense-offense. Acesso em: 10 dez. 2024.

PEREIRA, Ana Cláudia. O papel dos MLATs na persecução penal transnacional. *Revista Jurídica da Universidade de São Paulo*, São Paulo, 2019.

ROGERS, David. Mutual Legal Assistance Treaties and their Role in Combating International Crime. Cambridge: *Cambridge University Press*, 2015.

SILVA, José Antônio. A cooperação jurídica internacional e os desafios da era digital. *Revista de Direito Internacional Comparado*, v. 12, 2020.

UNITED NATIONS OFFICE ON DRUGS AND CRIME (UNODC). Manual on Mutual Legal Assistance and Extradition. New York: United Nations, 2012.

UNITED STATES. Foreign Intelligence Surveillance Act Amendments Act of 2008. Disponível em: https://www.congress.gov/bill/110th-congress/house-bill/3773/text. Acesso em: 10 dez. 2024.

UNITED STATES. Clarifying Lawful Overseas Use of Data (CLOUD) Act. Disponível em: https://www.congress.gov/bill/115th-congress/house-bill/4943/text. Acesso em: 10 dez. 2024.

CAPÍTULO

6

A JURIDICIDADE ADMINISTRATIVA EM PORTUGAL E NO BRASIL NA ERA DIGITAL: DESAFIOS EM PERSPECTIVA COMPARATIVA

Marco Aurélio Gonçalves de Oliveira[1]

Resumo: A transformação digital tem reformulado o Direito administrativo, exigindo a adaptação de princípios tradicionais às transformações tecnológicas. Este ensaio examina, sob uma perspectiva comparativa, como os sistemas jurídicos em Portugal e no Brasil têm enfrentado os desafios da digitalização administrativa, enfatizando a relevância de conceitos como *Ius Constitutionale Commune*, formantes e criptotipos. Enquanto o Brasil prioriza direitos fundamentais digitais, como demonstrado na Lei Geral de Proteção de Dados Pessoais – LGPD (Lei 13.709/2018), Portugal foca na simplificação administrativa por meio de iniciativas como o programa Simplex. Essas estratégias refletem diferenças nos valores e tradições de cada sistema jurídico, moldados por seus respectivos formantes e criptotipos. O estudo conclui que a modernização tecnológica deve ser guiada por uma juridicidade ampliada, que integre inovações e salvaguarde direitos fundamentais. Sugere-se o fortalecimento do diálogo transnacional entre cortes e o desenvolvimento de padrões normativos que conciliem eficiência administrativa e transparência algorítmica. Assim, a juridicidade administrativa é ferramenta essencial para impulsionar a justiça, fortalecer a democracia e ampliar a inclusão social.
Palavras-chave: juridicidade administrativa; era digital; Direito comparado.

1 Doutorando em Direito Constitucional e Mestre em Direito Econômico pelo Instituto Brasileiro de Ensino, Desenvolvimento e Pesquisa (IDP). Servidor Público. Brasília (DF). Brasil.

1. INTRODUÇÃO

A era digital tem transformado o Direito administrativo constitucional, remodelando paradigmas nas jurisdições luso-brasileiras. Este ensaio estuda o princípio da juridicidade nos sistemas jurídicos em Portugal e no Brasil, sob a égide do mundo digital. Com base na análise constitucional comparativa defendida por Ran Hirschl (2014), no conceito de juridicidade articulado por Gustavo Binenbojm (2014), e nas reflexões teóricas de Von Bogdandy (2015) e Slaughter (2003), o estudo incorpora ainda as abordagens interdisciplinares de Horbach (2015) e Jackson (2005). Ao articular essas perspectivas, busca-se oferecer uma visão integrada sobre os desafios e as oportunidades da juridicidade administrativa em um contexto tecnológico em evolução.

1.1. Formantes no Direito comparado

É importante destacar a relevância do conceito de formantes no campo do Direito comparado. A teoria dos formantes, desenvolvida por Rodolfo Sacco (1991) postula que os sistemas jurídicos são constituídos por diferentes elementos — ou formantes — que interagem para formar um todo coeso. Esses elementos incluem legislação, jurisprudência, doutrina e práticas culturais, cada um desempenhando papéis distintos e influenciando de maneira flexível conforme o contexto.

Para Manuellita Hermes (2024), os formantes jurídicos oferecem uma lente analítica para compreender como diferentes sistemas interpretam e aplicam normas aparentemente semelhantes, revelando as complexidades intrínsecas do direito além do texto legislativo. Essa abordagem é particularmente valiosa no contexto do estudo das questões atuais, especialmente no que tange à digitalização da administração pública, observa-se a implementação crescente de tecnologias em diversos países. Cada nação adota soluções tecnológicas de acordo com suas necessidades específicas, promovendo transformações no setor público por meio de inovação digital, devido à interação única de seus formantes.

No contexto brasileiro, a legislação administrativa e a doutrina exercem uma influência predominante como formantes, enquanto em Portugal a jurisprudência desempenha um papel mais central na interpretação e adaptação de normas administrativas. Essa diferença molda de forma decisiva a abordagem de cada país frente aos desafios do presente e a proteção de dados pessoais. Enquanto o Brasil busca a legitimidade jurídica, Portugal privilegia a interpretação judicial como eixo central da adaptação normativa.

1.2. Criptotipos no Direito comparado

Outro conceito essencial para o Direito comparado são os criptotipos, introduzidos também por Rodolfo Sacco (1991). Esses representam os aspectos implícitos e não codificados de um sistema jurídico, como valores culturais, pressupostos históricos e hábitos interpretativos. Embora não sejam formalmente expressos, os criptotipos exercem uma influência significativa sobre a estrutura e o funcionamento dos sistemas jurídicos, configurando um substrato essencial para sua interpretação.

De acordo com Manuellita Hermes (2024), compreender os criptotipos é indispensável para evitar análises comparativas superficiais, que negligenciam as nuances culturais e históricas subjacentes aos textos normativos. No caso do Brasil e de Portugal, embora ambos compartilhem raízes do sistema romano-germânico, seus criptotipos apresentam diferenças substanciais, moldadas por contextos históricos e influências políticas únicas.

Essa análise torna-se particularmente relevante no contexto digital. Em Portugal, a valorização da simplicidade administrativa, enraizada em uma tradição de eficiência pública, reflete-se no programa Simplex[2], que busca desburocratizar a administração pública por meio da tecnologia. Por outro lado, no Brasil, a

---

2 O Governo de Portugal apresenta o novo programa Simplex composto por 48 medidas de simplificação administrativa, entre eles, a autenticação biométrica, o consulado virtual, exames de saúde digitalizados, fatura sem papel, entre outros, que reforça a importância de inovar, de modernizar processos e de consagrar o digital como regra de atuação para melhorar a qualidade dos serviços públicos, centrando-os nos principais eventos de vida das pessoas e das empresas. Disponível em: https://www.portugal.gov.pt/pt/gc23/comunicacao/noticia?i=simplex-22-diz-sim-as-pessoas-e-as-empresa. Acesso em: 17 de fevereiro de 2025.

ênfase em assegurar direitos fundamentais digitais guia iniciativas como a Lei 13.709/2018.

Essas abordagens contrastantes demonstram como os criptotipos moldam as respostas jurídicas e administrativas às demandas da era digital, destacando a importância de incorporá-los em análises comparativas. Ao trazer à tona essas nuances, este estudo não apenas expande a compreensão da juridicidade administrativa, mas também contribui para um debate mais profundo sobre a interação entre cultura jurídica e tecnologia.

2. REFERENCIAL TEÓRICO

2.1. Legalidade Administrativa e Juridicidade

Nos contextos brasileiro e português, o princípio da legalidade administrativa tem como objetivo fundamental assegurar que a administração pública atue estritamente em conformidade com a lei. Gustavo Binenbojm (2014) propõe uma ampliação desse conceito para o de juridicidade, incorporando princípios fundamentais como a proporcionalidade e a razoabilidade. Essa abordagem permite uma maior flexibilidade e adequação das normas jurídicas às demandas contemporâneas, especialmente em um cenário marcado pela complexidade e pela inovação tecnológica.

Armin Von Bogdandy (2015) complementa essa visão ao introduzir o conceito de *Ius Constitutionale Commune*, uma estrutura normativa regional que busca reforçar a integração entre os direitos nacionais e internacionais. Por meio dessa perspectiva, enfatiza-se a necessidade de harmonizar os princípios jurídicos nacionais com os compromissos assumidos em fóruns internacionais, especialmente em questões que envolvem direitos humanos e governança digital. Essa integração oferece um alicerce mais sólido para a construção de políticas públicas que conciliem tecnologia e de direitos fundamentais.

2.2.Sistemas de Direito e Comparativismo

René David (2002), em sua célebre classificação dos sistemas jurídicos em grandes famílias, ressalta a diversidade estrutural e cultural dos sistemas jurídicos globais. Ele identifica, entre outros, os sistemas romano-germânico, anglo-saxão e os sistemas de direito consuetudinário, cada um moldado por influências históricas e culturais únicas. Essa categorização fornece um ponto de partida essencial para estudos comparativos que busquem compreender as diferenças e semelhanças entre os diversos sistemas jurídicos.

No Brasil, Carlos Horbach (2015) destaca a evolução do Direito comparado no Supremo Tribunal Federal (STF), evidenciando como a internalização de princípios e jurisprudências estrangeiras tem enriquecido o debate jurídico nacional. Ele aponta que, no contexto da digitalização, essa troca de ideias se torna ainda mais relevante para lidar com questões globais.

Anne-Marie Slaughter (2003) apresenta a ideia de uma comunidade global de tribunais, particularmente em temas complexos e interconectados como os direitos humanos e a governança tecnológica. Esse intercâmbio não apenas fortalece os laços entre diferentes sistemas jurídicos, mas também facilita a adoção de melhores procedimentos locais.

A integração dessas perspectivas teóricas destaca a importância do Direito comparado como ferramenta para abordar os desafios impostos pela era digital. Ao mesmo tempo, reafirma a relevância de preservar a identidade cultural e jurídica de cada jurisdição, mesmo diante da crescente interdependência global.

3. TRANSFORMAÇÃO DIGITAL NO DIREITO ADMINISTRATIVO

3.1. Desafios da Digitalização

A digitalização dos processos faz parte da transformação do Direito administrativo, mas também introduz uma série de óbices. Entre os principais obstáculos estão a proteção de dados pessoais, a transparência dos algoritmos em utilização pela administração pública e a adaptação de princípios jurídicos tradicionais em um ambiente cada vez mais influenciado por tecnologias disruptivas.

Armin Von Bogdandy (2015) propõe o *Ius Constitutionale Commune* como uma estrutura normativa regional capaz de fornecer orientações para enfrentar esses desafios. Esse modelo enfatiza a necessidade de harmonização entre normas nacionais e compromissos internacionais, especialmente no contexto dos direitos fundamentais e da governança digital.

Paralelamente, Vicki Jackson (2005) defende uma abordagem de engajamento, na qual as normas transnacionais não são impostas como obrigatórias, mas servem como influências persuasivas. Essa perspectiva permite que cada jurisdição mantenha sua autonomia e peculiaridades culturais enquanto se beneficia do intercâmbio de ideias globais. Com efeito, a digitalização, além de desafiar os sistemas jurídicos a inovarem, também cria oportunidades para o fortalecimento de uma governança administrativa que respeite direitos fundamentais e promova a inclusão tecnológica.

3.2. Observações Comparativas

Os esforços para modernizar a administração pública em diferentes jurisdições demonstram como abordagens distintas podem alcançar objetivos comuns de eficiência e transparência. No Brasil, o Governo Digital trata-se de um plano abrangente que busca integrar a tecnologia aos processos administrativos, promovendo acessibilidade e redução da burocracia. Em Portugal, o programa "Simplex" reflete uma tradição de simplificação administrativa, utilizando a tecnologia como ferramenta para melhorar os serviços públicos e aproximá-los da cidadania.

Em análises comparativas, Meyer (2019) e Horbach (2015) destacam a importância da incorporação de princípios e práticas internacionais para enriquecer soluções locais. No caso brasileiro, a influência de marcos normativos como a Lei Geral sobre Proteção de Dados (RGPD) europeu é evidente na formulação da Lei 13.709/2018. Em Portugal, a proximidade com a União Europeia contribui para a adoção de iniciativas que combinam inovação com proteção de direitos fundamentais.

Essas iniciativas revelam como o Direito comparado pode servir como um liame dialógico entre sistemas jurídicos, a permitir que as melhores práticas sejam ajustadas às particularidades e demandas de cada nação. A integração de tecnologias no Direito administrativo é uma oportunidade para repensar os princípios fundamentais e fortalecer a governança pública em um mundo digitalizado.

4. NOVOS TÓPICOS EM DIREITO COMPARADO

4.1. *Ius Constitutionale Commune* e Direitos Humanos

Armin Von Bogdandy (2015) apresenta o *Ius Constitutionale Commune* como um modelo inovador e transformador, que busca promover a integração entre direitos humanos e democracia em sistemas jurídicos regionais. Essa abordagem enfatiza a criação de uma estrutura normativa comum, capaz de reconciliar as especificidades locais com princípios universais, fortalecendo a proteção de direitos fundamentais e o desenvolvimento democrático.

No contexto do Brasil e de Portugal, esse modelo adquire relevância especial diante de desafios contemporâneos, como inclusão social, transparência algorítmica e regulação do uso de tecnologias digitais. Em ambas as jurisdições, a implementação de soluções inovadoras exige um equilíbrio entre a adaptação a normas globais e a preservação das particularidades culturais e institucionais.

Por exemplo, a transparência no uso de algoritmos pela administração pública é uma questão que atravessa fronteiras e demanda cooperação internacional para o desenvolvimento de padrões mínimos. Ao mesmo tempo, cada sistema jurídico pode incorporar essas diretrizes de forma que respeite suas tradições e demandas locais, promovendo assim uma governança digital inclusiva e responsiva.

4.2. A Comunidade Global de Tribunais

Anne-Marie Slaughter (2003) descreve o surgimento de uma comunidade global de tribunais, no qual magistrados e operadores do direito de diferentes jurisdições dialogam, citando decisões internacionais como referências persuasivas. Esse intercâmbio não se limita à importação de precedentes, mas reflete um esforço colaborativo para construir soluções compartilhadas para problemas transnacionais.

Questões como privacidade digital, liberdade de expressão e proteção de dados pessoais destacam a importância desse diálogo judicial global. Em um mundo interconectado, onde os desafios digitais frequentemente transcendem fronteiras nacionais, o compartilhamento de experiências e as decisões judiciais favorecem a formação de um entendimento compartilhado e a criação de práticas mais eficazes.

Contudo, Slaughter (2003) destaca que a efetividade dessa comunidade global depende da capacidade de os tribunais locais contextualizarem e adaptarem as referências estrangeiras às suas realidades jurídicas e sociais. Essa interação entre o global e o local promove uma dinâmica rica e multidimensional, essencial para lidar com questões complexas da era digital.

5. REFLEXOS NA TEORIA E NA IMPLEMENTAÇÃO DO DIREITO

5.1. Reconciliando Tradições e Inovações

A integração entre tradições jurídicas e inovações tecnológicas é um desafio crucial na era digital. Dixon (2003), Meyer (2019) e Slaughter (2003) argumentam que essa reconciliação é essencial para assegurar que a modernização dos sistemas jurídicos ocorra sem comprometer os princípios fundamentais que sustentam suas bases normativas e culturais.

A modernização não deve ser vista como uma ruptura com o passado, mas como um processo contínuo de adaptação, em que as tradições jurídicas desempenham um papel central para a interpretação de novas tecnologias. No contexto luso-brasileiro, essa abordagem permite preservar a identidade jurídica local enquanto se adota uma perspectiva global que considera as demandas e os desafios impostos pela digitalização administrativa.

A conciliação entre tradição e inovação é relevante em questões como proteção de dados e transparência algorítmica, em que os princípios clássicos de juridicidade precisam ser reinterpretados à luz de novas exigências tecnológicas. Essa interação entre o antigo e o novo reflete o dinamismo necessário para que os sistemas jurídicos continuem a servir em constante evolução.

5.2. O Papel da Comparação na Harmonização Normativa

René David (2002), Vicki Jackson (2005) e Meyer (2019) enfatizam o papel fundamental do Direito comparado como ferramenta para facilitar a harmonização normativa. No entanto, essa harmonização deve respeitar a diversidade cultural e histórica que caracteriza os diferentes sistemas jurídicos, evitando a imposição de modelos homogêneos que desconsiderem as especificidades locais.

O Direito comparado não é apenas um instrumento de aproximação entre ordenamentos jurídicos, mas também um meio de enriquecer a compreensão das diferenças e semelhanças entre sistemas. Ele promove um diálogo produtivo que permite identificar melhores práticas e adaptá-las às particularidades de cada jurisdição.

Jackson (2005) propõe que a estratégia de envolvimento, na qual normas globais são influências persuasivas e não obrigatórias — é uma estratégia eficaz para alcançar esse equilíbrio. Essa abordagem permite que sistemas jurídicos nacionais adotem inovações normativas globais sem renunciar a sua autonomia cultural e institucional. No caso luso-brasileiro, a troca de experiências e o aprendizado recíproco têm contribuído para a formulação de políticas mais inclusivas e tecnologicamente avançadas, que respeitam tanto os valores locais quanto as demandas globais.

Assim, a comparação jurídica emerge como um meio poderoso para promover a convergência normativa em questões de relevância global, como governança digital e proteção de dados, ao mesmo tempo em que preserva a pluralidade que enriquece o cenário jurídico internacional. (OECD, 2020).

6. PERSPECTIVAS FUTURAS PARA O DIREITO COMPARADO NA ERA DIGITAL

6.1. Novos Desafios para a Jurisdição Constitucional

A crescente interdependência entre sistemas jurídicos no contexto da era digital apresenta novos desafios para as cortes constitucionais. Horbach (2015) analisa como o Direito comparado pode desempenhar um papel central na atuação judicial, diante de questões tecnológicas complexas, como transparência algorítmica, proteção de dados e inteligência artificial.

Nesse cenário, o diálogo entre jurisdições ganha relevância estratégica. As cortes constitucionais, ao adotarem referências internacionais, enriquecem suas decisões com perspectivas diversas, ampliando a capacidade de responder a questões transnacionais. Esse intercâmbio, no entanto, exige um esforço contínuo de contextualização, para que as soluções globais sejam adaptadas às especificidades culturais e normativas de cada sistema jurídico.

Horbach (2015) ressalta que o Direito comparado não deve ser utilizado apenas como uma ferramenta de influência externa, mas como um meio de fomentar a inovação jurídica local. A interação entre diversos sistemas jurídicos proporciona a chance de desenvolver jurisprudências que incorporem as melhores práticas internacionais, preservando, ao mesmo tempo, a independência dos sistemas nacionais.

6.2. Alianças Judiciais e Digitalização

Anne-Marie Slaughter (2003) destaca a importância de alianças judiciais internacionais como resposta aos desafios impostos pela globalização e pela digitalização. Questões como a regulação de algoritmos, o uso de dados pessoais e a proteção da privacidade demandam uma cooperação transnacional intensa entre os tribunais. Essas alianças não apenas facilitam a troca de experiências, mas também promovem a convergência de princípios jurídicos fundamentais.

Vicki Jackson (2005) complementa essa perspectiva ao argumentar que essas alianças devem ser guiadas por princípios de engajamento e respeito às diferenças culturais. Em vez de impor padrões uniformes, as colaborações internacionais devem buscar criar um espaço para a troca de ideias e práticas, permitindo que cada jurisdição adapte as soluções globais às suas realidades locais.

No contexto do Direito comparado, essas alianças judiciais fortalecem a governança global, ao mesmo tempo que preservam a diversidade jurídica. Em temas como governança algorítmica e proteção de direitos digitais, o compartilhamento de jurisprudências e a construção de padrões comuns representam um caminho promissor para enfrentar os desafios da era digital.

CONCLUSÃO

A era digital impõe desafios aos sistemas jurídicos, no que diz respeito à adaptação da juridicidade administrativa em jurisdições como Portugal e Brasil. Este estudo analisou, sob uma perspectiva comparativa, como essas duas tradições jurídicas enfrentam as transformações tecnológicas, destacando a relevância de conceitos como *Ius Constitutionale Commune*, formantes e criptotipos.

O ponto de vista central defendido neste texto é que a modernização tecnológica deve ser conduzida sob a égide de uma juridicidade ampliada, capaz de integrar inovações tecnológicas e salvaguardar princípios fundamentais. Essa adaptação exige um equilíbrio entre preservação das tradições jurídicas locais e engajamento com normas globais. Nesse sentido, o Direito comparado emerge como uma ferramenta indispensável, fornecendo insights que enriquecem as soluções locais ao mesmo tempo em que promovem um diálogo construtivo entre sistemas jurídicos distintos.

As análises apresentadas reforçam que a digitalização administrativa não é apenas um desafio, mas também uma oportunidade para repensar e aprimorar os fundamentos da governança pública. No Brasil, a ênfase em direitos fundamentais digitais, como na Lei Geral de Proteção de Dados (LGPD), revela o poder transformador que a legislação pode exercer, enquanto em Portugal, iniciativas como o programa Simplex demonstram como a tecnologia pode simplificar processos e aproximar o Estado do cidadão.

É necessário, entretanto, aprofundar a integração entre métodos empíricos e teorias normativas, promovendo abordagens que combinem rigor científico e sensibilidade às peculiaridades locais. Esse caminho possibilita a construção de soluções tecnológicas que não apenas respeitem, mas também valorizem a diversidade cultural e jurídica de cada sistema.

Como reflexões futuras, propõe-se o fortalecimento do diálogo transnacional entre cortes e a promoção de alianças judiciais que priorizem a proteção de direitos humanos em um ambiente tecnológico. Além disso, o desenvolvimento de padrões normativos que equilibrem transparência algorítmica e eficiência administrativa deve ser prioritário. O ponto de partida para essas discussões deve ser sempre a construção de soluções inclusivas, que reconheçam a centralidade do indivíduo em relação ao Estado.

Em última análise, a juridicidade administrativa é uma ferramenta para assegurar que a inovação tecnológica seja uma aliada da democracia, da justiça e da inclusão social. O desafio e a responsabilidade de nosso tempo residem na capacidade de conciliar progresso tecnológico com valores humanos, construindo sistemas jurídicos que respondam às demandas do presente e as necessidades das futuras gerações.

REFERÊNCIAS BIBLIOGRÁFICAS

BINENBOJM, Gustavo. *Uma Teoria do Direito Administrativo*: Direitos Fundamentais, Democracia e Constitucionalização. 3 ed, rev. e atual. Rio de Janeiro: Renovar, 2014.

BRASIL. Lei 13.709, de 14 de agosto de 2018. Lei Geral de Proteção de Dados Pessoais. Diário Oficial da União, Brasília, DF, 15 ago. 2018. Seção 1, p. 1.

CELESTE, Edoardo. Digital Sovereignty in the EU: Challenges and Future Perspectives. In: FABBRINI, Federico; CELESTE, Edoardo; QUINN, John. Eds. *Data protection beyond borders*: transatlantic perspectives on extraterritoriality and sovereignty. 2021.

CHEIBUB, Jose Antonio; ELKINS, Zachary; GINSBURG, Tom. Latin American Presidentialism in Comparative and Historical Perspective. *Public Law and Legal Theory Working Papers*. University of Chicago Law School. Working Papers. September. 2011.

DAVID, René. *Os Grandes Sistemas do Direito Contemporâneo*. Tradução Hermínio A. Carvalho. 4 ed. São Paulo: Martins Fontes. 2002.

DEZAN, Sandro Lucio; BRASIL JUNIOR, Samuel Meira. A juridicidade do Estado-administração na concretização de políticas públicas de saúde: Um método para a justificação da eficácia horizontal dos direitos fundamentais. *A & C. Rev. de Dir. Administrativo & Constitucional.* Belo Horizonte. Ano 16. N. 63. P. 211-238. Jan./mar. 2016.

DIXON, Rosalind. Cómo comparar constitucionalmente. *Latin American Law Review.* Facultad de Derecho. Universidad de Los Andes. Colombia. 2019.

HERMES, Manuellita. A Doutrina do Direito Comparado no Brasil. *Revista General de Derecho Público Comparado.* 33. 2023.

HERMES, Manuellita. *Fala durante aula da disciplina de direito constitucional comparado* IDP-Brasília-DF. Out/dez 2024.

HIRSCHL, Ran. *Comparative Matters*: The Renaissance of Comparative Constitutional Law. Oxford. Oxford University Press, 2014.

HORBACH, Carlos. O Direito Comparado no STF: Internacionalização da Jurisdição Constitucional Brasileira. *Revista de Direito Internacional.* Volume 12. N. 2. UNICEUB. Brasília. 2015.

JACKSON, Vicki C. Constitutional Comparisons: Convergence, Resistance, Engagement. *Harvard Law Review.* Vol. 119: 109. 2005.

MEYER, Emilio Peluso Neder. Repensando o Direito Constitucional Comparado no Brasil. *Revista de Investigações Constitucionais.* Curitiba. Vol. 6. N. 2. P. 479-502. Maio./ago. 2019.

OECD (2020). A Caminho da Era Digital no Brasil. *OECD Publishing.* Paris. https://doi.org/10.1787/45a84b29-pt.

POLIDO, Fabrício Bertini Paquot. Estado, Soberania Digital e Tecnologias Emergentes: interações entre direito internacional, segurança cibernética e inteligência artificial. *Revista de Ciências do Estado.* Belo Horizonte. Vol. 9. N. 1. 2024.

SACCO, Rodolfo. Legal formants: a dynamic approach to comparative law. *The American journal of comparative law.* Vol. 39. No 1. Winter. P. 1-34. 1991.

SLAUGHTER, Anne-Marie. *A Global Community of Courts.* Harvard International Law Journal. Vol. 44. 2003.

VERGOTTINI, Giuseppe de. Balance y perspectivas del derecho constitucional comparado. *Revista Española de Derecho Constitucional.* Año 7. Núm 19. Enero-Abril. 1987.

VILLANUEVA COLLAO, Vanessa. Empirical Methods in Comparative Law: Data Talks. *Comparative Law Review.* University of Perugia. 2020.

VON BOGDANDY, Armin. *Ius Constitutionale Commune* na América Latina: Uma Reflexão sobre um Constitucionalismo Transformador. *Revista de Direito Administrativo.* Rio de Janeiro. V. 269. P. 13-66. Maio/ago. 2015.

CAPÍTULO

7

ERA DIGITAL: DESAFIOS EM PERSPECTIVA COMPARATIVA. DEMORAS EM ADESÃO A CONVENÇÃO DE BUDAPEST

Jaime Hernández Silva[1]

Resumo: Existem desafios para os Estados constitucionais na era digital, entre outros, a regulamentação internacional da Internet, bem como a implementação em diferentes países de instrumentos de adaptação aos novos tempos. Neste trabalho através da revisão dos diferentes momentos da subscrição, adesão e ratificação da Convenção de Budapeste por alguns países, inferimos uma resposta e obtemos informações relevantes que nos dão parâmetros para identificar algumas semelhanças e diferenças que podem ajudar a nos aprofundar em outras obras do Direito comparado.

Palavras-chave: Direito comparado; Direito internacional; internet; cibercrime.

1 Doutorando em Direito em Brasil Instituto Brasileiro de Ensino, Desenvolvimento e Pesquisa (IDP). Legum Magister Law (LLM) em os Estados Unidos de America. Mestre e advogado Mexicano. Practicante em negócios internacionales. Brasilia (DF). Brasil.

1. INTRODUÇÃO

A ciência e a tecnologia avançam a passos largos, a uma velocidade incalculável, cada vez mais rápida, gerando novas formas de interagir, comunicar, fazer negócios e até mesmo se relacionar, o que gera, sem dúvida, múltiplos desafios em todos os campos, desde as ciências naturais, à economia, à sociedade, política e ciência jurídica.

Esses fenômenos já foram observados, estudados e enfrentados em diversos países, bem como em organismos internacionais, gerando tanto doutrinas e leis quanto tratados internacionais, com diferentes tipos de abordagens, desde a reforma constitucional e a inclusão de direitos fundamentais relacionados ao acesso à Internet, acesso à informação, proteção de dados pessoais, bem como os chamados crimes cibernéticos.

Hoje em dia, a tecnologia ultrapassou fronteiras com o uso da Internet, por exemplo, deixou de ser um negócio local de um município que poderia ser regulado, fiscalizado ou sancionado da mesma cidade, até mesmo do mesmo país, hoje existem também empresas transnacionais no mercado que podem estar operando em qualquer canto do mundo e que podem gerar todo tipo de consequências, inclusive polêmicas fora do país em que estejam estabelecidas, como já aconteceu.

No nosso campo da ciência jurídica, cabe perguntar se estamos preparados para estas mudanças vertiginosas que estão a acontecer, se as estruturas, os sistemas e a organização do Estado têm os enquadramentos legais, teóricos e práticos para agir com tamanha rapidez, por exemplo, no processo de concepção, criação de leis ou assinatura de tratados internacionais e todas as implicações que daí decorrem.

Em 23 de novembro de 2001, foi assinada a Convenção de Budapeste sobre crimes cibernéticos, que entrou em vigor no Brasil em 1º de março de 2023, mais de 22 anos depois, é pouco tempo, é muito, é o bastante, provavelmente uma maneira de saber é se compararmos o tempo que outros países levaram para assiná-lo. Claro, os processos de assinatura e aprovação de tratados são diferentes entre os países. Poderia ser que o estudo do Direito positivo do país nos levaria a uma responder, talvez como advogados devemos limitar-nos apenas ao estudo do Direito desde a sua entrada em vigor, descartando tudo o que o rodeia. O processo de criação de normas, seja através da criação de leis ou da assinatura de tratados internacionais, deve limitar-se apenas a regulamentações específicas ou é possível questionando outros elementos que o compõem.

Neste trabalho não pretendemos fazer um estudo exaustivo, apenas chamar a atenção para o período decorrido entre os países para abrir as portas para futuras pesquisas em Direito comparado nas causas que poderiam gerá-lo, fazendo algumas aproximações e inferências relacionadas ao Direito comparado e sua importância.

2. DESAFIOS DO ESTADO CONSTITUCIONAL NA ERA DIGITAL

Independentemente do debate que possa surgir sobre se estamos em uma nova era ou na quarta revolução industrial ou em qualquer outra, são inegáveis as mudanças vertiginosas que a ciência e a tecnologia geraram, os computadores, os celulares, as redes de conexão e a Comunicação mudaram o forma como nos relacionamos e até vivemos; a cada dia mais pessoas no mundo têm acesso à internet e utilizam serviços e dispositivos móveis.

Até Peter Haberle considerou-o como um desafio ao Estado Constitucional no que diz respeito à protecção da esfera privada na Internet, à carta dos direitos digitais fundamentais, ao direito digital internacional, à neutralidade da lei, ao anonimato, às influências que podem existir e totalitarismo.[2]

Mas também nesta era digital, há desafios ao Estado de direito e ao conceito tradicional de Estado onde se criam grandes conglomerados com vasto poder económico e que podem afetar os governados, como salienta Peter Häberle, *"não só os órgãos de O poder do Estado pode infligir danos e infringir direitos fundamentais"* [3], razão pela qual a visão tradicional unidimensional do indivíduo e do Estado é insuficiente.

2 VALADES, Diego. Conversaciones académicas con Peter Häberle: México: Instituto de Investigaciones Jurídicas, 2017, p. 330.

3 VALADES, Diego. Estudio Introductorio. In: HÄBERLE, Peter. El Estado constitucional: México: Instituto de Investigaciones Jurídicas, 2016, p. LXI.

O poder do Estado fica diminuído por não poder governar no campo dos meios de comunicação como a Internet, tendo que continuar como garante da liberdade e segurança dos Cidadãos, sendo necessário que o Estado constitucional implemente instrumentos que permitam adaptar-se aos novos tempos, como salienta Peter Häberle: "*Em certo sentido, o jurista chega sempre tarde demais... O Estado constitucional deve permanecer pronto para a reforma e capaz de ser reformado.*" [4]

Agora, podemos questionar se temos um certo grau de certeza de que nosso Estado Constitucional está preparado e é capaz de ser reformado, perguntar-nos se as normas positivas nacionais são suficientes para resolver esses desafios ou se é necessário recorrer a experiências, doutrinas, leis de outras jurisdições e até mesmo internacionais.

O Direito comparado é um instrumento que nos permite obter novos elementos para analisar e compreender melhor a nossa própria legislação e compreender outras formas de legislar ou resolver um problema específico.

3. POR QUE COMPARAR?

Nossos sistemas jurídicos foram influenciados por outros países e pelas muitas doutrinas que os moldaram. É importante compreendê-los profundamente para encontrar as razões que os inspiram tanto para sua aplicação quanto para sua evolução, pois isso ajuda a enriquecê-los.

Essa importância de enriquecer está refletida na própria Constituição Brasileira, que a reconhece no parágrafo único do seu art. 4º: "*A República Federativa do Brasil buscará a integração econômica, política, social e cultural dos povos da América Latina, visando à formação de uma comunidade latino-americana de nações.*"

Que melhor forma de integração do que conhecer as experiências, as semelhanças, respeitar as diferenças e enriquecer as experiências mútuas que temos para formar o entendimento

---

4 BALAGUER, Francisco. Un jurista europeo nacido en Alemania. In VALADEZ, Diego (Compilador). Conversaciones académicas con Peter Häberle: México: Instituto de Investigaciones Jurídicas, 2017, p. 61.

da comunidade de nações irmãs, sendo a pesquisa através da metodologia do Direito comparado o que nos dará as ferramentas, especialmente para encontrar possíveis melhorias ou novas tendências que possam ajudar a resolver um possível problema presente ou prevenir um futuro.

Como aponta Jorge Carpizo: "*...o método comparativo é um instrumento particularmente útil para melhorar as instituições, de modo a não repetir erros nem cair em falsas ilusões.*" [5]

Já existem tratados e estudos nos quais se reconhece a matéria de Direito constitucional comparado, como podemos assinalar no México a Jorge Carpizo, que me permito traduzir a título de referência assinala:

> "*Comparar as instituições constitucionais significa evidenciar as abordagens e diferenças que existem entre elas, tanto no plano normativo e jurisprudencial como em termos de práticas, usos e costumes políticos, com o objetivo principal de examinar quais delas podem ajudar a fortalecer um sistema constitucional específico, tendo em conta a evolução jurídica e política e a realidade do país.*" [6]

Independentemente da discussão sobre se faz parte de um ramo da ciência ou é apenas uma técnica para entender o Direito, encontramos sua importância no uso de, pelo menos, compreender melhor as instituições ou elementos que são estudados.

Além do entendimento está a busca pela melhoria ou unificação, pelo menos no que diz respeito às normas internacionais que poderiam ser consideradas harmonização, embora a unificação do Direito seja um idealismo, há muitas vantagens em tentar integrar e harmonizar que pareciam próximas, com a criação de a União Europeia.

Mais modestamente, devemos procurar uma tarefa diferente para o Direito comparado no nosso campo: fazer-nos compreender diferentes pontos de vista e fazer os outros compreenderem os nossos próprios pontos de vista, isto é, organizar, na esfera jurídica, a solução pacífica, convivência harmoniosa que constitui a condição para a manutenção e o progresso da nossa civilização.

---

5 CARPIZO, Jorge. Concepto de democracia y sistema de Gobierno en américa latina: México: Universidad Nacional Autónoma de México, 2007, p.1.

6 Idem.

Embora o Direito comparado tenha grandes vantagens quando utilizado dentro de um único país, comparando regulamentações locais, mesmo com legislações anteriores, o que permite uma melhor compreensão do Direito nacional, é importante considerar sua relevância internacional.

No entanto, surge um problema que consiste em considerar apenas a parte interna, como se outros fatores externos não existissem, deixando de aproveitar diferentes ideias e formas já estabelecidas de como resolver ou regular questões específicas.

A este respeito, René David salienta: "O nacionalismo jurídico é antes um provincianismo, irreconciliável com o autêntico espírito científico, e representa um empobrecimento e um perigo para o desenvolvimento e a aplicação do Direito nacional." [7]

4. CONVENÇÃO DE BUDAPESTE

A Convenção sobre crimes cibernéticos, assinada em Budapeste, Hungria, em 23 de novembro de 2001, é o primeiro tratado internacional que busca abordar crimes relacionados a computadores e à Internet, buscando harmonizar as leis nacionais, bem como aumentar a cooperação entre as nações. [8]

Mais de 75 Estados são membros da Convenção de Budapeste, incluindo Argentina, Colômbia, Costa Rica, Chile, Panamá, Paraguai e Peru nas Américas.

É interessante comparar as datas de adesão e ratificação da convenção por diferentes países, selecionamos alguns que consideramos relevantes, embora sejam todos diferentes, isso nos ajuda a ter um parâmetro de tempo e a partir disso determinar se encontramos alguma semelhança ou diferença da qual poderíamos inferir algumas causas.

Para efeito de comparação, é importante distinguir entre os países-membros, já que este acordo foi feito pelo Conselho da Europa, portanto, para evitar uma comparação entre países com

---

7 DAVID, Rene. Los grandes sistemas jurídicos contemporáneos: Pedro Bravo Gala (Traductor), España: Aguilar, 1966, p. 6.

8 https://www.coe.int/en/web/cybercrime/the-budapest-convention

qualidades diferentes, separamos os países que pertencem ao continente europeu de americano.

5. RATIFICAÇÃO DA CONVENÇÃO DE BUDAPESTE NOS PAÍSES EUROPEUS

Abaixo estão informações obtidas no site do Conselho da Europa[9] sobre as datas de assinatura e as datas de ratificação de alguns dos países membros da Europa.

Tabela 1. Dias decorridos entre a assinatura da Convenção de Budapeste e sua ratificação por alguns países membros europeus

PAÍSES EUROPEUS MEMBROS			
PAÍS	ASSINATURA	RATIFICAÇÃO	DIAS DECORRIDOS
França	23/11/01	10/01/06	1509
Alemanha	23/11/01	09/03/09	2663
Portugal	23/11/01	24/03/10	3043
Espanha	23/11/01	03/06/10	3114
Inglaterra	23/11/01	25/05/11	3470

Como todos os países membros assinaram o acordo na mesma data de sua elaboração, no entanto, o processo de ratificação foi diferente em cada um deles, com a França obtendo a ratificação mais rapidamente, tendo levado mais de 4 anos (1509 dias) para obtê-la. Nós observou-se que, dos países selecionados, foi a Inglaterra que demorou mais tempo para obter a ratificação, tendo levado mais de 9 anos (3.470 dias) para conseguir a aprovação.

Como salientamos na nossa introdução, estes dados podem ajudar-nos a abrir portas para aprofundar as origens, causas ou diferenças nos processos de ratificação de tratados internacionais em cada um dos países ou as implicações, ajustamentos nacionais, discussões ou particularidades que lhes correspondem.

9 Idem

Estamos comparando, as informações também nos mostram que o tempo médio para a ratificação do acordo dos países selecionados é de quase 8 anos (2.760 dias), apenas dois anos a mais que o tempo máximo que a Inglaterra levou, então indo mais a fundo poderíamos cada uma delas poderia ser as semelhanças do processo e as consequências geradas internamente para identificar variáveis semelhantes para as quais os tempos de ratificação são próximos.

6. ASSINATURA E RATIFICAÇÃO DA CONVENÇÃO DE BUDAPESTE NOS PAÍSES AMERICANOS

Abaixo estão as informações obtidas no site do Conselho da Europa[10] sobre as datas de assinatura e as datas de ratificação de alguns países do continente americano:

Tabela 2. Dias decorridos entre a origem e a adesão, bem como entre a origem e a ratificação da Convenção de Budapeste por alguns países americanos

PAÍS	DATA		DIAS DECORRIDOS	
	ASSINATURA	RATIFICAÇÃO	SUBSCRIÇÃO E ADESÃO	ASSINATURA E RATIFICAÇÃO
Estados Unidos	23/11/01	29/09/06		1771
Panamá	05/03/14	01/07/14	4485	118
Chile	24/04/17	01/08/17	5631	99
Costa Rica	22/09/17	01/01/18	5782	101
Argentina	05/06/18	01/10/18	6038	118
Paraguai	30/07/18	01/11/18	6093	94
Colômbia	16/03/20	01/07/20	6688	107
Brasil	30/11/22	01/03/23	7677	91

10 Idem

Encontramos dados relevantes, como a participação e adesão dos Estados Unidos desde a criação do acordo e a rapidez com que foi ratificado, comparando-o inclusive com os países membros da Europa que foram selecionados, superados apenas pela França, que conseguiu a assinatura e ratificação em pouco menos de 5 anos (1771 dias) perante a Alemanha e a Inglaterra.

Observa-se que dos países selecionados, excluindo os Estados Unidos, o Panamá é o que aderiu antes dos demais, com mais de 12 anos de diferença (4.485 dias) da assinatura do acordo, sendo o Brasil o que mais tempo demorou, com quase 21 anos de diferença (7.677 dias), embora seu processo de ratificação tenha sido o mais rápido, a diferença de tempo entre outros países da América é muito considerável.

Nesta análise não consideramos significativo o elevado tempo médio de adesão dos países americanos, uma vez que, pelo menos semelhante em qualidade aos países não membros, os Estados Unidos conseguiram aderir muito rapidamente, pelo que podemos inferir a existência por diferentes razões, que valeriam a pena explorar em outras obras.

Em outras palavras, surge a questão de por que alguns países americanos levaram em média mais de 12 anos para aderir a um acordo internacional, eles pretendiam resolver os problemas que surgem isoladamente ou foi o tempo necessário para acomodar os ajustes que os desafios da era digital estão impulsionando.

Embora pareça muito tempo, temos o caso do México, que, apesar de ser observador, não aderiu ao acordo, fruto de uma política de pouca participação em assuntos internacionais.[11]

7. PAÍSES ADERENTES *VS* PAÍSES NÃO ADERENTES

Obviamente, para os países signatários, a Convenção de Budapeste já é um Direito positivo, semelhante quanto ao objeto

---

11 LLAMAS, Jersian. Foro Jurídico. El estatus de México y el convenio sobre la ciberdelincuencia de Budapest: México, 2020. En: https://forojuridico.mx/el-estatus-de-mexico-y-el-convenio-sobre-la-ciberdelincuencia-de-budapest.

específico quanto ao conteúdo da Convenção, independentemente da família jurídica a que pertençam, mas diferente pelas reservas que possam ter estabelecido e ainda mais pelas implicações que podem surgir na legislação nacional, o que parece mais interessante é fazer uma aproximação entre países que não aderiram, como é o caso do México.

Claro que o México, como qualquer outro país membro, está exposto ao crime cibernético, então a legislação nacional é suficiente para cumprir os deveres do Estado constitucional, entanto, para comparar, é necessário entender e diferenciar, pois há outras variáveis que vão além de aderir ou não a uma convenção internacional.

Como refere Diego Valades, assim como no Direito comparado se fez uma classificação das famílias para distinguir, hoje caberia uma nova classificação, podendo-se fazer variações, quanto à forma de organização do poder, podemos destacar a família presidencial e a família parlamentar; No que se refere à proteção dos direitos humanos, podemos destacar a família moderna (com direitos garantidos e em desenvolvimento) e a família tradicional (onde permanecem normas adversas aos direitos fundamentais); Quanto à organização do Estado, há uma família federativa e uma família unitária; uma família pragmática; Quanto aos procedimentos democráticos adoptados, temos uma família representativa (há Congresso ou Parlamento) e uma família participativa (há consulta popular direta) e, finalmente, quanto aos instrumentos de controlo político e jurisdicional, temos uma família responsável onde Congressos e tribunais são funcionais e uma família arcaica onde não há equilíbrio nas relações entre os órgãos de poder. [12]

Na parte das normas escritas, o México pertence à família moderna porque inclusive é elevado à Constituição pela reforma de 20 de julho de 2007, que estabeleceu no art. 6º Constitucional que o Estado assume o dever de acesso às tecnologias da informação e à Internet, entanto, podemos questionar se é suficiente,

---

12 VALADES, Diego. Op. Cit., p. XXIX.

se é uma lei em ação, na prática ou melhor, é letra morta onde, embora as regras escritas sejam uma só, o equilíbrio entre os poderes é assimétrico e então poderia ser considerado incluído dentro de famílias arcaicas.

Há acontecimentos de difícil regulação entre a luta pelo poder político que infelizmente podem desviar as principais funções do Estado constitucional, para tanto, permito-me amparar-me para justificar esta necessidade no que foi apontado pelo Doutor Gilmar Ferreira Mendes ao fazer os agradecimentos finais no IV Seminário Luso-Brasileiro de Direito Constitucional:

> *"Importante ressaltar que buscamos preservar a ordem democrática em meio a uma grave conjuntura de desacertos quer no plano político, quer na esfera econômica, institucional e até judicial, lançado mão, para tanto, exatamente dos remédios constitucionais disponíveis de modo a encontrar mecanismos que possam viabilizar a devida estabilização jurídica, acredito, como vimos inclusive no ano passado, nunca a ideia de força normativa da Constituição esteve tantas vezes colocada a prova, temos tido esse debate, inclusive ressurge aquele fenômeno clássico referido por Lassalle nos chamados fatores reais do poder, essas questões que se recolocam em função de, talvez incapacidade ou relativa capacidade da Constituição de regular tantos eventos de difícil regulação, em sínteses e o estado democrático de direito que almejamos resguardar de qualquer desvalio ideológico, autocrático, populista ou meramente nosense."*[13]

CONCLUSÃO

Existem desafios na era digital para o Estado de direito, consistindo, entre outros, tanto na regulação internacional da Internet como na implementação dos instrumentos necessários para a sua atualização em consonância com os tempos atuais.

A Convenção de Budapeste é um instrumento internacional para a regulamentação do crime cibernético criado em 2001 e assinado por mais de 75 países.

A França foi um dos países da amostra que conseguiu a ratificação no menor período de 4 anos, semelhante aos Estados Uni-

13 FERREIRA, Gilmar. IV Seminario Luso_Brasileiro de Direito Constitucional: Brasil: IDP, 2017, pp. 170,171.

dos da América, que, apesar de não pertencer à União Europeia, a assinou desde sua criação e obteve a ratificação antes mesmo da Alemanha e Inglaterra.

Alguns países, como o Brasil, levaram mais de 21 anos para aderir, e outros, como o México, apesar de participarem como observadores, ainda não aderiram.

Vale a pena analisar as razões pelas quais países como os Estados Unidos e a França conseguiram ratificar o tratado num período de tempo mais curto, bem como as razões pelas quais países como o Brasil levaram mais de 21 anos a ratificá-lo e porque países como já que o México não aderiu.

Embora o México tenha elevado o dever do Estado de acessar e regular a Internet a um nível constitucional como um direito fundamental, mais de 23 anos se passaram e o país não aderiu à Convenção de Budapeste.

Limitar-nos apenas ao direito positivo na descrição de instituições jurídicas como o processo de ratificação de um acordo internacional em comparação com certos países não nos dá nenhuma luz sobre o que está acontecendo em outros países a nível internacional, é necessário abordar a lei na ação viva para primeiro ser capaz de conhecer e entender e então comparar, não apenas em termos do padrão escrito.

REFERÊNCIAS BIBLIOGRÁFICAS

BALAGUER, Francisco. Un jurista europeo nacido en Alemania. In VALADEZ, Diego (Compilador). *Conversaciones académicas con Peter Häberle*: México: Instituto de Investigaciones Jurídicas, 2017.

CARPIZO, Jorge. *Concepto de democracia y sistema de Gobierno en américa latina*: México: Universidad Nacional Autónoma de México, 2007.

DAVID, Rene. *Los grandes sistemas jurídicos contemporáneos*: Pedro Bravo Gala (Traductor), España: Aguilar, 1966.

VALADES, Diego. *Conversaciones académicas con Peter Häberle*: México: Instituto de Investigaciones Jurídicas, 2017.

VALADES, Diego. Estudio Introductorio. In: HÄBERLE, Peter. *El Estado constitucional*: México: Instituto de Investigaciones Jurídicas, 2016.

CAPÍTULO

8

DO PAPEL AO REGISTRO ELETRÔNICO: BREVES NOTAS SOBRE O SISTEMA REGISTRAL IMOBILIÁRIO BRASILEIRO, ESPANHOL E ESTONIANO

Yuri Amorim da Cunha[1]

Resumo: O presente capítulo tem por objetivo promover sucintamente uma incursão no sistema registral brasileiro, espanhol e estoniano. Sem escopo de fazer um verdadeiro estudo de Direito comparado, pretende-se traçar notas a respeito deles.
Palavras-chave: registro de imóveis; analógico; eletrônico; Brasil; Espanha; Estônia.

1 Yuri Amorim da Cunha atualmente é tabelião de notas, mestre em Direito pela Escola Paulista de Direito, mestre em Direito pela Universidade Autónoma de Lisboa e doutorando em Direito pelo Instituto Brasileiro de Ensino, Desenvolvimento e Pesquisa de Brasília.

1. INTRODUÇÃO

A propriedade privada é a base da sociedade capitalista, a evolução da compreensão dela remonta a um passado já antigo, e se inicia com a apreensão de objetos pelo ser humano, ainda nos primórdios.[2]

Antes, coisas móveis, haja vista as sociedades serem formadas por caçadores e coletores, portanto, nômades. Com o desenvolvimento da agricultura e a fixação em solo por alguns grupos, houve início da noção de propriedade sobre terras, das mais variadas formas, coletiva, individual e mista, como nos condomínios de lotes, edilícios, multipropriedade etc.

Com a diversificação dessas noções e o aumento da complexidade das formações humanas, foi necessária a criação de sistemas registrais imobiliários e o seu constante aprimoramento. Motivo pelo qual, a maior parte dos países do globo, senão todos possui um, seja mais simples ou refinado. Não é diferente no Brasil, Espanha e Estônia.

Esses países possuem sistemas registrais reconhecidos por características importantes, o Brasil de dimensões continentais, tem na teoria um dos sistemas mais completos, a Espanha é tida por um sistema registral de excelência, enquanto a Estônia por sua vanguarda eletrônica.

Assim, neste breve texto, visualizaremos características deles, de modo *en passant*, dado que o aprofundamento encadearia verdadeiro estudo de Direito comparado, o que certamente excederia o número de páginas destinadas a um capítulo. De qualquer sorte, espera-se que a leitura seja positiva, agradável e suscite a curiosidade do leitor.

---

2 Interessante passagem bíblica está em Gênesis 23 quando "Abraão concordou e pesou a quantidade de prata que Efrom havia sugerido diante de todos, isto é, quatro quilos e meio, de acordo com o peso comum usado pelos negociantes. Assim, Abraão se tornou dono da propriedade de Efrom em Macpela, a leste de Manre, isto é, da caverna e de todas as árvores, até a divisa da propriedade. Todos os heteus que estavam naquela reunião foram testemunhas dessa compra." Nota-se, desse trecho, a quão simplória era a forma de transmissão da propriedade imobiliária àquela época, e que nos dias atuais – no geral – não seria possível a adoção dela, ante a complexidade das sociedades.

2. DESENVOLVIMENTO

A transformação das sociedades e estados têm causado uma disrupção, os dados em papel têm se transformado em dados eletrônicos, facilitando o acesso a eles, tornando menor as distâncias, mais ágeis a prestação e contratação de serviços e a aquisição de bens, a fim de assegurar essa mudança a União Europeia por força da Decisão (EU) 2022/2481 do Parlamento Europeu e do Conselho Europeu de 14/12/2022, visa:

> (...) estabelecer o programa Década Digital para 2030, prevê a digitalização dos serviços públicos, de modo que 100% dos serviços públicos essenciais deverão ser prestados eletronicamente, com acesso e interação pelas plataformas digitais, com o uso de meios de sistemas de identificação pessoal eletrônica (eID) seguros e reconhecidos em toda a União.[3]

Assim, como integrante do bloco europeu, a Espanha tem em razão da transposição para o seu ordenamento jurídico interno dessa determinação, obrigação de promover os seus registros públicos ao patamar digital, conforme cronograma feito pela Direção Jurídica e Fé Pública.

Para tanto, foi editada a Lei 11/2023, que alterou a Lei Hipotecária de 1946 e outras lei do século XIX correlacionadas ao assunto, com o objetivo de tornar virtual o atendimento pelas serventias imobiliárias.

As alterações são das mais variadas, como interoperabilidade, comunicações entre Administração e cidadãos com os registros, publicidade eletrônica desses registros e têm por pressupostos assegurar segurança, disponibilidade, acesso, integridade, autenticidade, confidencialidade e preservação de dados, além da interoperabilidade já citada.

No mundo virtual, está o registro imobiliário estoniano, desde 1º/1/2015, ele pode ser consultado através de uma notaria (tabelionato de notas) ou por um buscador de pesquisa, sendo esta gratuita para a primeira parte das fichas dos imóveis, a qual é composta

---

3 cartorios.org/2024/12/09/brasil-espanha-sistemas-registrais-e-o-impacto-de-novas-tecnologias/ acesso dia 12/12/2024 às 07h37.

por outras três, sendo que cada parte corresponde a informações relativas ao imóvel ou quem está relacionado com ele.[4]

Essas outras partes podem ser visualizadas mediante o pagamento de taxas que variam de um euro até três euros, os proprietários, sejam eles pessoas físicas ou jurídicas, representantes legais ou tutores de proprietários, bem como proprietários de apartamentos que estejam em condomínio edilício não necessitam efetuar o pagamento de taxas.[5]

De regra, na Estônia, há publicidade dos dados, e a ficha do imóvel pode ser acessada por notários, proprietários, oficiais de justiça, tribunais e autoridades de supervisão sem necessidade de indicação de interesse legítimo.

Assim como no Brasil, várias informações podem ser utilizadas para consulta aos dados de determinado imóvel, lá, são: endereço, referência cadastral (equivalente à nossa designação cadastral – ou cadastro imobiliário fornecido pela Prefeitura), nome do proprietário, número de identificação pessoal/código do registro (equivalente ao número da nossa matrícula) ou número do imóvel.

No nosso país, a mudança do digital ao eletrônico teve mais ênfase a partir da Lei do Programa Minha Casa Minha Vida do ano de 2009, nela há o capítulo II que se refere ao registro eletrônico e prevê o sistema de registro público eletrônico, com substanciais mudanças pelo advento da Lei Federal 14.382/2022, contando com importante regulamentação pelo Provimento 89/2019 do CNJ.

E o sistema brasileiro traz inúmeras similaridades com os outros dois sistemas registrais citados, sendo uma delas o intercâmbio de informações entre os registros imobiliários e órgãos do Estado:

> Art. 76, §6º da Lei Federal 13.465/2017: Os serviços eletrônicos serão disponibilizados, sem ônus, ao Poder Judiciário, ao Poder Executivo Federal, ao Ministério Público, aos entes públicos previstos nos regimentos de custas e emolumentos dos Estados e do Distrito Fe-

---

4 https://e-justice.europa.eu/109/PT/land_registers_in_eu_countries?ESTONIA&member=1 acesso dia 12/12/2024 às 19h23.

5 https://e-justice.europa.eu/109/PT/land_registers_in_eu_countries?ESTONIA&member=1 acesso dia 12/12/2024 às 19h23.

deral, e aos órgãos encarregados de investigações criminais, fiscalização tributária e recuperação de ativos.

Mas sobretudo, tem um amplo espectro, conforme o art. 3º da Lei Federal 14.382/2022, sendo alguns dos objetivos: registro público eletrônico dos atos e negócios jurídicos, interconexão dos registros públicos, interoperabilidade, visualização, armazenamento de documentos eletrônicos, atendimento remoto por meio da internet, recepção, envio, expedição e prestação de modo eletrônico aos usuários etc.

No Brasil, o órgão máximo encarregado de disciplinar os prazos e efetuar a fiscalização da digitalização é a Corregedoria Nacional do Conselho Nacional de Justiça, ao passo que o Operador Nacional do Registo de Imóveis (ONR) tem por objetivo a implementação, melhorias e manutenção do sistema eletrônico do Registro de Imóveis – SREI.

A grande preocupação dos registradores atualmente no país e na Espanha é relacionada a imposição/utilização da Inteligência Artificial (IA), a qual acabe transformando os sistemas registrais desses países em registros meramente de títulos e não de direitos, cuja diferença consiste na depuração dos dados quanto a conformação da legalidade.

Ou seja, há uma extração dos dados principais para a constituição, transferência, modificação, validade, publicidade de direitos envolvendo imóveis. O principal objetivo dessa depuração é evitar o registro ou averbação de atos jurídicos considerados nulos e eventualmente anuláveis.

A utilização de IA para a análise de atos e sua redação mais simples hoje parece possível e salutar, se ganha eficiência, todavia, a incógnita é sobre atos mais complexos, em especial, os que envolvem saneamento de matrículas (suportes dos registros).

Assim, indagamos se haverá no futuro a substituição do homem por ela, sendo ele conhecedor do direito. Essa inquietude só no futuro será apaziguada. O avanço dessa tecnologia é a badalação da vez, no entanto, por ora, ela é limitada a tarefas criativas mais simples, embora surpreendentes.

Contudo, não vislumbramos até o momento no contexto de hiperinflação normativa, alterações recorrentes e situações complexas de precariedade de suportes registrais (matrículas e equivalentes), IA com grau de desenvolvimento suficiente para realizar a contento análises e correções.

Nesse sentido, Moacyr Petrocelli de Ávila Ribeiro crê:

> Dessarte, oportuno concretizar a ideia de que a atuação do Registrador Imobiliário é singular e própria de um jurista. A atividade derivativa do intelecto humano é insubstituível no atual sistema registral imobiliário, até porque o que ingressa na matrícula está na dependência de circunstâncias de caráter fático e jurídico apreciados pelo Registrador. Por isso, não concebe qualquer infraestrutura de dados coerente e uniforme destinada a revelar a situação jurídica dos imóveis sem o controle e responsabilidade de um terceiro imparcial. É dessa atuação, insuperável, que emana a segurança esperada pela sociedade.[6]

Outro assunto que envolve a tecnologia aplicada aos sistemas registrais imobiliários diz respeito a base de dados eletrônica desses serviços, haja vista que envolve questões de segurança das informações, por isso, se discute a molecularização dos registros (não centralização), de acordo com Sérgio Jacomino, o qual reflete sobre o sistema brasileiro e espanhol com base em outros estudiosos:

> Um aspecto importante a ser destacado é a singularidade decisória e organizacional a cargo de cada registrador imobiliário no âmbito de sua própria serventia, interagindo com as demais unidades por meio de interconexão e interoperabilidade (não centralização decisória e concentração de dados). O modelo é molecularizado. Assim, "tanto a base de dados de cada Registro como o arquivo formado pelos assentos registrais, dos quais derivam os efeitos previstos nas leis e regulamentos, devem estar localizados no cartório de registro, sob a custódia do registrador" (art. 239 do LH). Quando seja necessário transmitir os dados para além das fronteiras de cada serventia – como no caso de *backup* incremental – os dados deverão ser "criptografados na origem por meio de um certificado eletrônico exclu-

6 RIBEIRO, Moacyr Petrocelli de Ávila; PEDROSO, Alberto Gentil de Almeida. Alienação fiduciária de bens imóveis, v. X. 2. ed. São Paulo: Thomson Reuters Brasil, 2022.

sivo de cada cartório de registro imobiliário sob responsabilidade do registrador titular da circunscrição, que será o único que poderá autorizar sua descriptografia e uso" (art. 239, *in fine*).[7]

No caso brasileiro, após a criação do BD-Light e do T-Box (backup de imagens de matrículas), foi adotado o **Next Cloud SAS** (Serventia Avançada Segregada). "Essa nova solução", diz Flauzilino Araújo dos Santos, "desenvolvida em nuvem, (...) visa implementar alto nível de segurança utilizando tecnologia de segmentação, segregação e criptografia de rede ponto a ponto, implementados em nuvem, com ambiente dedicado e exclusivo para cada uma das serventias".[8]

Essa preocupação é de suma relevância, além de ser lógica e atual, na sociedade da informação, dados são responsáveis por atribuir ao seu detentor poder econômico, político, social e mesmo militar.

Em razão disso, muitos países adotaram leis ou diretivas, seguindo exemplo da União Europeia, para proteger os dados pessoais dos seus cidadãos. Tamanha é a preocupação, que o juiz estadunidense, Paul A. Engelmayer, proibiu o acesso aos dados pessoais e financeiros de milhões de estadunidenses armazenados no Departamento do Tesouro daquele país e cujo acesso tinha sido conferido pelo recém-empossado presidente dos Estados Unidos, Donald Trump, ao Departamento de Eficiência Governamental comandado por Elon Musk.[9]

A malversação de dados pode servir para o Estado ou particulares promoverem perseguições e prejuízos de toda a ordem a opositores ou desafetos, criar distorções concorrenciais e outras situações deletérias com lastimável reflexo em direitos fundamentais como a liberdade, a honra, a privacidade, o patrimônio e o livre desenvolvimento do pensar. Motivo pelo qual está em pauta em diversos países a regulamentação ou não das redes sociais.

---

7 cartorios.org/2024/12/09/brasil-espanha-sistemas-registrais-e-o-impacto-de-novas-tecnologias/ acesso dia 12/12/2024 às 07h37.

8 cartorios.org/2024/12/09/brasil-espanha-sistemas-registrais-e-o-impacto-de-novas-tecnologias/ acesso dia 12/12/2024 às 07h37.

9 https://cnnportugal.iol.pt/donald-trump/elon-musk/juiz-impede-departamento-de-elon-musk-de-aceder-a-dados-do-tesouro-dos-eua/20250208/67a7128fd34e3f0bae9a313c acesso aos 18/02/2025 às 14h37.

Além disso, a centralização de dados cria um ambiente vulnerável a ações de criminosos, aumentando em caso de falha a probabilidade de perda e/ou sequestro de dados com prejuízos inestimáveis, como a suspensão ou paralisação de serviços.

Foi o que ocorreu com o Superior Tribunal de Justiça, o qual teve comprometida a sua prestação de serviços jurisdicionais, tendo ela sido interrompida em 03 de novembro de 2020, como reflexo de um ataque cibernético de larga escala. Após o referido fato, a sua segurança de dados foi revista e reforçada.[10]

E isso ocorreu com o Órgão da Justiça responsável por fiscalizar e orientar o Poder Judiciário brasileiro. Em um acesso não autorizado ao banco de dados do Conselho Nacional de Justiça no ano de 2019, diversos dados pessoais e bancários vazaram, e o mais curioso, foi a mensagem deixada pela hacker, conforme noticiado:

> Uma criança nascida hoje crescerá sem uma concepção de privacidade. Eles nunca saberão o que significa ter um certo momento para si pensamentos que não são registrados e não analisados. E isso é um problema porque a privacidade é importante; a privacidade é o que é possível devemos determinar quem somos e quem queremos ser.[11]

Ou seja, a própria invasora, reconhece a relevância da privacidade como direito fundamental ao livre desenvolvimento. E, infelizmente, no ano de 2023 mais um ataque ao CNJ ocorreu, tendo sido inseridos documentos e alvarás de soltura falsos.[12]

E destaque-se que a própria Corregedoria Nacional de Justiça, órgão vinculado ao CNJ, reconhece a importância da proteção de dados, tanto que referente as serventias extrajudiciais editou o Provimento 74, ainda no ano de 2018 com o objetivo de regulamentar os padrões mínimos de tecnologia da informação

---

10 https://www.stj.jus.br/sites/portalp/Paginas/Comunicacao/Noticias/04122020-STJ--Noticias-destaca-reforco-na-seguranca-de-informacoes-digitais-do-tribunal-apos-o-ataque%E2%80%AFhacker.aspx acesso aos 18/02/2025 às 15h06.

11 https://www.conjur.com.br/2019-abr-01/cnj-sofre-ataque-hacker-dados-milhares-pessoas-vazam/ acesso aos 18/02/2025 às 14h59.

12 https://www.cnnbrasil.com.br/politica/invasao-de-sistema-do-cnj-e-falso-mandado-de-prisao-contra-moraes-entenda-o-que-levou-a-prisao-do-hacker/ acesso aos 18/02/2023 às 15h18.

para a segurança, integridade e disponibilidade de dados para a continuidade da atividade pelos serviços notariais e de registro em território nacional.[13]

E seguindo essa linha protetiva, no Provimento 149/2023, conhecido como Código Nacional de Normas do Extrajudicial, o CNJ estabelece os cuidados que os serviços extrajudiciais devem ter para não disponibilizar ou haver vazamento de dados de modo indevido, sendo um complemento à Lei Geral de Dados Pessoais (LGPD).

Dessa forma, percebemos que a necessidade e a evolução dos registros imobiliários do analógico para o eletrônico é algo já presente, em vias de consolidação e, provavelmente, que não haverá retorno ao mundo do papel.

Assim, verificamos que o avanço tecnológico é necessário e irrefreável, exemplo disso, é a criação na Espanha, Estônia e no Brasil[14] de geoportais que congregam diversos dados relativos ao registro de imóveis, e nos países europeus ainda possuem outros incrementos, como alerta de emergências como no caso do país ibérico[15], localização de hospitais e bases de ambulâncias[16] no país báltico, e no Brasil há uma integração com o google street view.[17]

CONCLUSÃO

O mundo mudou nas últimas décadas, e o mundo tem mudado drasticamente nos últimos anos a uma velocidade avassaladora, até os costumes que antes demoravam séculos para serem conformados de outra maneira, estão se alterando a passos cada vez mais rápidos.

O mundo digital ou eletrônico trouxe o intercâmbio de uma vasta gama de informações (o mundo está na palma da mão) e a redução de distâncias. Criamos um terceiro plano de existência,

---

13 https://atos.cnj.jus.br/atos/detalhar/2637 acesso aos 19/02/2025 às 14h58.
14 https://mapa.onr.org.br/ acesso aos 19/02/2025 às 15h09.
15 https://geoportal.registradores.org/geoportal acesso aos 19/02/2025 às 15h13.
16 https://geoportaal.maaamet.ee/eng/web-maps-p35.html acesso aos 19/02/2025 às 15h15.
17 https://www.anoreg.org.br/site/mapa-do-registro-de-imoveis-ganha-nova-camada/ acesso aos 19/02/2025 às 15h22.

depois da realidade e do sonho, construímos uma realidade paralela (virtual), com isso, inúmeros desafios têm surgido.

Nessa esteira, vimos que os sistemas registrais imobiliários tiveram ou estão buscando acompanhar a evolução das sociedades, o dinamismo econômico e tecnológico impôs a entrada dos sistemas na era contemporânea, a era do registro eletrônico.

Dadas essas circunstâncias, a velocidade que as novas gerações estão experimentando e exigindo, fica a pergunta, ela se sobreporá a segurança jurídica? Serão os registros meros repositórios em breve? A IA fará toda a análise documental?

Bom, ainda que superficialmente, vimos acerca da evolução e as intercorrências que dessas situações podem derivar, embora não se tenha uma bola de cristal, podemos antever que serão necessárias escolhas de modelos, registro de títulos ou registro de direitos, segurança jurídica mais forte ou mais fraca (com ou sem depuração das informações), celeridade maior ou atenuada?

Concluímos, portanto, que o futuro da atividade registral é digital, mas que independentemente do sistema e do país, o mundo exige rapidez, comodidade e menos custo. Assim, consideramos que o acerto ou desacerto das escolhas a serem feitas para atender a essas necessidades das sociedades envolvidas, dependerá de encontrar o equilíbrio entre essas demandas e o objetivo primordial dos registros, que é a segurança jurídica. No geral, parece que caminhamos bem. Resta aguardar o futuro para confirmarmos ou não essa impressão.

REFERÊNCIAS BIBLIOGRÁFICAS

AMARAL, Anna Beatriz Pereira Almeida do [et al.]; GALHARDO, Flaviano (coord.). *Direito registral e novas tecnologias*. Rio de Janeiro: Forense, 2021.

FARIA, Bianca Castellar de. *Registro de imóveis*: Brasil x Estados Unidos: comparativo sobre segurança, eficiência e custo. Rio de Janeiro: Lumen Juris, 2023.

MELO, Marcelo Augusto Santana de. *Teoria geral do registro de imóveis* – estrutura e função. 2 ed. São Paulo: Editora JusPodvim, 2023.

RAYMUNDI, Fabiano Comozzato. *A importância do registro de imóveis*. Porto Alegre: Norton Editora, 2004.

RIBEIRO, Moacyr Petrocelli de Ávila; PEDROSO, Alberto Gentil de Almeida. *Alienação fiduciária de bens imóveis*, v. X. 2. ed. São Paulo: Thomson Reuters Brasil, 2022.

https://atos.cnj.jus.br/atos/detalhar/2637 acesso aos 19/02/2025 às 14h58.

https://atos.cnj.jus.br/atos/detalhar/3131 acesso aos 13/12/2024 às 18h05.

https://atos.cnj.jus.br/atos/detalhar/5057 acesso aos dia 13/12/2024 às 16h40.

https://atos.cnj.jus.br/atos/detalhar/5243 acesso aos 19/02/2025 às 15h04.

cartorios.org/2024/12/09/brasil-espanha-sistemas-registrais-e-o-impacto-de-novas-tecnologias/ acesso aos 12/12/2024 às 07h37.

https://www.anoreg.org.br/site/mapa-do-registro-de-imoveis-ganha-nova-camada/ acesso aos 19/02/2025 às 15h22.

https://www.cnnbrasil.com.br/politica/invasao-de-sistema-do-cnj-e-falso-mandado-de-prisao-contra-moraes-entenda-o-que-levou-a-prisao-do-hacker/ acesso aos 18/02/2023 às 15h18.

https://cnnportugal.iol.pt/donald-trump/elon-musk/juiz-impede-departamento-de-elon-musk-de-aceder-a-dados-do-tesouro-dos-eua/20250208/67a7128fd34e3f0bae9a313c acesso aos 18/02/2025 às 14h37.

https://e-justice.europa.eu/109/PT/land_registers_in_eu_countries?ESTONIA&member=1 acesso aos 12/12/2024 às 19h23.

https://geoportaal.maaamet.ee/eng/web-maps-p35.html acesso aos 19/02/2025 às 15h15.

https://geoportal.registradores.org/geoportal acesso aos 19/02/2025 às 15h13.

https://mapa.onr.org.br/ acesso aos 19/02/2025 às 15h09.

https://www.conjur.com.br/2019-abr-01/cnj-sofre-ataque-hacker-dados-milhares-pessoas-vazam/ acesso aos 18/02/2025 às 14h59.

https://www.planalto.gov.br/ccivil_03/_ato2007-2010/2009/lei/l11977.htm acesso aos 13/12/2024 às 16h33.

https://www.planalto.gov.br/ccivil_03/_ato2015-2018/2017/lei/l13465.htm acesso aos 13/12/2024 às 16h38.

https://www.planalto.gov.br/ccivil_03/_ato2015-2018/2018/lei/l13709.htm acesso aos 19/02/2025 às 15h03.

https://www.planalto.gov.br/ccivil_03/_ato2019-2022/2022/lei/l14382.htm acesso aos 13/12/2024 às 16h48.

https://www.stj.jus.br/sites/portalp/Paginas/Comunicacao/Noticias/04122020-STJ-Noticias-destaca-reforco-na-seguranca-de-informacoes-digitais-do-tribunal-apos-o-ataque%E2%80%AFhacker.aspx acesso aos 18/02/2025 às 15h06.

CAPÍTULO

9

A QUEBRA DE SIGILO DO E-MAIL: BREVE ANÁLISE ENTRE BRASIL E PORTUGAL

Giovanni Fialho Netto Júnior[1]

Resumo: O presente ensaio tem como objetivo fazer uma brevíssima análise acerca das soluções jurídicas adotadas pelo Brasil e por Portugal referente à quebra de sigilo de e-mails. Não se pretende fazer estudo metodológico do Direito comparado, mas apenas referenciar alguns elementos. A escolha do tema e dos países decorreu exclusivamente devido ao escasso tempo para a atividade e a facilidade de acesso a informações no idioma português.
Palavras-chave: correio eletrônico; quebra do sigilo; Brasil e Portugal.

1 Mestrando em Direito Constitucional pelo Instituto Brasileiro de Ensino, Desenvolvimento e Pesquisa (IDP). Especialista em processo civil e em finanças. Advogado.

1. INTRODUÇÃO

Longe de buscar qualquer estudo comparativo, que possui critérios metodológicos muito específicos e difíceis, o presente ensaio tem como finalidade analisar aspectos gerais entre Brasil e Portugal acerca das regras principais sobre a quebra de sigilo de e-mail.

Para tanto, me baseei em três textos de pesquisadores portugueses que trabalham o assunto (AGUIAR, 2017; FIDALGO, 2019; e RAMALHO; ALMEIDA, 2024). A partir desses textos, identifiquei a normativa geral utilizada na legislação portuguesa (Constituição portuguesa de 1976, Código de Processo Penal português e Lei de Cibercrimes). Também realizei rápida pesquisa junto ao site do Tribunal Constitucional de Portugal.

Trilhado esse caminho, analisei a legislação brasileira, especialmente a Constituição Federal, o Código de Processo Penal, o Marco Civil da Internet - MCI (Lei 12.965/2014) e a Lei Geral de Telecomunicações – LGT (Lei 9.472/1997), bem como pesquisa rápida na jurisprudência do Supremo Tribunal Federal.

O ensaio divide-se em seis partes, sendo: rápida análise da Constituição brasileira e da Constituição portuguesa, culminando com breve reflexão entre as duas Cartas Constitucionais, análise da legislação brasileira e da legislação portuguesa, concluindo com rápida análise comparativa entre ambos os sistemas, apontando pontos de semelhança e de diferença.

2. O SIGILO DE E-MAIL NA CONSTITUIÇÃO FEDERAL DO BRASIL DE 1988

A Constituição da República Federativa do Brasil de 1988, em seu Capítulo I, dispõe sobre os direitos e deveres individuais e coletivos e regulamenta em seu art. 5º, X, que são invioláveis a intimidade, a vida privada, a honra e a imagem das pessoas, bem como assegura o direito a indenização pelo dano, caso ocorra violação.

Nesse sentido, o correio eletrônico, mais conhecido como e-mail, além de se enquadrar no conteúdo da vida privada, também está situado na intimidade do próprio indivíduo, sendo, assim, inviolável.

Embora lhe seja conferida inviolabilidade, o art. 5º, XII, da Constituição Federal dispõe sobre a possibilidade de quebra de sigilo. Para que isso ocorra é obrigatória investigação criminal ou instrução processual penal, sendo indispensável a ordem judicial.

Esse é o entendimento do Supremo Tribunal Federal – STF. Em recente decisão colegiada proferida em 2024 (HC 222.141), a Segunda Turma do STF anulou as provas obtidas sem a devida autorização judicial, e ressaltou que a proteção de dados pessoais é englobada pela garantia individual à privacidade, decorrente da proteção da dignidade da pessoa humana.

3. O SIGILO DE E-MAIL NA CONSTITUIÇÃO DA REPÚBLICA PORTUGUESA DE 1976

A Constituição Portuguesa de 1976 assegura proteção e inviolabilidade ao sigilo de correspondência e outros meios de comunicação privada (art. 34, nº 1), sendo vedada a intervenção das autoridades públicas na correspondência e demais meios de comunicação, exceto em casos previstos na lei em matéria de processo penal (art. 34, nº 4).

O sigilo do correio eletrônico em Portugal tem previsão constitucional, embora não de maneira expressa, visto que se enquadra na expressão "outros meios de comunicação". Para além da referida disposição, a Constituição portuguesa dispõe sobre outros direitos pessoais em seu art. 26 e reconhece a reserva da intimidade e da vida privada, nas quais o correio eletrônico está implicitamente inserido.

Portanto, constata-se que o direito assegurado constitucionalmente em Portugal de sigilo ao e-mail também é baseado em direitos, liberdades e garantias, elencados no art. 18 da Constituição Portuguesa.

Embora conferido o sigilo, o art. 34, nº 4, da Constituição Portuguesa dispõe sobre a possibilidade de quebra de sigilo, trazendo como exceção os casos previstos na lei em matéria de processo penal.

Esse é o entendimento do Tribunal Constitucional de Portugal, que decidiu no Acórdão 687/2021 dispôs que o correio eletrônico é protegido constitucionalmente. Assim consta em trecho desse julgado:

> [...] 37. A proteção constitucional conferida à correspondência privada compreende todas as variantes de correspondência entre indivíduos, desde as formas tradicionais de correspondência postal - cartas, postais, telegramas – até ao correio eletrónico, [...]. No que se refere à extensão da proteção concedida por este direito fundamental, para além da garantia do sigilo da correspondência e de outros meios de comunicação privada, a Constituição protege igualmente os cidadãos contra toda a ingerência das autoridades públicas nesses domínios, embora ressalve – com grande importância, como se verá, para a presente análise –, os casos previstos na lei em matéria de processo criminal. [...] 38. As normas sub judice permitem a ingerência na correspondência eletrónica, podendo também, como se procurou mostrar, possibilitar o conhecimento de uma série de dados pessoais que, mesmo que não se entendam respeitantes a um processo de comunicação em curso, sempre serão protegidos pelo direito fundamental à proteção de dados no domínio da utilização da informática, previstos no artigo 35.°, n.°s 1 e 4, da CRP, enquanto dimensão específica da reserva de intimidade da vida privada, tutelada pelo artigo 26.°, n.° 1, da Lei Fundamental.

Assim, a Constituição Portuguesa de 1976 confere sigilo ao e-mail como manifestação da intimidade e da vida privada, como destacado no julgado supra.

4. AS PREVISÕES CONSTITUCIONAIS AO SIGILO DE E-MAIL NO BRASIL E EM PORTUGAL

Nessa rápida análise das normas constitucionais do Brasil e de Portugal, verifica-se que ambos os países asseguram ao correio eletrônico a qualidade de manifestação da privacidade e da intimidade, tornando essa forma de comunicação inviolável, inclusive ressaltada por julgamentos dos tribunais constitucionais de ambos os países.

Também em Entretanto, é possível observar que em ambos os casos existem exceções, previstas em leis próprias. Uma delas é que, em se tratando de processo penal, poderá ocorrer quebra de sigilo com a consequente apreensão, desde que tenha prévia determinação judicial. Garantindo constitucionalmente a privacidade e a proteção dos direitos fundamentais dos cidadãos.

5. A QUEBRA DE SIGILO DO E-MAIL NO BRASIL

No Brasil existem diplomas legais, além da Constituição Federal, que versam sobre a inviolabilidade e o sigilo das comunicações, como o Marco Civil da Internet - MCI (Lei 12.965/2014) e a Lei Geral de Telecomunicações – LGT (Lei 9.472/1997).

O MCI estabelece garantias, princípios, direitos e deveres para regulamentar o uso da internet no Brasil. Em seu art. 7º, I, II e III, assegura a inviolabilidade e o sigilo da intimidade e da vida privada, do fluxo de comunicações pela internet e de comunicações privadas armazenadas, podendo ser flexibilizadas mediante ordem judicial, sendo inserido nesse contexto o e-mail.

Neste mesmo sentido, a LGT regulamenta em seu art. 3º o direito do usuário nos serviços de telecomunicações, versando seu inc. V a respeito da inviolabilidade e do segredo de sua comunicação, exceto em hipóteses legalmente previstas.

Diante disso, é possível constatar que nas legislações brasileiras que abordam a inviolabilidade e o sigilo das comunicações, existem ressalvas em se tratando de instrução penal, a depender de prévia decisão judicial.

Entretanto, não há no Brasil legislação específica que regule a quebra de comunicações eletrônicas como meio de prova, bem como não existe um rol taxativo dos meios de prova que possam ser utilizados. Sendo assim, é permitida a produção de prova mesmo que não disciplinada em lei, com observância de restrições constitucionais ou legais, sob pena de ilicitude.

O Código de Processo Penal - CPP, em seu art. 157, dispõe que provas ilícitas são aquelas obtidas sem observância das normas constitucionais ou legais, o que as torna inadmissíveis e devem ser desentranhadas dos autos. Ou seja, a não observância dos requisitos legais mínimos para obtenção de prova causam a consequente ilicitude, não podendo ser utilizada para convicção do juiz.

Atualmente, para quebra de sigilo de comunicação eletrônica como meio de prova, utiliza-se os arts. 240 a 245 do CPP, que versam sobre a busca e apreensão, além de pressupostos de interceptação e quebra de sigilo de dados e comunicações telemáticas, previstos na Lei 9.296/1996.

Esses dispositivos do CPP estabelecem que para a quebra do sigilo do correio eletrônico deverá existir motivações fundamentadas, além da suspeita de que o conteúdo seja útil para elucidar o fato ou colher elemento de convicção. Além disso, o mandado judicial deverá indicar o exato endereço de e-mail alvo da busca, de forma específica.

A Lei 9.296 não admite a interceptação se não houver indícios razoáveis da autoria ou se a prova puder ser obtida por outros meios, além de ser obrigatória a descrição clara do objeto da investigação. Ainda, a decisão será fundamentada, indicando, inclusive, a forma de execução da diligência.

Diante disso, observa-se que no Brasil não existe lei específica regulamentando a quebra de sigilo de e-mail, utilizando-se para tanto de legislações diversas e mais amplas acerca dos requisitos mínimos para uso do correio eletrônico como meio de prova.

6. A QUEBRA DE SIGILO DO E-MAIL EM PORTUGAL

Em Portugal, até a edição da Lei 109/2009, conhecida como Lei do Cibercrime, não havia qualquer dispositivo a regulamentar a obtenção de prova eletrônica de qualquer espécie. Mesmo após a edição dessa lei, esse meio de obtenção de prova ainda não é claro e objetivo.

Apesar do nome cibercrime, a Lei do Cibercrime não se limita a regras específicas para esse tipo de cibercrime, dispondo também sobre a obtenção de prova em suporte eletrônico aplicável a crimes de outras naturezas. Por esse motivo, uma crítica existente na doutrina é acerca da razão de não ter sido inseridas as referidas regras no Código de Processo Penal - CPP. (FIDALGO, 2019, p. 02)

Provavelmente, se as referidas disposições estivessem contidas de forma centralizada no CPP, não haveriam tantas divergências entre as normas legais. O que tem sido um grande problema na uniformização das decisões. (RAMALHO; ALMEIDA, 2024, p. 09)

Além disso, o art. 17 da Lei do Cibercrime dispõe que, se forem encontradas mensagens de correio eletrônico por meio de pesquisas de informática, o juiz pode autorizar sua apreensão para convicção da verdade ou meio de prova. Para tanto, deverá ser aplicado o regime de apreensão da correspondência previsto no art. 179 do Código de Processo Penal português.

O art. 179, nº 1, alínea "b", do CPP português dispõe que poderá ocorrer a apreensão do e-mail após ordem ou autorização do juiz, havendo fundadas razões para crer que haja um crime punível com prisão cuja pena máxima seja superior a três anos.

Entretanto, a própria Lei dos Cibercrimes trata de crimes que necessitam, obrigatoriamente, de quebra de sigilo de e-mail, mas cuja pena máxima é inferior a três anos, o que é compreendido como um conflito de normas entre o art. 17 da Lei dos Cibercrimes e o art. 179 do Código de Processo Penal português. (FIDALGO, 2019, p. 06).

As diferenças entre os dois dispositivos legais trazem dúvidas, especialmente para definir se houve ou não a equiparação de correio eletrônico ao correio tradicional, isso é, carta em papel físico. (AGUIAR, 2017, p. 94).

Outro ponto que gera debate é saber se o art. 17 da Lei do Cibercrime comporta na íntegra as regras estabelecidas no art. 179 do CPP português. Portanto, constata-se que diante da ausência de centralização em um único dispositivo para regular o assunto, existem grandes dificuldades de conexão normativa entre os dois diplomas legais. (AGUIAR, 2017, p. 15).

CONCLUSÃO

No Brasil não existe legislação específica que regulamente a quebra de sigilo de e-mail e demais comunicações eletrônicas, mas sua obtenção não é vedada, aplicando-se legislações diversas para estabelecer requisitos de uso o e-mail como meio de prova, desde que haja decisão judicial fundamentada.

Por sua vez, em Portugal existe a Lei do Cibercrime, que regulamenta em seu art. 17 acerca da apreensão do correio eletrônico, mediante ordem judicial, devendo, para isso, ser aplicado o regime de apreensão da correspondência previsto no art. 179 do CPP português.

Em Portugal as diferenças entre a Lei do Cibercrime e o CPP português ocasionaram confusão interpretativa, e isso se baseia, principalmente, na lacuna legislativa do art. 17 da Lei do Cibercrime no momento em que faz remissão ao art. 179 do CPP português (AGUIAR, 2017, p. 111).

Enquanto em Portugal o art. 179, nº 1. alínea "b", do CPP português restringe a quebra de sigilo de e-mail a crimes puníveis com pena de prisão cuja pena máxima seja superior a três anos, no Brasil não existe qualquer restrição referente ao tipo do crime, à qualidade ou quantidade da pena.

Assim, destaca-se que, muito embora o e-mail seja um meio de prova cada vez mais comum, dada a indubitável evolução tecnológica vivenciada pelos povos ocidentais, sua utilização não é regulamentada de maneira eficaz em nenhum dos dois países, provocando insegurança jurídica sobre as formas de obtenção do correio eletrônico como meio de prova.

REFERÊNCIAS BIBLIOGRÁFICAS

AGUIAR, Tiago Leonel dos Santos. *O correio eletrónico*: A apreensão e a interceção no Processo Penal Português. 2017. Dissertação de Mestrado – Ciências Jurídico-Criminais, Faculdade de Direito da Universidade de Coimbra, Coimbra, 2017.

BRASIL, Supremo Tribunal Federal. (Segunda Turma). Agravo Regimental no Habeas Corpus 222.141. Relator: Min. Ricardo Lewandowski. Relator para acordão: Min. Gilmar Mendes. 06 de fevereiro de 2024. Disponível em: <https://portal.stf.jus.br/processos/detalhe.asp?incidente=6516957>. Acesso em: 12 dez. 2024.

FIDALGO, Sonia. A recolha de prova em suporte eletrônico: em particular a apreensão de correio eletrónico. *Revista Julgar*, Lisboa, v. 38, pp. 151-160, 2019.

PORTUGAL, Tribunal Constitucional Português. (Formação Plenária). Acórdão 687/21. Processo 830/21. Relatora: Cons. Mariana Canotilho. 30 de agosto de 2021. Disponível em: <https://portal.stf.jus.br/processos/detalhe.asp?incidente=6516957https://www.tribunalconstitucional.pt/tc/acordaos/20210687.html>. Acesso em: 12 dez. 2024.

RAMALHO, Joaquim; ALMEIDA, Fernando. Apreensão de Correio Eletrónico: Os regimes do Código de Processo Penal e da Lei do Cibercrime. *Revista Jurídica Portucalense*, Porto, nº 35, pp. 261-276, 2024.

CAPÍTULO

10

DIREITO FUNDAMENTAL A SAÚDE. ANÁLISE COMPARATIVA DAS NORMAS APLICADAS AO SERVIÇO DE INFLUENCIADOR DIGITAL NA FRANÇA E NO BRASIL, SOB A LÓGICA DOS CASOS MAIS SEMELHANTES DE RAN HIRSHL

Fernando Almeida Sousa[1]

Resumo: Trata o trabalho de apresentar um estudo comparativo seletivo e sintético a respeito dos principais fatores que influenciam na regulamentação específica do serviço de influenciador digital, no Brasil e na França, especificamente a respeito da publicidade de medicamentos e procedimentos médicos.

Palavras-chave: influenciador digital; saúde; normatização.

1 Discente do curso de Mestrado Acadêmico do Instituto Brasileiro de Ensino de Desenvolvimento e Pesquisa. Especialista em Direito Constitucional pela UFG. Especialista em Direito Tributário pela UCB. Graduado em Direito pela UFG.

1. INTRODUÇÃO

O direito a saúde está capitulado no art. 196 da Constituição Federal, e tem por desiderato primeiro atender a necessidade do ser humano no direito mais elementar, que é manter-se, sobrevivente e com plenas condições de se projetar para demais mobilidades que levem ao projeto de felicidade e realização plena.

O fornecimento de medicamentos, o acesso a informações, o aperfeiçoamento das técnicas de tratamento de saúde, a manutenção do *status quo* relativo à saúde são o pressuposto primeiro para se ter uma vida digna, com projeções de manutenção do ser humano no patamar de plenitude de vida.

Ocorre que para o alcance desta plena satisfação necessário que o ser humano tenha acesso aos meios necessários para tanto. A informação no mundo contemporâneo, por meio de *marketing*, divulgação de informações, levada a efeito por pessoas de grande visibilidade social, com grande capacidade de domínio de técnicas comerciais e conseguinte elevada capacidade de influenciar, é capaz de auxiliar no atingimento do objetivo proposto pela norma constitucional, ou por outro lado criar obstáculo ao atingimento deste objetivo, quando o assunto é ligado ao direito fundamental à saúde, dependendo de como é operada.

No Brasil, não há regulamentação do serviço de influenciador digital, notadamente, no âmbito de anúncios com utilização de técnicas desenvolvidas. Tais divulgações poderiam ser regulamentadas com o intuito de se melhorarem os níveis de satisfação da saúde do ser humano. Diferentemente do que está sedimentado na França, que regulamentou o serviço de influenciador digital, conquanto, com algumas restrições a divulgação de serviços e produtos lincados à saúde.

Neste trabalho, tentaremos demonstrar por meio de um processo comparativo, as dinâmicas existentes e desenvolvidas, no Brasil e na França, no contexto do fornecimento de medicamentos e serviços por meio de influenciadores digitais, avanços e retrocessos.

2. COMPARAÇAO DO TRATAMENTO DADO AO TEMA NA FRANÇA E NO BRASIL

2.1. Tratamento dado pelos influenciadores digitais no Brasil

No Brasil, não há nenhuma regulamentação do serviço de influenciador digital. Não obstante ser realidade que as pessoas executam e propulsionam o comércio, com a divulgação em plataformas digitais, produtos e serviços.

As redes sociais permitem uma relação mais horizontal com os influenciadores. Esses conteúdos revelam muitas vezes para os seguidores ou espectadores não uma tentativa de se identificar com seus ídolos, mas um certo fascínio sobre a vida cotidiana, sobre o mais banal, o que permite uma maior integração, como se o destinatário do produto, pudesse participar do processo de produção do que ele próprio usa, ou consome.

Nesse contexto, os influenciadores digitais são indivíduos com uma ascendência significativa sobre seu público, capazes de moldar opiniões e comportamentos. No entanto, o alcance de um influenciador vai além do número de seguidores, incluindo critérios como o engajamento real, a influência sobre o comportamento dos seguidores e o contato direto com o público.

O público que consome os conteúdos dos influenciadores nas plataformas digitais, frequentemente, se identifica com esses profissionais, confiando em suas recomendações e avaliações sobre produtos e serviços.

Esta situação pode contribuir para a causa de danos de ordem tanto moral, quanto material, por erro na aquisição de um produto ou serviço, ou até mesmo pela dependência causada, além de outras tantas series de expectativas não correspondentes ou validadas.

Identificar a realidade normativa brasileira não é suficiente para compreender esta situação social, o que nos leva a conhecer outros elementos tanto do Brasil, quanto da França, no que tange, a necessidade de normatização.

Pela leitura do exposto por Ran Hirschl, no seu artigo sobre seleção de casos no Direito Constitucional Comparado, retiramos o seguinte:

> De acordo com a abordagem dos "casos mais semelhantes" para a seleção de casos comparáveis, os pesquisadores devem comparar casos que tenham características semelhantes, ou casos que sejam semelhantes em todas as variáveis ou explicações potenciais que não são centrais para o estudo, mas que variam nos valores das variáveis independentes e dependentes principais.[2]

A proposta apresentada é formular um pequeno quadro revelador do comparativo do que ocorre na normatização pela França e pelo Brasil, no que tange ao serviço de influenciador digital, aplicado ao contexto do direito fundamental a saúde, art. 196 da Constituição Federal de 1988.

O Brasil possui as seguintes características essenciais, isto para se estabelecer uma comparação com a França:

a) População aproximada de 212.583,750 segundo estimativa do IBGE-2024;
b) 26 estados e o Distrito Federal dividido em 05 (cinco) regiões;
c) Dimensão Continental, com 8.515.767,049 quilometros quadrados;
d) PIB-2023 de 2,174 trilhões de USD;
e) 9ª Maior Economia do Mundo em 2023, projeção do FMI;
f) IDH-2023 de 0,760;
g) Forma de Governo: República Federativa
h) Sistema de Governo: Presidencialismo
i) Idioma Oficial: Português. Pais Latino.
j) Índice de Mortes Violentas no Brail-2023: 22,8 a cada 100 mil habitantes, fonte, 18º Anuário Brasileiro de Segurança Pública, do Fórum Brasileiro de Segurança Pública.
k) Clima Predominante do Brasil: Tropical

---

2 HIRSCHL, Ran. O novo constitucionalismo e a judicialização da política pura no mundo. Revista de Direito Administrativo, vol. 251, p. 139-178, 2009. Traduzido por Diego Werneck Arguelhes e Pedro Jimenez Cantisano.

l) Ausência de lei regulamentadora da atividade de influenciador digital, sendo tal assunto regulado pelo Código Civil e Código de Defesa do Consumidor, no diz respeito a atuação do influenciador digital aplicado a anúncios vinculados a saúde.

Já a França possui as seguintes características confrontantes para fins de se estabelecer um mínimo comparativo, com o Brasil:

a) População aproximada em 2023, de 68,17 milhões de habitantes;
b) 18 regiões administrativas: 13 metropolitanas (França continental) e 5 regiões ultramarinas.
c) Dimensão Continental, com 551,695 quilometros quadrados;
d) PIB-2023 de 3,031 trilhões de USD;
e) 7ª Maior Economia do Mundo em 2023, projeção do FMI;
f) IDH-2023 de 0,872;
g) Forma de Governo: República Unitária
h) Sistema de Governo: Semipresidencialista
i) Idioma Oficial: Frances. Pais Latino.
j) Índice de Mortes Violentas no Brail-2023: 1,14 a cada 100 mil habitantes. Fonte Ministério da Justiça e Segurança Pública.
k) Clima Predominante do Brasil: Temperado
l) Existe Lei regulamentadora da atividade de influenciador digital, Lei 2023-451, de 09/06/2023.

Desta forma, não é exagero reconhecer que no Brasil a atuação dos influenciadores não está restrita apenas a uma determinada gama de pessoas, mas, qualquer cidadão que possua condições de estabelecer domínio sobre determinados nichos de seguidores, e sobre eles impor determinados conceitos, estar-se-á diante de um fato social, passível de transformar a sociedade, notadamente, no que diz respeito ao seguimento comercial.

No que diz respeito à regulamentação das questões envolvendo as consequências do trabalho do influenciador digital, podemos encontrar no Código Civil Brasileiro, e no Código de Defesa do Consumidor, os meios normativos aplicáveis, isto no que diz respeito ao fornecimento de medicamentos e procedimentos médicos, além de tratamentos médicos voltados a conservação, ou restauração da saúde humana.

Pois, os arts. 186, 187 e 927 do Código Civil Brasileiro, descrevem os conceitos de atos ilícitos, bem como a obrigação de reparar danos ocorrentes em razão da prática de referidos atos, o que já ocorre no Brasil, desde o ano de 2002, com a reformulação do Código Civil Brasileiro.[3]

Existe também regulamentação do assunto, por meio do Código de Defesa do Consumidor, que inclusive é norma garantidora de direitos, emancipadora, e de há muito existente em nosso ordenamento, Lei Federal 8078/1990, que em seu art. 37, deixa bastante explícito a respeito de publicidade de serviço ou produto.[4]

Portanto, nota-se que a legislação brasileira é pioneira no assunto, aparentemente não deixa margem para possível regulamentação normativa acerca dos assuntos relacionados ao serviço de influenciador digital, no que é pertinente à saúde humana.

Os influenciadores digitais são legalmente obrigados a reparar danos decorrentes de suas atividades desenvolvidas no mundo digital. Sendo que a responsabilidade reside nos critérios utilizados para determinar se haverá, de fato, a responsabilização do influenciador digital em um caso específico, com análise da existência da culpa.

A responsabilização civil dos influenciadores digitais pode abranger desde o compartilhamento de informações falsas, enganosas ou prejudiciais até a recomendação de produtos ou serviços que possam causar prejuízos aos consumidores. Em situações de difamação, **violação de direitos autorais**, violação de direitos de imagem e publicidade enganosa, os influenciadores podem se sujeitar a ações judiciais, com implicações de ordem cível ou criminal.

De se notar que utilizando um método comparativo mínimo entre estes dois países, ao analisar o que os aproxima, e o que os

---

3 Brasil, Lei 10.406, de 10 de janeiro de 2022. Institui o Código Civil. Diário Oficial da União: Seção 1, Brasília, DF, ano 139, nº 6 de jun. de 2023.

4 Brasil, Lei 8.078, de 11 de setembro de 1990. Institui o Código de Defesa do Consumidor. Diário Oficial da União: Diário Oficial da União - Seção 1 - Suplemento - 12/9/1990, Página

distingue, observa-se que reúnem características comuns, que os identificam, notadamente, quanto ao aspecto de anseio por liberdades, e forte tendência em se regerem sob a influência do constitucionalismo, garantista e progressivo.

2.2. Tratamento dado aos influenciadores digitais na França

A França é percussora de ideias de liberdade, igualdade e fraternidade, oriundos da Revolução Francesa, de 1789, *standarts* que inauguraram a idade contemporânea, constituindo, portanto, um marco de rompimento de conceitos até então estabelecidos, os quais influenciaram o mundo ocidental, até os dias atuais.

A ruptura de paradigma e o início da era contemporânea, ocorreu no ano de 1789, com o enfrentamento de diversas questões de estado, tais como, adoção do modelo constitucional, reconhecimento de princípios fundamentais, tais como dignidade da pessoa humana, que somente vieram ocorrer no Brasil no ano de 1988. Portanto, são 199 anos que separam os principais fatores históricos, sobre os quais faz incidir o contexto de inspiração para a regulação dos influenciadores digitais.

A revolução francesa foi um marco na história da humanidade, porque inaugurou um processo que levou à universalização dos direitos sociais e das liberdades individuais a partir da Declaração dos Direitos do Homem e do Cidadão. Também abriu caminho para a consolidação de um sistema republicano pautado pela representatividade popular, hoje chamado de democracia representativa.

Também a ideia de organização social em torno de uma norma fundamental ganhou força com a revolução francesa. Desde então este pais, passou a ser um exemplo de nação liberal, progressista e observadora de atenção ao fortalecimento da noção de nação.

Já no ano de 2023, foi editada a lei que passou a regulamentar, na França o serviço de influenciador digital, no entanto, no que diz respeito à divulgação de medicamentos e tratamentos especializados em saúde, principalmente estéticos, a França, impôs em sua legislação, a vedação de que tais influenciadores façam a publicidade, divulgação, exploração midiática, situação que não é vista, ou observada em todo o arcabouço jurídico brasileiro, expressamente.

Portanto, observamos que a França é precursora de salvaguarda de liberdades, mas, que se viu no limiar de vedar a divulgação de procedimentos e medicamos, tudo no intuito, e na preocupação com o ser humano, que também é um dos lemas da nação Francesa, Fraternidade e Igualdade, fundamental para a segunda (liberdade) e terceira (fraternidade), gerações de direitos.

CONCLUSÃO

Conclui-se por meio de uma análise comparativa mínima, que a regulamentação do serviço de influenciador digital ocorreu na França, sendo que ainda não foi ainda normatizada no Brasil, de forma específica, abrangente e exclusiva.

Os dois países possuem fatores culturais e constitucionais que se assemelham, ao passo que se afastam em questões ligadas a desenvolvimento industrial e econômicas, conforme percebido pelo quadro comparativo acima. Além de guardar disparidades em assuntos relacionados a violência, e segurança pública.

Diante desta realidade e considerando que a França é precursora em valorização dos direitos de liberdades, houve a necessidade de regulamentar o serviço de influenciador digital, vedando a divulgação de informações e publicidades de serviços ou produtos ligados a medicamentos e procedimentos médicos, notadamente, estéticos, com a preocupação de salvaguardar o ser humano, eis que informações inverídicas ou sem validação poderiam ocasionar graves danos a saúde humana, violando assim o primado da dignidade da pessoa humana.[5]

Por outro lado, no Brasil, não houve a preocupação de regular o serviço de influenciador digital, e o assunto é tratado, como se fosse um ramo de atividade consumerista, implicando, na ideia

---

5 ALEXY, Robert. Teoria de los derechos fundamentales. Madrid: Centro de Estudios Constitucionales, 1993.

de reparação civil, mas, sem o cuidado preventivo, que poderia ser estabelecido por meio de norma jurídica especializada.

Desta forma, a conclusão é de que a França ao vedar no art. 4º, da sua lei de regência (Lei 2023-451), a qual contemplou valores humanitários, conforme contido na Constituição Brasileira de 1988, atralendo a ideia de direitos de segunda e terceira geração, muito bem difundidos na revolução francesa, e contemplados em quase todas as Constituições Contemporâneas, mundo afora.

O Brasil padece omisso no dever de disciplinar assuntos ligados a atuação dos influenciadores digitais, especificamente, quando relacionados a informações e vendas de medicamentos, práticas cirúrgicas, principalmente estéticas. No entanto, o setor produtivo e econômico deste seguimento demonstra sua força, como real fator de Poder diretivo, já que sequer há cogitação de se regulamentar o assunto, como se o mercado dominasse e impusesse a pauta legislativa.

E ainda, quando se fala de regulamentação, os contrários invocam a garantia constitucional estatuída no inciso IV do art. 5º da Constituição Federal[6], ao argumento de que estaria havendo cerceamento do direito à livre manifestação do pensamento. No entanto, esta livre manifestação não pode servir de escudo para homologar danos causados à saúde humana.

Em suma, após análise comparativa utilizando a lógica dos casos mais semelhantes, concluímos que a França apresentou norma com o objetivo de salvaguardar o direito fundamental à saúde, na atuação dos prestadores de serviços de influência digital, ao passo que o Brasil opta por manter normas de caráter reparador, repressivo e não preventivo, apresentando situações normativas idênticas aos demais danos decorrentes de atos ilícitos como um todo, e de forma genérica.

O Parlamento brasileiro necessita editar legislação nos moldes da legislação francesa, restringindo a divulgação ou publicidade realizadas por influenciadores digitais, os quais incentivam o consumo de medicamentos ou procedimentos médicos.

---

6 BRASIL, Constituição da República Federativa do Brasil. Promulgada em 05 de outubro de 1988.

Pois, a atuação dos influenciadores, normatizada, possui o intuito de convencer o ser humano a ser devidamente orientado ao consumir medicamentos ou ao utilizar procedimentos cirúrgicos, sempre com o objetivo de manter equilibrada e estável a saúde, e de conseguinte a dignidade humana.

REFERÊNCIAS BIBLIOGRÁFICAS

ALEXY, Robert. *Teoria de los derechos fundamentales*. Madrid: Centro de Estudios Constitucionales, 1993.

Brasil, Lei 8.078, de 11 de setembro de 1990. *Institui o Código de Defesa do Consumidor*. Diário Oficial da União: Diário Oficial da União - Seção 1 - Suplemento - 12/9/1990, Página

Brasil, Lei 10.406, de 10 de janeiro de 2022. *Institui o Código Civil*. Diário Oficial da União: Seção 1, Brasília, DF, ano 139, nº 6 de jun. de 2023.

HERMES, Manuellita. *A Doutrina do Direito Comparado no Brasil*. Revista General de Derecho Público Comparado, nº 33, julio 2023.

HIRSCHL, Ran. *O novo constitucionalismo e a judicialização da política pura no mundo*. Revista de Direito Administrativo, vol. 251, p. 139-178, 2009. Traduzido por Diego Werneck Arguelhes e Pedro Jimenez Cantisano.

HIRSCHL, Ran. *The question of case selection in Comparative Constitutional Law*. American Journal of Comparative Law, Winter, 2005, Vol. 53, nº 1, pp. 125-155.

MEYER, Emilio Peluso Neder. *Repensando o Direito Constitucional Comparado no Brasil*. Revista de Investigações Constitucionais, vol. 6, nº 2, p. 479-502, maio/ago. 2019.

SLAUGHTER, Anne-Marie. *A global community of courts. Harvard International Law Journal*, Cambridge, v. 44, nº 1, p. 191- 220, 2003.

CAPÍTULO

11

PESQUISAS EM DIREITO COMPARADO NO CONTEXTO DA ERA DIGITAL

Gustavo Alberto Silva Coutinho[1]

Resumo: O presente ensaio tem como objetivo destacar como as pesquisas que utilizam Direito comparado podem ser úteis na busca por soluções para os desafios que se apresentam no contexto da era digital. Para tanto, foram apresentados alguns estudos de Direito comparado que tratam de temas surgidos no contexto da era digital, sejam eles relacionados aos direitos fundamentais ou ao âmbito do Direito privado. A conclusão a que se chega é que, dada a velocidade das evoluções tecnológicas na era digital, os estudos de Direito comparado podem oferecer possíveis soluções aos desafios que se apresentam, desde que sejam realizados com rigor metodológico e considerando os contextos dos diferentes sistemas jurídicos estudados.

Palavras-chave: era digital; desafios; Direito comparado.

---

1 Mestre em Gestão Organizacional pela Universidade Federal de Goiás, doutorando em Direito Constitucional pelo Instituto Brasileiro de Ensino, Desenvolvimento e Pesquisa (IDP).

1. INTRODUÇÃO

A era digital é um termo frequentemente utilizado para designar os avanços tecnológicos advindos da Terceira Revolução Industrial e que reverberaram na difusão de meios de comunicação instrumentalizados pela informática e pela internet.

As mudanças advindas da era digital constituem um significativo desafio ao campo do Direito, tendo em vista que uma das principais características desse movimento é a velocidade absurda do desenvolvimento de inovações tecnológicas digitais, o que gera novos fatos jurídicos que não conseguem ser acompanhados, em tempo, pelo Direito.

Nesse contexto, as metodologias de Direito comparado são extremamente úteis, pois possibilitam aos juristas de um determinado país cotejar, confrontar e analisar as experiências jurídicas em outros países acerca dos mesmos fatos inerentes à era digital e, eventualmente, adaptá-las e aplicá-las internamente.

O presente trabalho pretende apresentar alguns exemplos de tais práticas de Direito comparado em diferentes situações surgidas a partir da era digital.

2. DESENVOLVIMENTO

Conforme Pegoraro e Rinella (2021, p. 6), em algumas situações existe a necessidade de confrontar os Direitos estrangeiros para buscar, em diferentes lugares, soluções jurídicas a serem importadas para produzir reformas no Direito local. A era digital, por sua vez, trouxe variadas situações novas que impõem essa necessidade de realizar estudos de Direito comparado para buscar possíveis soluções para novos problemas.

Contudo, esses estudos comparativos devem ser realizados com critérios adequados e com rigor metodológico, de maneira que o pesquisador leve em consideração os contextos locais dos sistemas jurídicos a serem comparados e não se contamine pelos aspectos culturais de sua origem na análise do sistema jurídico objeto de sua pesquisa.

No presente trabalho, pretende-se apresentar alguns exemplos de estudos de Direito comparado em diferentes situações inerentes ou decorrentes da presentemente vivida era digital, que habitualmente vem produzindo novos fatos jurídicos em velocidade exponencial, dada a velocidade de desenvolvimento de inovações tecnológicas nos sistemas digitais de comunicação e relações entre os indivíduos, que vão desde situações prosaicas, como a substituição de títulos de créditos em documentos tradicionais por títulos de crédito digitais, até situações mais complexas, que envolvem direitos fundamentais como a liberdade de expressão e a intimidade do indivíduo.

Uma das situações inerentes à era digital que tem merecido preocupação dos juristas diz respeito à transmissão de dados digitais das pessoas, o que se relaciona ao direito fundamental da intimidade e as interceptações de tais dados para garantia da segurança pública.

A esse respeito, em estudo de 2017, Fedato e Kazmierczak propõem uma análise que parte da observação de como ordenamentos jurídicos estrangeiros, dos Estados Unidos, Alemanha e União Europeia, tratam essa questão.

Os autores tratam, portanto, do paradoxo existente entre a garantia da segurança pública e a preservação da intimidade, situação que ganha muita relevância a partir da era digital, cujas novas tecnologias proporcionaram aos Estados obterem dados de indivíduos. Segundo o estudo, os dois interesses estão em atrito e são de difícil conciliação (Fedato e Kazmierczak, 2017).

Analisando o sistema jurídico estadunidense, os autores destacam o contexto da relação daquele país com atividades de terrorismo, exacerbada a partir dos ataques de 11 de setembro de 2001, o que motivou a criação apressada de uma legislação baseada em interceptação e violação de comunicações físicas ou digitais mesmo sem prévia autorização judicial, a qual foi implementada com prevalência, portanto, da proteção do Estado em detrimento do indivíduo (Fedato e Kazmierczak, 2017).

Segundo os autores, tais inovações legislativas, embora possam dar uma maior sensação de proteção aos cidadãos e à nação, também podem ser consideradas uma afronta aos direitos individuais garantidos constitucionalmente, o que leva a uma reflexão e sopesamento de ideais: deve-se renunciar a garantias individuais em favor da luta contra o terrorismo? (Fedato e Kazmierczak, 2017)

Os autores, então, buscam fazer essa reflexão a partir da análise da jurisprudência do Tribunal Constitucional Alemão no que diz respeito à colisão entre tais direitos fundamentais. Segundo a jurisprudência da Corte ao interpretar a Constituição alemã, as interceptações de dados de indivíduos, naquele país, só podem ser feitas mediante autorização judicial e, mesmo assim, dentro de determinados limites estabelecidos pela própria legislação, ou seja, se houver uma utilização comedida, dentro das previsões legais, que respeite o imprescindível à persecução penal, não será vislumbrada afronta ao conteúdo da dignidade humana, sistema que os autores consideram mais próximo do ideal no caso de colisão entre direitos fundamentais (Fedato e Kazmierczak, 2017).

Os autores analisam, ainda, uma norma do ordenamento jurídico da União Europeia que também trata da relação entre intimidade e segurança pública, a Diretiva 24/2006, a qual tem como objeto regular a conservação e a transmissão de dados de tráfego e de localização de pessoas, para fins de investigação, detecção e repressão de crimes graves. Nesse caso, também há necessidade de autorização judicial e que o juiz se convença que a diligência é indispensável ou que a prova, de outra maneira, seria impossível ou muito difícil de obter. Além disso, a decisão judicial deve respeitar os princípios da adequação, necessidade e proporcionalidade. Apesar de todas essas cautelas, porém, a Corte de Justiça da União Europeia considerou inválida a retenção de dados da internet, invalidando, portanto, a Diretiva 24/2006, por considerar que a retenção de dados de pessoas por autoridades estatais viola gravemente os direitos fundamentais de respeito pela vida privada e de proteção dos dados pessoais (Fedato e Kazmierczak, 2017).

Fedato e Kazmierczak (2017) concluem, a partir das análises de Direito comparado por eles realizada, que a utilização da proporcionalidade é extremamente importante ao autorizar interceptações informáticas de dados, indicando que esse deve ser o parâmetro a ser utilizado no Direito brasileiro ao tratar do mesmo tema.

Nesse contexto da era digital, outro assunto muito debatido em diversos países é a regulação ou não da internet. É a esse respeito que trata o estudo divulgado por Demésio e Lôbo (2018), o qual também recorre à técnica de Direito comparado para analisar a regulação prevista nas legislações brasileira e argentina.

Para tanto, os autores comparam o Marco Civil da Internet Brasileira e a Lei Argentina Digital a partir de três parâmetros, quais sejam, neutralidade da rede, proteção de dados pessoais e liberdade de expressão, os quais constituem os fundamentos da legislação brasileira e por isso foram escolhidos (Demésio e Lôbo, 2018).

Sobre o primeiro parâmetro, neutralidade da rede, os autores concluíram que tanto a lei brasileira quanto a argentina garantem aos usuários ao proibir a restrição de conteúdo na transmissão de dados dos usuários a não ser em situações excepcionais, as quais, no Brasil, tratam da ocorrência de requisitos técnicos indispensáveis à proteção adequada dos serviços e aplicações, através de decreto presidencial, ouvidos o CGI e a ANATEL e, na Argentina, dependem de solicitação dos usuários ou ordem judicial (Demésio e Lôbo, 2018).

A respeito do segundo parâmetro, o estudo destaca que, curiosamente, na Argentina a legislação sobre regulação da internet não garante a liberdade de expressão, a qual é garantida apenas na Constituição do país, mas que trata da publicação de ideias através da imprensa, não da internet. Já na legislação brasileira, a liberdade de expressão é um dos pilares do Marco Civil da Internet, que proíbe a censura se não houver violação do direito de outros cidadãos, em linha com a previsão do texto constitucional (Demésio e Lôbo, 2018).

Já no que se refere à proteção de dados de usuários, o estudo destaca que a lei brasileira prevê que a guarda e o fornecimento dos dados devem ocorrer da forma menos invasiva possível, respeitando a privacidade do usuário, enquanto a legislação argentina também prevê tal proteção, resguardado o direito à honra e à privacidade do cidadão (Demésio e Lôbo, 2018).

Outro estudo de Direito comparado sobre assunto relacionado à era digital é o realizado por Harff e Duque (2020) ao tratar de discursos de ódio divulgados pela internet. Em seu trabalho, os autores propõem comparar os ordenamentos jurídicos estadunidense, brasileiro e alemão a respeito do tratamento de discursos de ódio.

Em seu estudo, os autores destacam, primeiramente, o ordenamento jurídico estadunidense, que é calcado na livre manifestação de pensamento sem que o Estado possa impor nenhuma limitação ou restrição à liberdade de expressão do indivíduo, o que, em tempos de divulgação de ideias pela internet, culminou em uma legislação (*Communications Decency Act* – CDA) que prevê, segundo os autores, uma superproteção às manifestações de qualquer natureza feitas em ambientes virtuais, porque não permite a responsabilização de provedores por conteúdos publicados por seus usuários (Harff e Duque, 2020).

Os autores destacam que o ordenamento jurídico brasileiro, nesse particular, embora proíba qualquer forma de censura e garanta a liberdade de expressão como direito fundamental, estabelece alguns limites ao seu exercício, ainda que excepcionais, quando houver conflito com outros direitos fundamentais, vedando o anonimato e assegurando a reparação por eventuais danos (Harff e Duque, 2020).

Além disso, especificamente no que diz respeito à liberdade de expressão na internet, os autores destacam que o sistema brasileiro prevê a reserva de jurisdição, em que poderá haver responsabilização do provedor de conteúdo se houver ordem judicial expressa para remoção de conteúdo considerado ilícito, conforme previsão do Marco Civil da Internet – Lei 12.965/2014 (Harff e Duque, 2020).

Em seguida, os autores destacam o tratamento da mesma questão no ordenamento jurídico alemão, o qual consideram diametralmente oposto àquele praticado nos Estados Unidos, porque na Alemanha a proteção da dignidade dos ofendidos pelos discursos de ódio tende a prevalecer quando em conflito com a liberdade de expressão do ofensor (Harff e Duque, 2020).

Os autores também destacam que, na Alemanha, foi editada lei que obriga os provedores de conteúdo a removerem conteúdo manifestamente ilegal sem necessidade de ordem judicial, bastando a reclamação do usuário da rede (Harff e Duque, 2020).

Harff e Duque (2020) concluem que os ordenamentos jurídicos de tradição democrática ocidental não possuem uma uniformidade no tratamento de discursos de ódio divulgados na internet, embora haja uma uniformidade na não atribuição de um valor absoluto à liberdade de expressão, embora haja proteções diferentes a esse direito nos diferentes ordenamentos, o que leva a uma maior dificuldade do combate a discursos de ódio nos Estados Unidos do que na Alemanha. Os autores também afirmam que o sistema brasileiro parece estar mais próximo do sistema germânico nesse sentido.

Mesmo quando não se trata de direitos fundamentais, os estudos de Direito comparado são importantes para lidar com as questões trazidas pela era digital. Também no ramo do Direito Privado algumas questões se apresentam e o Direito comparado pode trazer possíveis soluções.

Como exemplo desse tipo de abordagem, menciona-se o estudo realizado por Soares, Kauffman e Sales (2019), que trata de propriedade intelectual na indústria 4.0. Eles destacam que, no contexto da era digital, as rápidas inovações tecnológicas resultam em implicações para os direitos autorais e de propriedade industrial, dada a facilidade com que as criações intelectuais são copiadas e transferidas em escala cada vez maior.

Diante dessa preocupação, os autores propõem que no caso de o intérprete se deparar com legislação insuficiente no campo da proteção de dados, em âmbito nacional, ficaria ele autorizado a recorrer à legislação do Direito comparado, até que se tenha legislação nacional suficiente sobre o assunto, ou que se reconheça uma extraterritorialidade das leis que tratam de proteção de dados informatizados, digitais e aplicações em soluções de inteligência artificial, lançando mão dos usos e costumes globalizados, os quais constituiriam fontes de direito, constituindo, assim, uma forma paliativa de solucionar o problema legislativo dentro do lapso temporal em que acontecem as mudanças decorrentes das inovações tecnológicas (Soares, Kauffman e Sales, 2019).

Outro tema de Direito Privado, mais prosaico, mas igualmente relevante no contexto da era digital, são os títulos de crédito, instituto jurídico tradicional desde a Idade Média, mas que tem enfrentado grandes mudanças no contexto tecnológico atual, que é objeto do estudo de Vogt e Hoffmann (2024), que também faz uso do Direito comparado para apresentar possíveis soluções para o problema.

Em seu estudo, os autores debatem acerca do surgimento de novas tecnologias, como o *blockchain* e os *Non-Fungible Tokens*, e o impacto que elas tiveram no direito cambial, uma vez que trouxeram à atualidade novos aspectos de segurança e confiabilidade que podem permitir uma maior evolução do instituto dos títulos de crédito eletrônicos (Vogt e Hoffmann, 2024).

Para tanto, eles analisam o tratamento jurídico conferido aos títulos eletrônicos no ordenamento jurídico brasileiro e no Direito comparado, destacando as formas de garantia da segurança e validade dos documentos eletrônicos, por meio do funcionamento e processamento de assinaturas digitais e tecnologias de *blockchain* e *Non-Fungible Tokens*, mencionando como tais tecnologias vêm sendo tratadas no Direito comparado e nacional.

CONCLUSÃO

A era digital, dada a grande velocidade de inovações tecnológicas e facilidade de acesso das pessoas às novas tecnologias, trouxe em seu bojo novos fatos jurídicos aos quais o Direito aplicado nos diferentes países do mundo deve dar resposta.

Porquanto o Direito não consiga acompanhar as inovações tecnológicas e fatos jurídicos novos que surgem a cada dia nesse contexto do mundo digital, os estudos de Direito comparado se apresentam como uma alternativa de análise de como diferentes países tratam os novos problemas surgidos e servem de parâmetro para busca de soluções jurídicas adequadas a tais problemas.

Os diferentes estudos apresentados no presente trabalho demonstram como a comunidade acadêmica tem se valido de técnicas de pesquisa em Direito comparado para lidar com essas questões, seja quando envolvem direitos fundamentais ou situações do âmbito do Direito Privado.

Saliente-se, porém, a necessidade de que os estudos de Direito comparado sejam realizados com rigor metodológico e levando em consideração os diferentes contextos históricos, culturais e jurídicos para que, efetivamente, o Direito comparado possa servir como meio adequado para solução dos desafios que a era digital apresenta.

REFERÊNCIAS BIBLIOGRÁFICAS

DEMÉSIO, Nayume Pereira; LÔBO, Négela Bitar. Regulação da internet: Direito comparado entre a Lei Marco Civil da Internet Brasileira e a Lei Argentina Digital. *Revista Mirante*, Anápolis (GO), v. 11, nº 6 (edição especial), abr. 2018.

FEDATO, Matheus Arcangelo; KAZMIERCZAK, Luiz Fernando. A observância do princípio da proporcionalidade no Direito comparado quanto à interceptação de dados digitais. *Revista Brasileira de Direito*, Passo Fundo, vol. 13, nº 3, p. 539-558, Set.-Dez., 2017.

HARFF, Graziela; DUQUE, Marcelo Schenk. Discurso de ódio: perspectivas do Direito Comparado. *Rev. Fac. Dir.*, Uberlândia, MG, v. 48, nº 2, pp. 264-295, jul./dez. 2020.

PEGORARO, Lucio; RINELLA, Angelo. *Sistemas constitucionais comparados*. Tradução: Manuellita Hermes. Cidade Autónoma de Buenos Aires: Astrea; Torino: G. Giappichelli Editore; vol. 1, São Paulo: Editora Contracorrente, 2021.

SOARES, Marcelo Negri; KAUFFMAN, Marcos Eduardo; SALES, Gabriel Mendes. Avanços da Comunidade Europeia no direito de propriedade intelectual e indústria 4.0: extraterritorialidade e aplicabilidade do Direito comparado no Brasil. *Revista do Direito*. Santa Cruz do Sul, v. 1, nº 57, p. 117-137, jan/abr. 2019.

VOGT, Arthur Felipe Becker; HOFFMANN, Glauci Aline. A Virtualidade dos Títulos de Crédito: uma análise no Direito Comparado. *Ciências Sociais Aplicadas em Revista*, v. 28, nº 48, p. 329-355, Edição Especial, 2024.

CAPÍTULO

12

A PROTEÇÃO DE DADOS PESSOAIS: A LGPD NO BRASIL E NOS PAÍSES DO MERCOSUL

Sidney Amorim dos Santos[1]

Resumo: O presente ensaio teve como objetivo fazer uma breve pesquisa e análise acerca da era digital e seus desafios em perspectiva comparada, notadamente a respeito da situação atual em relação à proteção de dados pessoais nos países do Mercosul. Não se pretendeu fazer um estudo metodológico do Direito comparado, e sim apresentar, de forma inicial, o estado da arte em relação às legislações e avanços nesta área da contemporaneidade digital. Diante dos estudos realizados, observa-se que embora haja avanços significativos neste tema, eles apontam para uma necessidade de envolver sujeitos de direitos ainda não contemplados, de imprimir mais autonomia aos órgãos/autoridades como objeto legal próprio, e de buscar uma redação padronizada sobre proteção de dados pessoais nos países do Mercosul.
Palavras-chave: proteção de dados pessoais; LGPD; Brasil e países do Mercosul.

---

1 Graduado em Direito pela UDF, mestre em Direito e Regulação pela UnB e doutorando em Direito Constitucional pelo IDP-Brasília. Analista Judiciário no STJ e assistente de ministro. Brasília, Brasil.

1. INTRODUÇÃO

A era digital já é atualidade há algumas décadas, mas nos últimos anos tem se incorporado no dia a dia de uma forma absolutamente integral. Com isso, a informação, que antes circulava de forma contida e demorada, passou a circular quase que instantaneamente por todo o globo terrestre, e a proteção de dados pessoais toma uma relevância nunca antes imaginada, alçada que foi a um direito fundamental. Assim, esse breve ensaio busca arranhar a superfície dessa realidade, que ao fim e ao cabo possui contornos também jurídicos, no intuito de proteger os cidadãos do mau uso de suas informações, sejam elas sensíveis ou não.

Neste ensaio, portanto, a singela pretensão é a de apresentar um panorama inicial sobre a proteção de dados pessoais nos países do Mercosul, de como andam as legislações sobre o tema em cada país desse bloco, as autoridades públicas que controla e fiscaliza, as penalidades existentes para quem a viola, e as perspectivas futuras em relação a uma modernização e padronização que integre de forma mais adequada a região do Mercosul.

2. A ERA DIGITAL E O DIREITO

A sociedade moderna tem vivenciado transformações profundas com as inovações tecnológicas nestes últimos 20 ou 30 anos em todas as áreas, desde econômicas e sociais, passando pela indústria e agropecuária, o comércio de produtos e a prestação de serviços, e não seria diferente em relação ao Direito em todas as suas nuances. Klaus Schwab (2016) entende essa nova fase mundial como sendo *a quarta revolução industrial*, tendo em vista as mudanças exponenciais, as amplitudes internacionais, a conectividade ubíqua (constante e cotidiana), e os softwares e algoritmos especializados como sendo elementos caracterizadores dessa era moderna.

O grande desafio que se coloca no Direito é a produção de normas que possam ser aderentes a essa nova realidade que se impõe em todas essas transformações que a tecnologia vem imprimindo no cotidiano das pessoas, como a economia do intangível, a internet das coisas, as *big datas*, inteligência artificial e a plataformização e uberização das relações sociais e trabalhistas. Neste ensaio, especificamente, o Direito se vê diante da chamada sociedade movida a dados, e precisa dar respostas à necessidade de proteção da privacidade de bilhões de pessoas físicas e jurídicas que circulam nas plataformas digitais públicas e privadas espalhadas pelo mundo. A própria revista *The Economist* já publicou reportagem onde afirma que o recurso mais valioso do mundo não é mais o petróleo, mas sim os dados[2].

3. A ERA DIGITAL E O DIREITO À PROTEÇÃO DE DADOS PELO MUNDO

Em um cenário onde tudo ao nosso redor se movimenta com base em dados, e diante dessa fenomenologia complexa e difícil de compreender, a era digital coloca o Direito diante de um grande desafio, que é o de garantir o direito à privacidade e os instrumentos necessários à proteção de dados. Ainda na década de 1970 os EUA editam uma lei de privacidade[3], que estabeleceu um código de práticas para uso e disseminação de informações, que posteriormente foi sendo atualizada nos seus estados federados[4]. Na década de 1980 a OCDE emite diretrizes[5] sobre a proteção de privacidade e fluxos transfronteiriços de dados pessoais, os quais foram atualizadas em 2013[6].

Na Europa, há dois marcos importantes. Em 2018, a União Européia editou o Regulamento Geral de Proteção de Dados (GDPR), que estabeleceu padrões rigorosos sobre como os provedores de serviços devem lidar com dados pessoais. E em 2023 entrou em vigor a Lei de Serviços Digitais da União Européia, com objetivo de

2 Disponível em: https://www.economist.com/leaders/2017/05/06/the-worlds-most-valuable-resource-is-no-longer-oil-but-data. Acesso em: 10 dez. 2024.

3 Disponível em: https://www.justice.gov/opcl/privacy-act-1974. Acesso em: 10 dez. 2024.

4 Disponível em: https://www.varonis.com/blog/us-privacy-laws#new. Acesso em: 10 dez. 2024.

5 Disponível em: https://ccdcoe.org/incyder-articles/the-oecd-issues-revised-privacy-guidelines/. Acesso em: 10 dez. 2024.

6 Disponível em: https://www.oecd.org/en/topics/policy-issues/privacy-and-data-protection.html. Acesso em: 10 dez. 2024.

garantir maior igualdade dentro do mercado digital, equilibrando a crescente dominação que vinha sendo feita pelas chamadas *big techs*[7]. Com a regulamentação, a partir de fevereiro deste ano de 2024, quase todas as plataformas digitais com até 50 empregados e com faturamento inferior a 10 milhões de euros deveriam implementar uma série de medidas, como combate a conteúdos ilegais, proteção a menores de idade e mecanismos de reclamação.

No Brasil, o tema inicialmente foi enfrentado pelo Direito Civil quando do advento do marco civil da internet, como ficou conhecida a Lei 12.965/2014. Esse normativo foi um importante passo inicial na regulação do uso de plataformas e *sites* no país e de como o Estado pode atuar dentro dessas redes digitais as mais diversas. Em 2012, dessa vez, o Direito Penal foi contemplado com a edição da Lei 12.737/2012, conhecida com a lei Carolina Dieckman, que introduziu em seu Código o tipo delitivo *invasão de dispositivo informático* a fim de punir aqueles que publicarem nas redes digitais fotos e conversas íntimas sem autorização. De maneira esparsa, havia algumas leis tratando em alguma medida do tema[8].

Com a exponencial evolução das redes digitais desde então, e com todo esse arcabouço tecnológico já referido, o assunto tem sido hoje tratado pelo denominado Direito Digital – que não é um ramo autônomo do Direito (ainda), mas que em breve pode caminhar a passos largos para sê-lo.

Mas ainda era preciso uma lei mais específica em relação à proteção de dados – o ativo intangível mais valioso da atualidade e cobiçado em todos os sentidos, como asseveraram HASKEL E WESTLAKE (2019), na obra *Capitalismo sem capital – a ascensão da economia intangível*.

E eis que uma lei federal de proteção de dados é aprovada em 2018, e entra em vigor em 2020, que é a Lei Geral de Proteção de

---

7 Disponível em: https://www.ipea.gov.br/cts/en/topics/417-uniao-europeia-contra-big-techs#:~:text=Em%202022%2C%20foram%20aprovadas%20a,parte%2C%20em%20maio%20de%202023. c.

8 As disposições gerais podem ser encontradas no art. 5º, X e LXXIX, da Constituição Federal, e no art. 21 do Código Civil. Já as disposições específicas e setoriais no art. 43 do Código de Defesa do Consumidor, na Lei do Cadastro Positivo (Lei 12.414/2011) e no art. 31 da Lei de Acesso à Informação (Lei 12.527/2011).

Dados Pessoais – LGPD, dispondo sobre o tratamento de dados pessoais, inclusive nos meios digitais. É curioso notar que a Constituição da República só vem a assegurar a proteção de dados pessoais no rol de direitos e garantias fundamentais quatro anos depois, em 2022, com a Emenda Constitucional 115/2022. De toda sorte, é nítido verificar a inspiração que a GDPR, a lei de proteção de dados da União Européia, refletida na LGPD brasileira.

Mas como será que o Brasil se situa entre os países do Mercosul em relação a uma legislação de proteção de dados pessoais? É o que se passa a verificar a seguir.

4. A ERA DIGITAL E O DIREITO À PROTEÇÃO DE DADOS NO MERCOSUL

O Mercosul é formado pelos Estados-parte e os Estados-associados – o que acaba englobando a maioria dos países da América do Sul[9]. Os Estados-parte são Brasil, Argentina, Paraguai, Uruguai e Venezuela – este último suspenso desde 2016 pelo protocolo de Ushuaia[10] devido a violações de compromisso do bloco relacionados à observância dos princípios democráticos e ao respeito às normas internas. Já os Estados-associados são Chile, Colômbia, Equador, Guiana, Peru, Suriname e Bolívia – este último já em fase final do processo de adesão para incorporação ao bloco de integração regional. Contudo, para melhor compreender a fenomenologia da proteção de dados em um espectro mais específico, serão considerados os quatro Estados-parte atuais: Brasil, Argentina, Paraguai e Uruguai.

De maneira geral, verifica-se – como já era de se esperar – que não há uma padronização na regulamentação de proteção de dados pessoais, uma vez que cada país implementa suas próprias legislações em relação ao tema, sem preocupações importantes a respeito de alguma harmonização ou mesmo uniformidade normativa. É curioso notar, porém que países como Argentina

9 https://www.mercosur.int/pt-br/quem-somos/paises-do-mercosul/. Acesso em: 10 dez. 2024.
10 https://www.mercosur.int/documento/protocolo-de-ushuaia-sobre-compromisso-democratico-no-mercosul-bolivia-e-chile/. Acesso em: 10 dez. 2024.

e Chile são os países mais antigos a possuírem leis de proteção de dados, e países como o Brasil estão entre os que possuem legislação mais recente – o que por certo tem origem em aspectos em elementos extrajurídicos, como questões econômicas, sociais, políticas e culturais de cada nação do bloco[11].

Mas de maneira específica, contudo, este ensaio se debruça sobre duas literaturas importantes, que merecem um destaque por se tratar de estudos que pesquisaram de forma notável sobre a proteção de dados pessoais nos países do Mercosul. Uma delas é a de uma professora pós-doutora da USP, especialista na área de Direito, tecnologias e internet, em artigo[12] no qual detalha um interessante estudo que realizou sobre os últimos 10 anos (2013-2023) de proteção de dados pessoais nos países ativos do Mercosul. A outra é a de um renomado escritório de advocacia que elaborou um detalhado manual informativo sobre as normas de proteção de dados em toda a América Latina para guiar o trabalho dos seus advogados associados no dia-a-dia das atividades jurídicas e para a elaboração de contratos.

Vamos, portanto, aos estudos realizados.

5. O ESTADO DA ARTE NA PROTEÇÃO DE DADOS PESSOAIS NOS PAÍSES DO MERCOSUL

A Dra. Cíntia Rosa Pereira de Lima, em estudo aprofundado do tema, mostra que já havia uma preocupação dos países do Mercosul em relação à positivação de normas relacionadas à proteção de dados desde a década de 1960. "Desde então, a proteção de dados pessoais desenvolveu-se exponencialmente, assim como a própria complexidade do tratamento de dados". Para a especialista, há, sim, "um cenário positivo da evolução da legislação brasileira e dos demais países-membro ativos do Mercosul – Argentina, Paraguai e Uruguai – em relação à proteção de dados pessoais".

11 https://lefosse.com/noticias/protecao-de-dados-na-america-latina/. Acesso em: 10 dez. 2024.
12 Vide Referências Bibliográficas.

O artigo da Dra. Cíntia parte do Atlas Ibero-Americano de Proteção do Consumidor[13], documento coordenado pelo Brasil, Argentina, Uruguai e outros países, onde havia três perguntas[14] sobre proteção de dados, indagações que foram exploradas para que ela fizesse uma comparação com a atualidade, abrangendo um período de 10 anos (2013-2023). Assim, a comparação partiu de "três pontos principais: legislação especial sobre proteção de dados vigente, autoridade responsável pela proteção da matéria e discussões em voga" – e tudo isso foi feito, desde 2018, através de dois grupos de pesquisa, o "Observatório da LGPD" e o "Mercosul, Direito do Consumidor e Globalização", ambos liderados pela Dra. Cíntia e outra pesquisadora, a Dra. Cláudia Lima Marques, também da USP – Ribeiro Preto.

Na Argentina, uma lei no ano 2000 já dispunha especificamente sobre a proteção de dados pessoais, estabelecendo princípios gerais, os direitos dos titulares de dados, as responsabilidades, mecanismos de controle e sanções. A autoridade encarregada é uma Direção dentro do Ministério de Justiça e Direitos Humanos, e atualmente há um projeto de lei de proteção de dados pessoais em tramitação desde 2022 a fim de modernizar e complementar a legislação vigente.

No Uruguai, uma lei em 2008 já regulamenta de forma específica a proteção de dados. A autoridade encarregada é uma Agência Reguladora, a URCDP (Unidade Reguladora e de Controle de Dados Pessoais), dotada de autonomia técnica. Em 2020, houveram atualizações legislativas para a criação da figura do Delegado dentro da URCDP, que possui, dentre outras atribuições, 72h para providências quando notificado sobre incidentes envolvendo segurança de dados pessoais.

---

13 Atlas Ibero-americano de proteção ao consumidor = Atlas Iberoamericano de protección al consumidor / [coordenação : Secretaria Nacional do Consumidor]. - Brasília: Ministério da Justiça, 2013. 489 p. ISBN : 978-85-85820-37-4. Disponível em https://www.gov.br/mj/pt-br/assuntos/seus-direitos/consumidor/Anexos/atlas-iberoamericano-de-protecao-ao-consumidor.pdf. Acesso em: 12 dez 2024.

14 As perguntas eram: 1. Existe regulação especial em matéria de Proteção de Dados Pessoais? 2. Existe uma autoridade responsável pela aplicação da matéria, ou é a mesma de proteção dos consumidores? Qual é o seu regime?. E 3. Considera necessária alguma atualização ou complementação da regulação existente na matéria?".

No Paraguai, uma lei de 2001 tratava, genericamente, apenas da regulamentação da informação em caráter privado, e a garantia jurídica em eventual violação estava baseada apenas no *Habeas Data* previsto na Constituição do país, sem qualquer órgão ou autoridade competente. Mas em 2023, em virtude da pandemia de Covid-19, o cenário evolui bastante, com a promulgação da Lei de Proteção de Dados Pessoais, que revogou a lei anterior, prevendo uma série de direitos e garantias na proteção de dados tanto de pessoas físicas como jurídicas.

No Brasil, não havia qualquer norma específica sobre proteção de dados, muito embora a Constituição elencasse o direito à intimidade e à vida privada e a sua garantia via remédios jurídicos já conhecidos. A legislação esparsa continha algumas linhas sobre o tema no Código Civil de 2002, no CDC, na LCP e na LAI[15], mas o Sistema Nacional de Defesa do Consumidor[16] recomendava fortemente uma legislação específica na área. E em 2023 o cenário evolui bastante pois em 2018 é promulgada a Lei Geral de Proteção de Dados e criada uma Autoridade Nacional de proteção de dados por meio de uma Autarquia Federal para implementar e fiscalizar a LGPD, o qual se encontra atuante, realizando trabalhos educativos, produzindo guias orientativos e modelos organizacionais, fiscalizando denúncias e aplicando multas sancionatórias após processo administrativo próprio.

Portanto, e em arremate aos estudos realizados, o artigo conclui que se mostra evidente os significativos avanços dos países do Mercosul na área, que esse progresso está alinhado com a tendência global de fortalecer a regulamentação de dados pessoais, que o Uruguai liderou esse movimento e que o Brasil deu um grande passo com a aprovação da LGPD recentemente, em 2018. As conclusões também ponderaram o papel da Covid-19 no processo de evolução da proteção de dados no Paraguai e a vanguarda da Argentina na discussão legislativa daquela que

15 CDC - Código de Defesa do Consumidor, Lei 8.078/1990. LCP - Lei do Cadastro Positivo, Lei 12.414/2011. LAI - Lei de Acesso à Informação, Lei 12.527/2011.

16 Órgão colegiado que congrega Procons, Ministério Público, Defensoria Pública, Delegacias de Defesa do Consumidor, Juizados Especiais Cíveis e Organizações Civis de defesa do consumidor.

será a mais moderna norma sobre proteção de dados dentre os países do Mercosul.

Destaca-se que as mesmas pesquisadoras também publicaram artigo similar no site do Conselho Nacional de Justiça (CNJ)[17], no mesmo ano de 2023, tratando da proteção de dados pessoais em países do Mercosul. Desta vez valendo-se do que chamaram *método comparativo* – inclusive afirmando, nas palavras-chave do artigo, se tratar de *Direito comparado*, apresentam uma tabela que mostra vários critérios de aferição e onde as legislações estão ou não atendendo. Nesse caso, embora importante em estudos posteriores e mais aprofundados em Direito comparado, o artigo parece entrelaçar dois temas como se fossem um só: a proteção de dados pessoais e a defesa do consumidor, o que pode revelar falhas na metodologia quando se trata de métodos comparativos.

A Lefosse Advogados, renomado no Brasil e no exterior, por sua vez, possui o mais recente diagnóstico sobre a legislação acerca proteção de dados, publicado em junho deste ano de 2024 por meio de um Guia intitulado *O que você precisa saber sobre a proteção de dados na América Latina*[18] – contudo sem qualquer pretensão doutrinária comparativista. Uma vez que há muitas informações, com níveis de detalhamento bastante úteis para futuros estudos, mais aprofundados – o que não é o objeto deste ensaio – aqui serão utilizados os mesmos parâmetros de comparação utilizados no artigo, com a informação adicional que o Guia possui a respeito da existência ou não de penalidades por eventuais violações à proteção de dados.

Na Argentina, além de todas as informações já referidas no artigo anterior, ainda está em tramitação legislativa aquele projeto de lei que atualizará a atual legislação, e que se encontra bem alinhado com uma boa política de proteção de dados já pratica-

17 Disponível em: https://www.cnj.jus.br/ojs/revista-cnj/article/view/486. Acesso em: 14 dez 2024. Ver também as Referências bibliográficas.
18 Disponível em: https://lefosse.com/noticias/protecao=-de-dados-na-america-latina/#:~:text-Na%20Am%C3%A9rica%20Latina%2C%20a%20abordagem,sem%20harmoniza%C3%A7%-C3%A3o%20ou%20padroniza%C3%A7%C3%A3o%20regional. Acesso em: 14 dez 2024.

da pela União Européia, a RGPD[19], atualmente considerado uma referência global. Mais especificamente, esse PL pretende também incluir uma nova definição de dados sensíveis como sendo "qualquer informação que possa dar lugar à discriminação", que inclui dados biométricos, dados genéticos e dados que possam revelar a identidade de gênero de uma pessoa.

Sobre uma autoridade responsável, o Guia acrescenta que já há uma Autoridade Argentina de Proteção de Dados graças a uma alteração na lei de 2000, feita em 2017, que instituiu uma Agência de Acesso à Informação Pública e também instituiu a figura de Delegados de Proteção de Dados em alguns casos. É também informado que há um decreto regulamentador e várias resoluções da Autoridade de Proteção de Dados que detalham bem os procedimentos em relação ao tratamento de dados e que o PL também quer exigir que os controladores de dados relatem incidentes de segurança e a avaliação de impacto na privacidade de dados.

E no tocante às penalidades aplicáveis, ela é bem avançada e sofisticada, prevendo gradações das punições em moderadas, graves e muito graves, com multas pecuniárias, advertências, suspensão de atividades por tempo determinado e também gradativo, e até mesmo o fechamento ou cancelamento do banco de dados. Há ainda um banco nacional de pessoas e entidades punidas e a Autoridade tem a prerrogativa de aplicar multas pecuniárias entre de 2 e 4% sobre o faturamento mundial das empresas penalizadas.

No Uruguai, além da legislação já citada no artigo anterior, há uma outra lei de 2017 e seu respectivo decreto regulamentador, os quais formam as normativas de proteção de dados, que já definiram dados pessoais como sendo informações de qualquer tipo relacionadas a pessoas físicas ou entidades legais. Também definem dados sensíveis aqueles que revelem origens raciais ou étnicas, preferências políticas, religião ou crenças morais, filiações sindicais e/ou informações de saúde

---

19 Regulamento Geral de Proteção de Dados.

ou sexuais, além de dados genéticos, biométricos, relativos à saúde mental e/ou física ou informações médicas, bem como os relacionados à atividade comercial ou de crédito.

No que concerne à autoridade supervisora, o Guia acrescenta que a URCDP – a Autarquia que administra a proteção de dados, está vinculada à Agência de Governo Eletrônico e Sociedade da Informação e do Conhecimento (AGESIC) e a nomeação dessa autoridade é obrigatória por parte do governo. A Autoridade reguladora possui, dentre outras competências, responder consultas, emitir regras e regulamentos, conduzir censos e manter um registro de bancos de dados, além de supervisionar e fiscalizar as atividades.

E em relação às penalidades aplicáveis, a legislação prevê advertências que, cumuladas, podem gerar suspensão da empresa por período determinado e até mesmo o encerramento das atividades da controladora de dados pessoais. Assim como na vizinha Argentina, as sanções são graduadas com base na gravidade, reincidência ou repetição da infração cometida.

No Paraguai, o Guia confirma a previsão do *Habeas Data* na Constituição e a legislação sobre a proteção de dados no ano de 2020, com o acréscimo de que tramita novo PL no Congresso para modernizar a matéria "focado especificamente na proteção de dados pessoais, com o objetivo de fornecer salvaguardas ainda mais fortes para os direitos de privacidade dos indivíduos". O Guia também considera que tal PL possui uma estrutura que se inspira no RGPD da União Européia, que atualmente está recebendo pareceres das Comissões Temáticas e que inexiste previsão de votação pelo Congresso.

Em relação à autoridade supervisora no Paraguai – que o artigo anterior não abordou – o Guia informa que há duas autoridades de proteção de dados: a Secretaria de Defesa do Consumidor (SEDECO) e, curiosamente, o Banco Central do Paraguai (BCP). Enquanto a SEDECO é órgão mais voltado às competências fiscalizatórias que muito se assemelham às do Uruguai, o BCP possui funções relacionadas à proteção de dados creditícios – inclusive poderes de impor sanções às agências de crédito.

E quanto às penalidades aplicáveis, a legislação prevê multas pecuniárias com base em parâmetros definidos, como a natureza da infração, a gravidade dos riscos ou danos causados, o benefício indevido auferido, o reconhecimento oportuno da infração, e a reparação e/ou alteração da infração por iniciativa própria da entidade, cujos valores podem chegar a U$ 925 mil em caso de reincidência. Além do aspecto financeiro, há também a perda de cargos e funções públicas e privadas, a suspensão de atividades e até mesmo o encerramento das operações das empresas.

CONCLUSÃO

No âmbito dos estados-membros ativos do Mercosul – Brasil, Argentina, Paraguai e Uruguai – a proteção de dados pessoais é um assunto que tem tido uma atenção significativa no sentido de modernizar o seu uso, coleta e tratamento, bem como o de instituir órgãos e autoridades específicas com certa autonomia para controlar e fiscalizar as empresas e mesmo pessoas físicas que violarem a privacidade alheia. Não se viu, contudo, algum esforço para uniformizar a proteção de dados pessoais em âmbito regional, que abranja o Mercosul como um todo, o que pode estar sendo discutido nos bastidores, mas sem qualquer confirmação atualizada. As legislações não se conversam adequadamente devido a questões cronológicas e culturais e isso é um ponto de reflexão para que se avance rumo ao que a União Européia já tem feito com o seu RGPD.

E no âmbito do próprio tema, que são a proteção de dados pessoais, em que pese os nítidos avanços nas legislações dos estados-membros ativos do Mercosul, há dois pontos que merecem reflexão. Primeiramente, não se verificou qualquer menção específica às crianças e adolescentes, o que parece ser uma questão cultural que precisa ser superada, pois também são sujeitos de direitos como qualquer pessoa adulta e necessitam de proteção redobrada do Estado. E o outro ponto é uma aparente confusão entre proteção de dados pessoais e defesa do consumidor, pois muito embora o Mercosul seja um bloco de natureza preponderantemente econômica, a proteção de dados é direito fundamental e parece exigir a necessidade de se desvincular da questão consumerista a fim de receber uma maior autonomia para seu avanço e desenvolvimento rumo a uma legislação que una os países-membros do Mercosul.

REFERÊNCIAS BIBLIOGRÁFICAS

HASKEL E WESTLAKE. *Capitalismo sem capital* – a ascensão da economia intangível. São Paulo: Alta Cult Editora, 2019.

MARQUES, DE LIMA E PEROLI. A proteção de dados pessoais nos estados-membros do Mercosul. *Revista CNJ*, Vol. 7, nº 1, pp. 45-56. Jan/jun 2023.

DE LIMA, Cíntia Rosa Pereira. *10 anos de proteção de dados pessoais nos países ativos do Mercosul*: Breve análise da evolução do cenário legislativo entre 2013 e 2023. https://www.migalhas.com.br/coluna/migalhas-de-protecao-de-dados/394405/10-anos-de-protecao-de-dados-pessoais-nos-paises-ativos-do-mercosul. Acesso em: 10 dez. 2024.

SCHWAB, Klaus. *A quarta revolução industrial*. São Paulo: Edipro, 2016.

CAPÍTULO

13

COMPARAÇÃO JURÍDICO-CONSTITUCIONAL E SEGURANÇA NO SISTEMA ELEITORAL BRASIL-ARGENTINA: DESAFIOS CONTEMPORÂNEOS NA ERA DIGITAL

Pollyana Pereira da Cruz[1]

Resumo: Este trabalho tem como objetivo analisar os desafios e as oportunidades da era digital no âmbito eleitoral a partir de uma perspectiva comparativa entre Brasil e Argentina, com ênfase nas garantias constitucionais e na segurança do sistema de votação. No Brasil, o sistema eletrônico de votação consolidou-se como referência internacional pela sua eficiência, embora ainda enfrente críticas relacionadas à transparência e à auditabilidade, já na Argentina, o voto eletrônico permanece em estágio experimental, em meio a um cenário de fragmentação partidária e volatilidade eleitoral, refletindo desafios distintos, mas igualmente relevantes. A análise comparativa destaca convergências, como o compromisso com a soberania popular e a busca por representatividade, e divergências, como o estágio de informatização e as práticas eleitorais específicas de cada país. Por fim, o ensaio propõe uma cooperação regional, com base no Direito Constitucional Comparado, como estratégia para o fortalecimento democrático na América Latina, integrando experiências bem-sucedidas em ambos os países. Conclui-se que, para consolidar sistemas eleitorais inclusivos e confiáveis na era digital, é imprescindível promover a modernização normativa e tecnológica, garantir a integridade dos processos eleitorais e fomentar a participação cidadã, pois a era digital oferece oportunidades para transformar os sistemas eleitorais em ferramentas robustas para o fortalecimento das democracias.

Palavras-chave: Direito Constitucional comparado; segurança eleitoral; era digital.

---

1 Mestranda em Direito Constitucional pelo Instituto Brasileiro de Ensino, Desenvolvimento e Pesquisa (IDP). Pós-Graduanda em Direito Desportivo pela CBF ACADEMY. Assessora comissionada da Defensoria Pública do Distrito Federal. Advogada. Brasília (DF). Brasil.

1. INTRODUÇÃO

A era digital tem transformado profundamente os processos sociais, econômicos e políticos em escala global, no âmbito eleitoral, a incorporação de tecnologias digitais não apenas alterou a dinâmica do voto, mas também trouxe à tona questões fundamentais sobre a integridade, segurança e confiabilidade dos sistemas utilizados. No Brasil e na Argentina, duas democracias marcadas por histórias e estruturas institucionais distintas, a modernização eleitoral surge como um campo fértil para o estudo comparativo, destacando os desafios e oportunidades que as novas tecnologias apresentam em relação às garantias constitucionais e à segurança do processo de votação.

A informatização dos sistemas eleitorais tem como promessa central a eficiência, transparência e acessibilidade, no entanto, ela também suscita debates sobre possíveis vulnerabilidades, como riscos de manipulação de resultados, ataques cibernéticos e a proteção de dados sensíveis dos eleitores, o que desperta questionamentos sobre a fidedignidade de todo o processo.

No Brasil, o sistema de votação eletrônica é amplamente reconhecido por sua rapidez e confiabilidade, embora enfrente contestações sobre a transparência e a auditabilidade do processo. Na Argentina, por outro lado, o voto eletrônico ainda não foi implementado de forma abrangente, permanecendo limitado a projetos piloto e enfrentando desafios relacionados à infraestrutura tecnológica, à resistência social e à necessidade de maior regulamentação normativa, refletindo cautela institucional diante dos desafios tecnológicos e da resistência social. Esse panorama, ao mesmo tempo convergente e contrastante, revela a necessidade de uma análise aprofundada que considere as particularidades de cada país e as perspectivas de fortalecimento mútuo por meio do diálogo e da cooperação regional.

No plano jurídico-constitucional, as bases normativas que sustentam os processos eleitorais em ambos os países refletem compromissos históricos com a democracia e o Estado de Direito. As constituições do Brasil e da Argentina estabelecem a soberania popular como princípio fundamental, garantindo o sufrágio universal e igualitário. Contudo, a era digital introduz novas dimensões a esses direitos, especialmente no que diz respeito à proteção da privacidade e ao acesso equitativo às tecnologias. A integração de dispositivos constitucionais nacionais com marcos regulatórios internacionais e regionais, como a Convenção Americana de Direitos Humanos, apresenta uma oportunidade única para examinar como os direitos fundamentais podem ser protegidos e promovidos em um ambiente digitalizado.

Neste contexto, o Direito Constitucional Comparado (DCC) emerge como uma ferramenta metodológica indispensável para compreender as semelhanças e diferenças entre os sistemas eleitorais do Brasil e da Argentina. Essa disciplina jurídica permite não apenas uma análise crítica dos modelos em vigor, mas também a identificação de boas práticas que possam ser adaptadas às especificidades de cada país. Além disso, o diálogo entre ordenamentos jurídicos oferece uma base para o desenvolvimento de soluções normativas e institucionais que atendam às demandas contemporâneas por segurança e integridade eleitoral.

Giuseppe de Vergottini (1987) contextualiza o surgimento do DCC como disciplina autônoma, destaca a importância do contraste entre ordenamentos jurídicos distintos. A consolidação de Estados nacionais, ao longo dos séculos XIX e XX, abriu caminho para estudos comparativos, permitindo análises sobre a organização do poder e a regulação de direitos fundamentais.

Um aspecto central deste estudo é a segurança nas eleições, um tema que transcende os limites técnicos para abarcar questões éticas e jurídicas fundamentais. A transparência, a publicidade e a integridade do processo eleitoral são pilares essenciais para a legitimidade democrática, sendo especialmente desafiados pela introdução de tecnologias digitais. No Brasil, a Lei Geral de Proteção de Dados (LGPD) desempenha um papel crucial na regulação do uso de informações pessoais, incluindo aquelas relacionadas ao processo eleitoral. A análise da aplicação desses princípios no contexto brasileiro pode oferecer insights valiosos para o desenvolvimento de políticas semelhantes na Argentina, onde a proteção de dados eleitorais ainda é um campo em evolução.

À luz do exposto, este artigo **propõe uma discussão sobre as possibilidades de melhoria e cooperação regional no âmbito da segurança eleitoral diante do contexto digital contemporâneo**. A América Latina, historicamente marcada por processos democráticos desafiadores, encontra no intercâmbio de experiências uma oportunidade para fortalecer suas instituições e promover a confiança dos cidadãos nas eleições. A criação de padrões regionais de segurança, inspirados nas melhores práticas internacionais e adaptados às realidades locais, pode contribuir significativamente para a consolidação democrática e a garantia dos direitos fundamentais.

Este estudo, portanto, tem como objetivo analisar os desafios da era digital no âmbito eleitoral a partir de uma perspectiva comparativa entre Brasil e Argentina, com foco nas garantias constitucionais e na segurança do sistema de votação. Para tanto, a pesquisa está estruturada em cinco seções principais: (i) funções do DCC, com destaque para sua aplicação na análise dos sistemas eleitorais; (ii) bases constitucionais dos sistemas democráticos e eleitorais de Brasil e Argentina; (iii) segurança nas eleições, com ênfase na análise de princípios como publicidade, transparência e integridade de dados; (iv) comparação entre os sistemas eleitorais; e (v) discussão sobre propostas de melhoria e cooperação regional, com vistas ao aperfeiçoamento da segurança eleitoral na América Latina.

2. REFERENCIAL TEÓRICO

O DCC constitui uma ferramenta indispensável para a análise e desenvolvimento de sistemas jurídicos em um contexto globalizado, que transcendem a simples observação de ordenamentos estrangeiros, promovendo um diálogo entre diferentes tradições jurídicas e contribuindo para o fortalecimento de princípios como democracia, Estado de Direito e proteção dos direitos fundamentais. Giuseppe de Vergottini (1987) e Carlos Bastide Horbach (2015) oferecem contribuições teóricas que elucidam a relevância e a aplicabilidade do DCC, especialmente em um momento em que os desafios da era digital impõem novas exigências às democracias contemporâneas.

Inicialmente, Giuseppe de Vergottini (1987) atribui ao DCC múltiplas funções que transcendem a simples observação de sistemas jurídicos estrangeiros, consolidando sua aplicação como ferramenta analítica para a compreensão e o aperfeiçoamento dos ordenamentos jurídicos. A análise comparativa possibilita categorizar sistemas políticos e identificar suas especificidades, contribuindo para a formação de um repertório crítico, especialmente útil para avaliar as nuances de diferentes formas de governo, como o parlamentarismo e o presidencialismo, bem como suas repercussões na estabilidade institucional e na divisão de poderes.

O DCC também desempenha um papel metodológico ao validar conhecimentos obtidos por meio de métodos históricos ou estatísticos, conferindo maior respaldo científico às conclusões alcançadas. Essa abordagem se estende à sua utilização por tribunais nacionais e internacionais, que recorrem ao Direito comparado como instrumento interpretativo para fundamentar decisões em temas complexos, especialmente na proteção de direitos fundamentais. A jurisprudência estrangeira, nesses casos, surge como parâmetro adicional para solucionar questões relevantes e promover avanços interpretativos.

No campo legislativo, o DCC apoia a criação de normas e políticas públicas, permitindo que legisladores incorporem experiências estrangeiras adaptadas às necessidades locais. Em áreas emergentes, como a regulação digital e a proteção de dados, essa troca de experiências normativas fortalece as legislações internas ao integrar padrões internacionais. Ademais, em processos de integração regional, como o Mercosul, ou em iniciativas de harmonização normativa, o Direito comparado se destaca ao fomentar a coordenação jurídica entre países, promovendo um ambiente jurídico mais alinhado e cooperativo.

Carlos Bastide Horbach (2015) complementa essa análise ao enfatizar a capacidade do DCC de expandir o repertório jurídico com soluções inovadoras para questões contemporâneas, como a implementação de sistemas de votação eletrônica. Além disso, ressalta sua importância na formação de juristas com uma visão crítica e abrangente, aptos a atuar em um contexto marcado pela interdependência entre sistemas jurídicos nacionais e internacionais. O DCC também facilita o desenvolvimento de um arcabouço normativo global, promovendo uma interação mais consistente entre diferentes países.

Quanto ao objeto do DCC, Vergottini (1987) o divide em duas esferas principais: interna e externa. A primeira refere-se ao contraste entre níveis de governo ou legislações regionais de um mesmo Estado, sendo especialmente útil em federações como o Brasil, onde as interações entre os níveis federal, estadual e municipal requerem análises de competências e atribuições. A segunda abrange o confronto entre ordenamentos nacionais e organizações internacionais, explorando as interações e influências mútuas que moldam os sistemas jurídicos contemporâneos.

Por outro lado, Horbach (2015) aponta desafios significativos no uso do DCC, entre eles questões de legitimidade e metodologia. O emprego de normas estrangeiras em decisões nacionais pode gerar controvérsias quanto à sua adequação, especialmente em sistemas jurídicos que valorizam a autonomia normativa. Além disso, a falta de critérios claros para a escolha de referências estrangeiras pode resultar em práticas arbitrárias, como a seleção de normas com base em conveniências argumentativas, comprometendo a consistência da análise comparativa.

Sob esse prisma, as funções e objetos ilustram o papel do DCC como uma disciplina multifacetada e dinâmica, que contribui para o desenvolvimento e o aprimoramento das democracias contemporâneas. Com base nesse referencial teórico, é possível aprofundar a discussão sobre as bases constitucionais que sustentam os sistemas democráticos e eleitorais do Brasil e da Argentina.

3. BASE CONSTITUCIONAL DOS SISTEMAS DEMOCRÁTICOS E ELEITORAIS DO BRASIL E ARGENTINA

O Brasil, enquanto uma República Federativa, é formado pela união indissolúvel dos Estados, Municípios e do Distrito Federal, constituindo-se em um Estado Democrático de Direito. Este modelo encontra base no art. 1° da Constituição Federal de 1988, que estabelece como fundamentos a soberania, a cidadania, a dignidade da pessoa humana, os valores sociais do trabalho e da livre iniciativa, bem como o pluralismo político. Ademais, é nesse artigo que se consagra o Princípio da Soberania Popular, ao dispor que "Todo o poder emana do povo, que o exerce por meio de representantes eleitos ou diretamente, nos termos desta Constituição" (Brasil, 1988, art. 1).

No Brasil, a forma de governo adotada é a republicana, enquanto o sistema de governo é o presidencialista, ratificado por meio de plebiscito realizado em 1993 pelo povo brasileiro. O direito ao sufrágio é universal, abrangendo todos aqueles a quem a Constituição confere direitos políticos. As eleições são diretas, sendo o voto obrigatório para os maiores de 18 anos e facultativo para analfabetos, maiores de 70 anos e jovens entre 16 e 18 anos, cujas principais características do sufrágio brasileiro são a liberdade, a sigilosidade, a periodicidade e a igualdade do voto (Noronha; Kim, 2016).

O sistema eleitoral brasileiro é classificado como misto, onde o sistema majoritário é utilizado para eleição do Presidente da República, governadores, prefeitos e senadores, podendo ocorrer em dois turnos. No Senado Federal, o mandato dos senadores é de oito anos, com renovação alternada: a cada quatro anos, um terço ou dois terços das cadeiras são renovadas. Para deputados federais, estaduais e vereadores, aplica-se o sistema proporcional, que é regulado por normas específicas, como a Lei Complementar 9.504/1997 (Brasil, 1997), admitindo-se o cálculo por coligações para efeito de distribuição proporcional das vagas (Moraes, 2013).

No âmbito tecnológico, o Brasil é pioneiro na utilização de urnas eletrônicas, implantadas em todo o território nacional desde as eleições de 2000, proporcionando maior segurança e celeridade na apuração dos resultados, sendo amplamente reconhecido internacionalmente. Em 2008, o Brasil avançou ainda mais com a implementação experimental das eleições biométricas, que garantem a identificação inequívoca do eleitor, reduzindo riscos de fraudes. Desde então, a biometria vem sendo progressivamente adotada, com investimentos para ampliação do cadastro biométrico (Noronha; Kim, 2016).

Já no caso argentino, que também adota o modelo republicano de governo, com um sistema presidencialista estruturado pela Constituição Nacional, a qual estabelece os princípios basilares do regime democrático. O art. 1º da Constituição Argentina consagra a forma representativa, republicana e federal de governo, reforçando o caráter descentralizado do Estado. A soberania popular, assim como no Brasil, é um dos pilares desse sistema, conforme disposto no art. 22, determinando que o povo delibera e governa exclusivamente por meio de seus representantes e autoridades criadas pela Constituição. Esse modelo de democracia representativa está fundamentado nos arts. 14, 22 e 33 da Constituição, que asseguram os direitos implícitos derivados da soberania do povo e da forma republicana de governo (Argentina, 2023).

O sistema eleitoral argentino é regulado pela Constituição Nacional e pelo Código Eleitoral, além de legislações complementares, como a Lei Orgânica dos Partidos Políticos (Argentina, 2023). Caracterizado como misto, o modelo eleitoral combina o sistema majoritário para eleição do Presidente e Vice-Presidente com o sistema proporcional para composição parlamentar. A eleição presidencial segue a fórmula majoritária de pluralidade com base mínima, introduzida pela reforma constitucional de 1994. Esse modelo é inspirado na Constituição da V República Francesa e estabelece um sistema de maioria absoluta com possibilidade de segundo turno (ballotage). Apesar de sua implementação, questionamentos sobre sua eficácia prática ainda persistem, como no caso das eleições de 2003, em que o segundo turno foi inviabilizado pela desistência de um dos candidatos.

As eleições legislativas argentinas utilizam o sistema proporcional de Víctor D'Hondt, aplicado desde 1957 e reconhecido por sua capacidade de refletir as tendências políticas do eleitorado. Essa fórmula matemática assegura a proporcionalidade na distribuição de vagas parlamentares, permitindo que partidos políticos obtenham representação condizente com sua votação (Corti, 2016). Contudo, esse método enfrenta críticas quanto à complexidade técnica e à dificuldade em formar maiorias parlamentares estáveis, especialmente em grandes distritos, como a

Província de Buenos Aires, onde há maior renovação de cadeiras a cada biênio (Piske, 2013; Rodrigues; Müller, 2018).

O papel dos partidos políticos no sistema eleitoral argentino é central e regulamentado pelo art. 38 da Constituição, que os define como instituições fundamentais para o regime democrático. A reforma constitucional de 1994 reforçou sua competência exclusiva para a postulação de candidatos, vinculando diretamente a representatividade às organizações partidárias. O uso de listas fechadas e bloqueadas nas eleições reflete essa organização partidária, garantindo que as candidaturas sejam controladas internamente (Corti, 2016). Contudo, esse modelo também gerou debates, como no caso de Miguel Padilla, que reivindicou candidaturas independentes, questionando a ausência de espaço para candidatos desvinculados dos partidos (Piske, 2013; Rodrigues; Müller, 2018).

Por fim, o sistema eleitoral argentino reflete uma dinâmica pluralista, promovida pela fórmula proporcional de D'Hondt, que favorece a diversidade política nos distritos maiores. Essa tendência, observada nas últimas décadas, tem estimulado a emergência de novos atores políticos, ampliando o debate democrático (Corti, 2016). Com essa estrutura normativa e organizacional, a Argentina apresenta um sistema eleitoral que busca equilibrar a representação popular com a estabilidade institucional, ao mesmo tempo que enfrenta as complexidades inerentes à diversidade política e territorial do país.

A análise das bases constitucionais dos sistemas democráticos e eleitorais do Brasil e da Argentina destaca as particularidades normativas e estruturais que orientam o exercício da soberania popular em ambos os países. Contudo, para aprofundar a compreensão das diferenças e similaridades entre esses dois ordenamentos, é relevante adotar uma abordagem metodológica consistente no campo do DCC.

Nesse sentido, Meyer (2019) distingue entre estudos *small-N*, focados em poucos casos com análise qualitativa detalhada, e *large-N*, que empregam métodos amplos e quantitativos para identificar padrões gerais. Ambas as perspectivas são complementares e devem ser aplicadas conforme o objetivo da investigação, sendo especialmente úteis para balancear profundidade e abrangência na análise comparativa.

Sob essa ótica, a próxima seção examina as particularidades e os desafios dos sistemas eleitorais do Brasil e da Argentina, explorando como as configurações normativas e institucionais refletem os contextos históricos e políticos de cada país, ao mesmo tempo em que enfrentam as exigências impostas pela era digital.

4. SEGURANÇA NAS ELEIÇÕES

A segurança do processo eleitoral é um dos pilares que sustentam a legitimidade democrática, especialmente em sistemas que utilizam tecnologias avançadas, como o voto eletrônico. A informatização do processo eleitoral no Brasil, ainda que represente um marco no avanço tecnológico e na celeridade da apuração, traz consigo discussões relacionadas à transparência, à publicidade e à integridade dos dados, princípios que garantem a confiabilidade do sistema e a soberania do eleitor.

No caso brasileiro, a introdução da totalização eletrônica dos votos enfrentou tensões históricas desde sua implementação, evidenciando a necessidade de regulamentação específica para mitigar vulnerabilidades e evitar fraudes. As experiências iniciais demonstraram que, mesmo com a informatização, questões como a manipulação de dados, o controle inadequado das urnas e a ausência de mecanismos auditáveis podem comprometer o princípio da publicidade (Cantoni, 2016).

A legislação brasileira avançou ao prever mecanismos que reforçam a segurança do voto eletrônico, como a assinatura digital dos registros e a implementação de chaves de segurança. Previstas na Lei 9.504/97 (Brasil, 1997), essas normas foram concebidas para evitar a substituição ou adulteração dos votos registrados e para assegurar que o processo de totalização seja confiável. Além disso, a obrigatoriedade de acompanhamento técnico por representantes dos partidos, do Ministério Público e de organizações da sociedade civil busca ampliar a fiscalização e aumentar a legitimidade do sistema (Coimbra, 2014).

Nesse sentido, a urna eletrônica, concebida para operar de forma isolada e independente de conexões externas, utiliza um conjunto de ferramentas tecnológicas que garantem a segurança de todas as etapas do processo eleitoral. Por exemplo, a assinatura digital e a criptografia são utilizadas tanto na geração dos votos quanto na proteção dos registros digitais, impedindo qualquer tentativa de adulteração (Coimbra, 2014). Esses mecanismos integram uma cadeia de confiança que valida o software e o hardware utilizados nas urnas, certificando que apenas os programas desenvolvidos pela Justiça Eleitoral, devidamente lacrados em cerimônia pública, possam ser executados.

Para reforçar a integridade e a transparência, diversos procedimentos de auditoria e fiscalização foram incorporados ao processo. Entre eles, destaca-se a Cerimônia de Votação Paralela, que possibilita a verificação pública do funcionamento das urnas por meio de testes realizados simultaneamente à votação oficial. Esse mecanismo, amplamente auditável, permite que partidos políticos, o Ministério Público, a Ordem dos Advogados do Brasil (OAB) e outras entidades acompanhem e validem os resultados apurados. Além disso, os boletins de urna, que são disponibilizados ao final da votação, transformam-se em documentos públicos passíveis de conferência direta pelo eleitor e pelas coligações, contribuindo para uma maior transparência da totalização (Cantoni, 2016).

Os esforços da Justiça Eleitoral também incluem medidas de segregação de conhecimento, garantindo que as equipes responsáveis por diferentes sistemas – como o da urna e o da totalização – atuem de forma independente, reduzindo os riscos de ataques coordenados. Essa divisão de responsabilidades, aliada ao isolamento físico e digital das urnas, dificulta sobremaneira a ocorrência de violações, seja por agentes externos, seja por colaboradores internos. Adicionalmente, o ambiente de desenvolvimento do software eleitoral é altamente controlado, e apenas um grupo restrito de profissionais tem acesso ao repositório de códigos-fonte (Coimbra, 2014; Cantoni, 2016).

A robustez do sistema eleitoral brasileiro é resultado de um esforço contínuo da Justiça Eleitoral em aprimorar não apenas as tecnologias empregadas, mas também a regulamentação normativa que as sustenta. Apesar de consolidado como um projeto maduro, o sistema eletrônico de votação exige constante atualização e monitoramento, tanto no aspecto técnico quanto no jurídico, para responder adequadamente às transformações políticas e sociais que moldam o cenário democrático (Rodrigues; Müller, 2018).

Ao longo de mais de duas décadas, o Brasil construiu um modelo de votação eletrônica que é referência mundial em termos de rapidez e confiabilidade. Contudo, o processo de informatização do voto não está isento de críticas e desafios, especialmente no que se refere à fiscalização independente e à garantia de que todos os atores do processo democrático – eleitores, partidos, e sociedade civil – tenham plena confiança na integridade dos resultados. Assim, a discussão sobre a segurança das eleições continua sendo um tema central na consolidação do Estado Democrático de Direito.

A Argentina, por outro lado, apresenta um cenário político e eleitoral marcado por desafios de fragmentação partidária, volatilidade eleitoral e questões sociais que impactam diretamente na regulamentação normativa e na efetividade do sistema democrático no cenário da era digital atual. Nesse contexto, o quadro legislativo argentino tem buscado soluções normativas que dialoguem com a complexidade da arena política e eleitoral do país, promovendo instrumentos que possam mitigar as disparidades sociais e assegurar a representatividade nas esferas de poder.

O cenário representativo eleitoral argentino enfrenta desafios relacionados à fragmentação partidária e à volatilidade eleitoral, onde a pulverização da oferta partidária, combinada com o aumento de votos brancos, nulos e da abstenção, reflete uma apatia política que afeta significativamente a dinâmica eleitoral. A ausência de propostas programáticas claras e a desestruturação social são fatores que intensificam esse cenário, dificultando a consolidação de uma democracia substantiva e comprometida com as demandas da cidadania (Piske, 2013).

A ascensão das tecnologias digitais tem moldado novas dinâmicas no cenário eleitoral argentino, com destaque para o papel das redes sociais e plataformas online na disseminação de informações e na mobilização política. Em um contexto marcado pela fragmentação partidária, essas ferramentas digitais, embora ampliem o alcance do debate político, frequentemente aprofundam a polarização e dificultam a construção de consensos necessários para a estabilidade democrática.

No que diz respeito à governança e à representatividade, a legislação argentina também aborda o fenômeno do clientelismo, um desafio recorrente em sistemas políticos marcados por desigualdades econômicas e sociais. A fragmentação partidária e a volatilidade dos eleitores criam um ambiente propício para práticas clientelistas, que enfraquecem os mecanismos democráticos e perpetuam ciclos de desigualdade. Apesar dos esforços normativos, o fortalecimento de partidos políticos com pautas programáticas consistentes e raízes sociais profundas continua sendo uma questão central para o aprimoramento da democracia no país (Aragón, 1997). Em termos de participação política, a legislação argentina reforça a importância dos partidos como instituições fundamentais para a democracia. O art. 38 da Constituição da Argentina destaca o papel dos partidos políticos como veículos de acesso ao poder e canalizadores das demandas da sociedade (Azevedo, 2015).

Essa perspectiva normativa reflete a tentativa de consolidar um sistema político mais estável e menos suscetível às flutuações eleitorais, promovendo um diálogo constante entre os atores políticos e os cidadãos. Tais perspectivas de regulação normativa no Direito argentino apontam para a necessidade de um equilíbrio entre inclusão, representatividade e estabilidade institucional (Azevedo, 2015).

No cenário atual, a era digital tem transformado as práticas e dinâmicas políticas no âmbito eleitoral argentino. Os meios de comunicação digitais e as plataformas online não apenas alteraram a forma como informações são disseminadas, mas também como os eleitores interagem com os conteúdos políticos (Azevedo, 2015).

Em muitos casos, eles fornecem espaço para o surgimento de narrativas contra-hegemônicas, que desafiam discursos dominantes, tornando um local de debate, disseminação de informações e organização política, permitindo que vozes antes marginalizadas tenham maior visibilidade (Aragón, 1997).

Ademais, a participação ativa dos eleitores nos meios digitais reforça o impacto dessas ferramentas na construção e na contestação de cenários de representação política. Em países como a Argentina, onde a mídia escrita ainda desempenha um papel crucial na formação de opinião pública, os meios digitais ampliam o alcance dessas discussões, interligando o debate político tradicional com novas formas de mobilização social e política. Nesse sentido, a regulação do ambiente digital torna-se imprescindível para garantir a integridade das interações eleitorais e a transparência das campanhas, assim como a proteção contra a manipulação de informações e a propagação de desinformação durante os processos eleitorais.

Essa convergência entre as práticas eleitorais tradicionais e as novas tecnologias digitais traz consigo uma análise normativa e debate para a formulação de políticas que assegurem a inclusão, a pluralidade e representatividade no âmbito político e eleitoral, refletindo as demandas contemporâneas de uma sociedade em constante transformação.

5. COMPARAÇÃO ENTRE OS SISTEMAS ELEITORAIS

A análise comparativa entre os sistemas eleitorais do Brasil e da Argentina revela tanto semelhanças estruturais quanto diferenças marcantes que influenciam o funcionamento de suas democracias. Essas particularidades refletem não apenas as escolhas institucionais e históricas de cada país, mas também a maneira como ambos enfrentam os desafios impostos pela era digital.

Uma das principais convergências entre os dois sistemas é o comprometimento com os princípios da soberania popular, garantidos por dispositivos constitucionais que consagram o sufrágio universal, direto e igualitário. No Brasil, a Constituição de 1988 estabelece a soberania popular no art. 1º, enquanto na Argentina, o mesmo princípio está disposto nos arts. 1º e 22 da Constituição Nacional. Ambos os sistemas destacam a importância do voto como expressão democrática fundamental e buscam assegurar a representatividade no processo eleitoral.

Outra semelhança significativa é a adoção de modelos eleitorais mistos, onde no Brasil, o sistema majoritário é utilizado para cargos do Executivo e Senado, enquanto o proporcional regula a eleição para o Legislativo. Já na Argentina, há um formato similar, com o sistema majoritário aplicado à eleição presidencial e o proporcional, baseado na fórmula D'Hondt, utilizado para compor o Congresso Nacional. Ambos os sistemas, portanto, têm como objetivo equilibrar a representação proporcional com a funcionalidade executiva e legislativa.

No que se refere à incorporação de mulheres na política, ambos os países demonstram avanços institucionais. A Argentina, pioneira no estabelecimento de cotas de gênero, utiliza listas fechadas e alternadas para garantir uma representatividade mínima de 30% de mulheres nas eleições legislativas. No Brasil, embora os progressos sejam mais lentos, a legislação eleitoral também prevê cotas de gênero para candidaturas. Essa convergência aponta para uma crescente preocupação regional em garantir a inclusão e a diversidade no ambiente político.

Apesar das semelhanças, existem diferenças significativas que impactam a dinâmica eleitoral em cada país. No Brasil, a utilização de urnas eletrônicas desde 2000 representa um avanço tecnológico que traz benefícios como rapidez na apuração dos votos e maior segurança contra fraudes tradicionais, como o "voto de cabresto". Por outro lado, a Argentina continua a empregar o voto manual utilizando um sistema de papeletas, o que, apesar de sua simplicidade, está associado a desafios relacionados à transparência e à fiscalização, especialmente em contextos de alta fragmentação partidária e volatilidade eleitoral.

Outro ponto de divergência é o impacto das listas fechadas utilizadas no sistema eleitoral argentino, que concentram o controle das candidaturas nos partidos políticos. Embora isso promova coesão partidária, limita a autonomia do eleitor em escolher candidatos específicos, como ocorre no Brasil, onde as listas abertas permitem maior personalização do voto.

No campo tecnológico, enquanto o Brasil se destaca pela centralização do desenvolvimento e fiscalização do sistema eletrônico de votação pela Justiça Eleitoral, a Argentina apresenta desafios regulatórios que demandam maior modernização de seus processos. A ausência de informatização plena no país vizinho ainda restringe as possibilidades de aprimorar a integridade e a transparência do sistema eleitoral por meio de mecanismos como auditorias em tempo real e divulgação de resultados automatizados.

A era digital trouxe mudanças estruturais que afetam os sistemas eleitorais de ambos os países, especialmente no que tange à disseminação de informações e à participação cidadã. No Brasil, a introdução da urna eletrônica e a digitalização do cadastro eleitoral fortaleceram a segurança e a confiabilidade do sistema. No entanto, desafios relacionados à desinformação e à manipulação de opiniões nas redes sociais emergiram como novas ameaças à integridade do processo democrático. Casos de fake news e ataques coordenados durante as eleições ilustram como o ambiente digital, embora expansivo, também pode ser explorado para subverter os princípios de transparência e publicidade.

Na Argentina, a era digital amplificou a fragmentação partidária e a volatilidade eleitoral que, embora as plataformas online tenham se tornado espaços de mobilização e disseminação de informações, também acentuaram a polarização política e a apatia de setores significativos do eleitorado. A ausência de uma modernização tecnológica mais robusta no sistema eleitoral argentino limita a implementação de mecanismos de controle e fiscalização digital, o que poderia mitigar os impactos negativos dessas dinâmicas.

6. DISCUSSÃO

A importância do DCC no contexto eleitoral, a cooperação regional e o aperfeiçoamento do conjunto das práticas democráticas podem se tornar ferramentas para consolidar a confiança nas instituições e fortalecer os princípios democráticos em uma América Latina em constante transformação.

Carlos Bastide Horbach (2015) enfatiza que o Direito estrangeiro desempenhou um papel significativo na formação do sistema jurídico brasileiro, particularmente durante a transição para a República. Desde o Decreto 848/1890, conceitos jurídicos de sistemas como o norte-americano e o argentino foram incorporados, moldando as bases da jurisdição constitucional no Brasil. Essa influência evidencia o papel do DCC como ferramenta de desenvolvimento institucional e de resolução de problemas, tanto no âmbito legislativo quanto judicial.

No entanto, o uso do DCC não é isento de controvérsias, pois Meyer (2019) critica práticas como o "imperialismo jurídico", no qual modelos ocidentais são exportados sem considerar os contextos locais, gerando padrões homogêneos que nem sempre atendem às necessidades específicas de cada país. Essa abordagem levanta preocupações éticas e metodológicas, especialmente em questões eleitorais, onde a diversidade sociocultural e institucional deve ser respeitada.

A crítica de Meyer (2019) se materializa em debates sobre o uso de transplantes jurídicos e empréstimos constitucionais, argumentando que, muitas vezes, carecem de um entendimento contextual profundo, resultando em decisões que refletem mais as preferências ideológicas dos julgadores do que uma análise criteriosa das realidades locais. Nesse sentido, Mayer (2019) elenca casos jurídicos brasileiros que apontam para o uso inadequado de argumentos comparativos, ilustrando os riscos do "*cherry-picking*"[2] – a seleção de ideias estrangeiras que sustentam posições previamente definidas, ignorando a complexidade do ordenamento jurídico original.

Em resposta às limitações dos transplantes jurídicos, Meyer (2019) propõe a "migração de ideias constitucionais" como uma abordagem mais dinâmica e ética, valorizando o intercâmbio

---

2 Ou evidência suprimida, onde o magistrado utiliza argumentos estrangeiros para fundamentar sua decisão.

de conceitos, mas reconhece a necessidade de adaptar ideias às realidades locais. Por meio dessa perspectiva, Brasil e Argentina poderiam compartilhar experiências e boas práticas no campo eleitoral, promovendo a inovação normativa sem comprometer a soberania dos respectivos sistemas jurídicos. Onde, o modelo brasileiro de voto eletrônico, com ampla informatização e mecanismos de segurança como a assinatura digital e a segregação de conhecimento no desenvolvimento de software, poderia inspirar avanços na modernização do sistema argentino. Da mesma forma, as práticas argentinas relacionadas à implementação de cotas de gênero e ao fortalecimento da representatividade partidária poderiam servir como referência para aprimorar a inclusão e a diversidade no processo eleitoral brasileiro.

A democratização da tecnologia e a inclusão de novos atores no processo eleitoral, como organizações de fiscalização e observadores internacionais, podem fortalecer a confiança pública e combater a apatia eleitoral observada em países como a Argentina. Por outro lado, o modelo brasileiro de informatização do voto, embora reconhecido internacionalmente, deve continuar a evoluir para enfrentar desafios como a desinformação e a manipulação de dados.

A cooperação regional, ancorada no DCC, pode oferecer uma base sólida para transformar os sistemas eleitorais da América Latina em modelos globais de inovação, inclusão e transparência. Contudo, para que isso seja alcançado, é necessário um compromisso ético e metodológico que priorize a pluralidade e respeite as especificidades culturais e institucionais de cada país.

CONCLUSÃO

A análise comparativa entre os sistemas eleitorais do Brasil e da Argentina, sob a perspectiva da era digital, revela a necessidade de reavaliar e aprimorar as estruturas normativas, institucionais e tecnológicas que sustentam o processo democrático em ambos os países. A era digital, ao mesmo tempo que trouxe avanços significativos em transparência, celeridade e acesso à informação, também expôs vulnerabilidades que podem comprometer a confiança dos cidadãos nos processos eleitorais.

No caso brasileiro, a consolidação de um sistema eletrônico de votação altamente informatizado, com ênfase na segurança tecnológica e na confiabilidade, demonstra o potencial transformador da tecnologia. No entanto, a centralização do controle pela Justiça Eleitoral e as lacunas relacionadas à auditabilidade independente do sistema exigem reflexões contínuas sobre o equilíbrio entre eficiência e publicidade. Por outro lado, a Argentina, com um modelo ainda baseado em processos manuais, enfrenta desafios relacionados à fragmentação partidária e à volatilidade eleitoral, o que reforça a importância de modernizar seu sistema sem abrir mão de sua integridade e representatividade.

O ponto de vista defendido neste estudo é que a era digital demanda uma reinterpretação das práticas eleitorais, com um compromisso renovado com os princípios democráticos de transparência, publicidade e soberania popular. A cooperação regional, amparada pelo DCC, não deve ser vista apenas como uma ferramenta de análise, mas como um meio para construir soluções conjuntas que fortaleçam a confiança pública e promovam a inovação institucional em toda a América Latina.

A era digital não é apenas um desafio, se mostrando como uma oportunidade para redefinir os caminhos da democracia. É o momento de transformar complexidades em soluções, e diferenças em convergências, para que a soberania popular seja plenamente exercida e protegida nas sociedades contemporâneas.

REFERÊNCIAS BIBLIOGRÁFICAS

ARAGÓN, Virgilio Alvarez. Educación y prensa en el contexto electoral: Un estudio comparado Argentina, Brasil y México. *Educação & Sociedade*, v. 18, nº 58, p. 87-122, jul. 1997.

ARGENTINA. *Codigo electoral nacional*: ley 19.945, normas reglamentarias y complementarias. Buenos Aires: Información Parlamentaria, 2023. Disponível em: http://200.70.33.130/images2/Electoral/legislacion/Ley_19945.pdf. Acesso em: 8 dez. 2024.

AZEVEDO, Alexandre Francisco. *Governança eleitoral*: uma comparação entre os modelos de Justiça Eleitoral no Brasil e na Argentina. 2015. Dissertação (mestrado) – Pontifícia Universidade Católica de Goiás, Goiânia, 2015.

BRASIL. [Constituição (1988)]. *Constituição da República Federativa do Brasil de 1988*. Brasília, DF: Presidente da República, 1988. Disponível em: https://www.planalto.gov.br/ccivil_03/constituicao/constituicao.htm. Acesso em: 7 dez. 2024.

BRASIL. Lei Complementar 9.504/1997. Estabelece normas para as eleições. Brasília, DF: Presidente da República, 1988. Disponível em: https://www.planalto.gov.br/ccivil_03/leis/l9504.htm. Acesso em: 7 dez. 2024.

CANTONI, Stefania Lapolla. *Participação política não eleitoral na Argentina e no Brasil*: (O que) mudou nas últimas décadas? 2016. Dissertação (Mestrado) - Faculdade de Filosofia, Letras e Ciências Humanas, Universidade de São Paulo, São Paulo, 2016.

COIMBRA, Rodrigo Carneiro Munhoz. Por que a urna eletrônica é segura. *Revista Eletrônica da EJE*, Brasília, ano 4, nº 6, p. 24-28, out./nov. 2014. Disponível em: https://www.tse.jus.br/institucional/escola-judiciaria-eleitoral/publicacoes/revistas-da-eje/artigos/revista-eletronica-eje-n.-6-ano-4/por-que-a-urna-eletronica-e-segura. Acesso em: 9 dez. 2024.

CORTI, José M. Pérez. Introducción al derecho electoral. In: *Derecho Electoral Argentino*. 3. ed. Córdoba: Advocatus, 2016. cap. 3. Disponível em: https://www.joseperezcorti.com.ar/Archivos/DEA/UNC/DEA_U_03_y_04_Elementos.pdf. Acesso em: 8 dez. 2024.

HORBACH, Carlos Bastide. O Direito comparado no STF: internacionalização da jurisdição constitucional brasileira. *Revista de Direito Internacional*, v. 12, nº 2, p. 194-210, 31 dez. 2015. DOI: 10.5102/rdi.v12i2.3667.

MEYER, Emilio Peluso Neder. Repensando o Direito Constitucional Comparado no Brasil. *Revista de Investigações Constitucionais*, Curitiba, v. 6, nº 2, p. 479-502, maio/ago. 2019. DOI: 10.5380/rinc.v6i2.65009.

MORAES, Alexandre de. *Constituição do Brasil interpretada e legislação constitucional*. 9. ed. São Paulo: Atlas, 2013.

NORONHA, João Otávio de; KIM, Richard Pae. *Sistema Político e Direito Eleitoral Brasileiro*. São Paulo: Atlas, 2016.

PISKE, Oriana. Reflexões sobre o sistema eleitoral no Brasil e na Argentina. *Revista do Instituto do Direito Brasileiro*, v. 2, nº 9, p. 10087-10114, 2013. Disponível em: https://www.cidp.pt/revistas/ridb/2013/09/2013_09_10087_10114.pdf. Acesso em: 8 dez. 2024.

RODRIGUES, Marcus; MÜLLER, Gustavo André Aveline. A influência das regras eleitorais na seleção dos candidatos à disputa eleitoral: uma análise comparada entre os casos do brasil e argentina. *Revista Direitos Humanos e Democracia*, Rio Grande do Sul, v. 6, nº 12, p. 264-278, 14 nov. 2018. DOI: 10.21527/2317-5389.2018.12.264-278.

VERGOTTINI, Giuseppe de. Balance y perspectivas del derecho constitucional comparado. *Revista Española de Derecho Constitucional*, v. 7, nº 19. ene-abr. 1987. Disponível em: https://dialnet.unirioja.es/descarga/articulo/79342.pdf. Acesso em: 8 dez. 2024.

CAPÍTULO

14

ERA DIGITAL E DIREITO COMPARADO: A INTERNET COMO INSTRUMENTO DO MÉTODO COMPARATIVO E SUA INFLUÊNCIA NA FACILITAÇÃO DE TROCAS ENTRE DIFERENTES SISTEMAS JURÍDICOS

Lia Raquel Prado Burgos Ribeiro Martins[1]

Resumo: Trata-se de trabalho que pretende uma breve análise sobre como a era digital tem influenciado o Direito comparado, inclusive, como método comparativo, e sua importância na facilitação da troca de informações entre diferentes sistemas jurídicos. Para tanto, inicia-se com uma breve introdução sobre o tema e indaga-se se a Internet poderia ser entendida como um instrumento do método comparativo no Direito comparado. Em um segundo momento, estabelece-se considerações sobre a influência da era digital sobre o Direito comparado. Após, realiza-se uma sucinta exposição sobre Sistemas Jurídicos Comparados, abordando como a facilidade de acesso e de comunicação proporcionadas pela Internet têm promovido um diálogo entre as diversas tradições jurídicas. Ao final, conclui-se que os mecanismos da Internet podem e devem ser utilizados como instrumentos do método comparativo aptos a realizar comparação entre sistemas jurídicos, inclusive, contribuindo para harmonizar práticas legais e fortalecer a cooperação internacional.

Palavras-chave: era digital; Direito comparado; método.

---

1 Doutoranda em Direito Constitucional pelo IDP. Mestre em Direito - Ordem Jurídica Constitucional pela UFC. Promotora de Justiça, membro do MPPI.

1. INTRODUÇÃO

Simplificando o conceito de Direito comparado, tem-se o ramo da ciência jurídica que analisa semelhanças e diferenças entre ordenamentos jurídicos de Estados diversos, ou seja, realiza entre eles um exercício comparativo. Também se diz que é método por meio do qual se analisa dois ou mais sistemas jurídicos, considerando suas normas, suas fontes, assim como a historicidade e os fatores sociais e políticos que contextualizam esses ordenamentos.

Trata-se de importante instrumento para lidar com problemas jurídicos relevantes dentro de um dado sistema, através do estudo das soluções apresentadas por outros ordenamentos para esse mesmo problema ou outro parecido. Ressalte-se que não se trata de aproximação fática entre soluções com a finalidade de reforçar determinado posicionamento que se pretende adotar em um caso específico, mas, sim, de embasar um argumento científica e metodologicamente.

Dentro do Direito comparado, analisa-se os diferentes Sistemas Jurídicos existentes no mundo. Diz-se Sistemas Jurídicos Comparados a análise das diferentes normas e estruturas jurídicas que existem em diversas regiões ou países, visando entender como são construídas, aplicadas e interpretadas nos diferentes contextos culturais e sociais.

As novas tecnologias de informação e de comunicação, especialmente a Internet, vem transformando o modo como os sistemas jurídicos interagem, constituindo um valioso recurso para o Direito comparado, na medida em que permitem que os diferentes sistemas jurídicos no mundo compartilhem informações, experiências e práticas.

O estudo do Direito comparado, no entanto, ainda não é comum nas faculdades de Direito e muito erros são cometidos sobre o pretexto de se estar usando o método comparativo. A verdade é que, embora o Direito comparado e o estudo comparado dos Sistemas Jurídicos venham ganhando cada vez mais adeptos, ainda se observa pouco essa faceta do Direito e, na prática, a metodologia comparatista vem evoluindo bastante lentamente.

Entre os estudiosos do tema, várias são as tentativas de sistematização metodológica. Um aspecto, porém, merece um olhar mais direcionado. À lentidão na sistematização do Direito comparado, contrapõe-se, paradoxalmente, a velocidade da tecnologia na era digital. Em razão disto, indaga-se: ante às facilidades tecnológicas na era digital, poderia se entender a Internet como um instrumento do método comparativo no Direito comparado? Em caso positivo, qual a influência da Internet na facilitação de troca de informações entre sistemas jurídicos distintos?

2. DIREITO CONSTITUCIONAL COMPARADO

Inicialmente, cumpre realizar algumas considerações sobre ramo que tem ganho cada vez mais relevância no Direito comparado, especialmente quando se trata de Sistemas Jurídicos Comparados: o Direito Constitucional Comparado. Apesar de, até mesmo por sua aproximação com o Direito Internacional, o Direito comparado ter sido mais associado, durante bastante tempo, ao Direito Privado e às relações comerciais, e, mesmo hoje, ser muito associado à Proteção Geral de Dados, a comparação em Direito Constitucional tem se tornado também mais frequente. Acredita-se que, muito em razão dos julgados das Cortes Constitucionais pelos países afora, o Direito Constitucional Comparado tem ganho bastante em relevância.

É consenso entre os doutrinadores que se debruçam sobre o tema que, ao se pretender realizar uma comparação entre institutos normativos pertencentes a diferentes – temporal e/ou espacialmente – sistemas jurídicos constitucionais, faz-se necessário investigar os contextos institucionais, sociais, econômicos e políticos nos quais esses sistemas se encontram inseridos. Tal exercício deverá considerar, empírica e socio-juridicamente, as teorias constitucionais adotadas, bem como os diferentes atores constitucionais em evidência.

Ressalte-se que o Direito comparado tem uma natureza interdisciplinar, considerando em seu exercício comparativo a influência de disciplinas jurídicas e parajurídicas, mas também de disciplinas de variadas áreas como história, sociologia, política, economia, entre outras.

Considerando esses fatores e procurando estabelecer princípios básicos de orientação para a comparação, Rosalin Dixon elaborou uma taxonomia das formas comparativas. Ela estabeleceu cinco formas de comparar o Direito constitucional e explicou que elas não se dariam de forma isolada, mas que a sobreposição entre elas seria, na prática, inevitável.

A primeira das formas seria a *transferência de ideias constitucionais,* que pode ser *doutrinária,* analisando como doutrinas constitucionais estrangeiras influenciam a elaboração de textos constitucionais (linguagem e estrutura) e como os outros sistemas constitucionais jurídicos formulam respostas para problemas comuns; pode ser, ainda, *genética,* focando em como as disposições constitucionais nacionais podem ter sido influenciadas no passado por sistemas constitucionais estrangeiros (história) e como eram entendidas no momento da transferência; e, por fim, pode ser *genealógica,* observando como os atores comparatistas interpretaram posteriormente a linguagem e as estruturas constitucionais de origem comum (DIXON, 2019, p.05).

A segunda forma é a *natureza deliberativa.* Trata-se de uma forma de comparação que constrói o pensamento diferenciando raciocínio constitucional e doutrina, ou seja, está mais focado em adotar argumentos utilizados a favor ou contra uma decisão constitucional em outro sistema, do que em adotar a mesma solução (DIXON, 2019, p.05).

A terceira forma é a *natureza empírica ou funcional* que se preocupa em identificar quais as funções que o arranjo constitucional desempenha e considerar como os diferentes sistemas constitucionais cumprem essas funções na prática, em compreender origens e consequências das diferentes opções jurídicas (DIXON, 2019, p.06).

Tem-se como quarta forma de comparação, segundo a autora, a *natureza reflexiva* que consiste em entender outros sistemas constitucionais, a fim de compreender melhor o próprio sistema. Nesta forma de comparação, o relevante é encontrar as diferenças importantes entre valores e práticas constitucionais e verificar a necessidade de mudança. O interessante é que revelar áreas comuns entre sistemas variados permite observar quais valores nacionais estão ligados a valores constitucionais universais (DIXON, 2019, p.06).

A quinta e última forma de comparação é o *cosmopolitismo moral*. Segundo ela, existem respostas universais para problemas globais comuns, especialmente quando se trata de direitos humanos, compromissos morais e políticos (igualdade, dignidade), democracia e Estado de Direito (normas estruturais, núcleo democrático mínimo). Aqui, pode-se fazer uma *abordagem agregada*, segundo a qual, se todos os países decidirem uma questão por si só e todos chegarem à mesma resposta, não será uma coincidência (lei dos grandes números); ou uma *abordagem dialógica*, que considera o valor do diálogo e do debate entre as nações, sendo o resultado desses debates um tipo de verdade intersubjetiva entre elas, um conjunto de princípios universais aplicáveis a todos (DIXON, 2019, p.07).

Aborda-se a classificação acima a título de exemplo, mas existem outras, elaboradas por outros doutrinadores, igualmente interessantes. O importante, em verdade, ao adotar-se uma taxonomia é permitir a sistematização do estudo, facilitar a abordagem, enfim, traçar um método. E o método, por sua vez, é um aliado na comprovação da veracidade das informações que, na era digital, poderão influenciar os variados sistemas jurídicos constitucionais.

3. DIREITO COMPARADO NA ERA DIGITAL

A era digital vem como uma gigantesca onda, avassaladora, revirando tudo à sua frente, reorganizando as estruturas sociais, comportamentais e culturais de povos e países, assim como estabelecendo novos modelos nas relações humanas, colocando uma nova ordem para o mundo. Nesse mundo globalizado, que sofre os efeitos cada vez mais generalizados de uma cultura produzida nas plataformas digitais, imagine-se a contribuição dada ao Direito comparado pelos instrumentos de pesquisa produzidos pelas novas tecnologias de comunicação e informação.

São inegáveis as facilidades oferecidas por essas novas tecnologias ao estudo de uma forma geral. Principalmente quando se trata de um ramo de conhecimento que trabalha com transferência de ideias entre sistemas jurídicos. O Direito Constitucional Comparado, por exemplo, tem como objetivo identificar linguagem e estruturas constitucionais ou doutrinas de outras jurisdições que possam ser transferidas para a jurisdição própria do ator ou que já influenciaram seus desenhos constitucionais nacionais. O foco da comparação é a elaboração de normas constitucionais, emprestando, ou não, características ou estruturas de outros sistemas jurídicos constitucionais (DIXON, 2019, p.03).

Imagine-se a dificuldade de observação do objeto do Direito comparado. Trata-se de um campo de estudo demasiado amplo, abrangendo dimensões de conhecimento as mais diversas para uma análise comparativa. Faz-se necessário um conhecimento especializado dos vários sistemas jurídicos envolvidos, considerando, ainda, os aspectos temporais/históricos e espaciais/geográficos. Ressalte-se, ademais, que as informações a serem consideradas não são estáticas, havendo uma constante dinâmica entre os sistemas jurídicos mundiais. Daí se infere a dificuldade no fluxo de informações e dados a serem observados.

Em um contexto de mundo digitalizado, com seus mecanismos céleres de transferência de informações e com uma velocidade vertiginosa de comunicação, o acesso a documentos e o tratamento de dados são facilitados. Considerando que dados estão em permanente atualização, faz-se relevante a amplitude e a rapidez de acesso a essas modificações propiciadas pelo mundo digital. Ademais, numerosos são os instrumentos de pesquisa disponibilizados pelas novas tecnologias de informação e comunicação para os estudos em Direito comparado. Como exemplo, apresenta-se a facilidade de interação virtual proporcionada pela Internet entre os atores comparatistas. Obviamente, o ideal seria o estudo "in loco" (convênio ou intercâmbio), mas, muitas vezes, isso não é conveniente em termos de recursos disponíveis para a pesquisa. É possível, em tese, portanto, estudar diferentes sistemas jurídicos constitucionais sem a necessidade de deslocamento, o que seria uma economia de tempo e de recursos gastos.

Essa abordagem também tem seus riscos, sobretudo, no que tange à possibilidade de enviesamento algorítmico. Muitas vezes, os dados obtidos por meio digital podem não ser confiáveis, podem estar comprometidos com um ou outro viés ideológico. A mesma velocidade que facilita o fluxo de informações, também propicia a volatilidade das bases de informações. Existe o perigo de que traduções mal produzidas ou propositadamente adulteradas venham a comprometer o significado das informações.

É necessário, então, um uso criterioso dessas novas ferramentas tecnológicas, a exemplo da Inteligência Artificial, e, para tanto, uma formação especializada, além dos profissionais programadores dos algoritmos, também dos atores comparatistas. Interessante é que, mesmo em momentos históricos diferentes, quando se trata do método comparativo, esbarra-se no mesmo problema: a formação dos atores comparatistas.

4. SISTEMAS JURÍDICOS INTERNACIONAIS

Em se tratando de Sistemas Jurídicos Internacionais, estes se referem ao conjunto de normas, princípios e instituições que regulam juridicamente a sociedade, abrangendo, inclusive, os procedimentos legais e a forma de administração da justiça em determinada região ou país.

Alguns doutrinadores fazem uma distinção entre sistemas jurídicos, famílias jurídicas e tradição ou cultura jurídicas. Esse trabalho não tem como objeto de estudo essa análise, mas se menciona aqui, de forma breve e a título de curiosidade, que, como regra: a) família jurídica seria conceito que agrupa sistemas jurídicos que compartilham características comuns (origem, princípios), b) tradição ou cultura jurídica correspondem ao contexto histórico e cultural que influencia a construção do Direito em uma sociedade (práticas, valores, crenças), c) sistema jurídico seria a estrutura jurídica em movimento. Outros doutrinadores, entendem a ideia de categorização como irrelevante.

René David[2] propõe que os sistemas jurídicos podem ser classificados em categorias, como o Sistema de *Civil Law*, o Sistema de *Common Law*, entre outros. Cada sistema possui características próprias, fontes de direito e métodos de interpretação. Entende ele que é preciso perceber as diferenças entre os vários sistemas para uma melhor compreensão do Direito em um contexto global. Os sistemas jurídicos são, para ele, influenciados por fatores históricos, sociais e culturais.

Considerando os sistemas jurídicos como o conjunto das diferentes estruturas e normas jurídicas que existem em diversos países ou regiões, busca-se entender como suas normas são formuladas, aplicadas e interpretadas nos diferentes contextos culturais e sociais. A comparação entre os vários sistemas jurídicos pode identificar semelhanças e diferenças importantes para verificar as práticas, as influências mútuas e a própria evolução do Direito ao longo do tempo, bem como possibilitar a harmonização de legislações e o desenvolvimento de políticas públicas. Alguns autores classificam como grandes famílias culturais contemporâneas a família africana, a família asiática, a família islâmica e a família ocidental, com as quais podem se identificar ou não os sistemas jurídicos existentes. É que o Direito constitui um elemento das civilizações. Suas fontes estão entre as mais relevantes manifestações civilizacionais, embora isso não signifique que os modelos fundamentais de estruturação jurídica das comunidades humanas correspondam às grandes civilizações. René David[3] classifica os seguintes sistemas jurídicos: família romano-germânica, direitos socialistas, a *Common Law* e outras concepções que abrangem o Direito mulçumano, o Direito da Índia, o Direito do Extremo Oriente e o Direito da África e de Madagascar.

Seguindo, mais ou menos, a classificação acima, é possível identificar atualmente cinco grandes grupos de sistemas jurídicos que correspondem a famílias jurídicas: a) Sistema Jurídico

---

2 DAVID, René. Os grandes sistemas do direito contemporâneo. Coleção justiça e direito. Trad. Hermínio A. Carvalho. 4ª Ed. São Paulo: Martins Fontes, 2002.

3 DAVID, René. Os grandes sistemas do direito contemporâneo. Coleção justiça e direito. Trad. Hermínio A. Carvalho. 4ª Ed. São Paulo: Martins Fontes, 2002.

Romano-Germânico, que corresponde à família romano-germânica, também conhecido como Civil Law, ao qual mais se aproxima o sistema jurídico brasileiro. Dentro desse sistema, pode-se, ainda, identificar: sistema jurídico de matriz francesa (França, Bélgica, Espanha, países sul-americanos de língua castelhana); sistema jurídico de matriz germânica (Alemanha, Suíça e Áustria); sistema jurídico de países nórdicos ou escandinavos em sentido lato (Dinamarca, Noruega, Suécia, Finlândia, Islândia); b) Sistema Jurídico Anglo-Americano ou Direito inglês (Inglaterra e Estados Unidos da América); c) Sistema Jurídico Muçulmano ou Islâmico, que compreendem os sistemas jurídicos vigentes nos países africanos e asiáticos que professam a religião islâmica; d) Sistema Jurídico Indiano, em países africanos e asiáticos que professam o hinduísmo; e) Sistema Jurídico Chinês (República Popular da China e Taiwan).

Uma parte da doutrina menciona, ainda, o Sistema Jurídico Socialista, ao qual, inclusive, René David faz menção como direitos socialistas. Porém, entende-se que pós queda da antiga União Soviética não há mais que se utilizar essa classificação, tendo os antigos países socialistas se incorporado a outros sistemas. Uma observação quanto ao Direito Russo: entende-se como um sistema jurídico em transição, por enquanto ainda indeterminado seu lugar. (DAVID, 2002, p. 173-349)

No que tange ao Sistema Jurídica Romano-Germânico, tem-se que o Direito positivo assume uma função central no sistema, noção que, embora ainda prevalecente, percebe-se em tendência de queda ante a uma crise normativa. As situações concretas da sociedade hão de ser resolvidas a partir de normas jurídicas previamente elaboradas para uma generalidade de casos abstratamente considerados. Prevalece, aqui, o Estado de Direito, com regras que visam impedir o arbítrio do Estado, através de princípios como a da separação de poderes. O Direito Romano se encontra na raiz da formação desse sistema. Ele se funda também nos ideais da Revolução Francesa: liberdade, igualdade e fraternidade – ou solidariedade. (DAVID, 2002, p. 35-172)

O Sistema Jurídico da *Common Law* não sofreu influência do Direito Romano. No entanto, também nele vigora o Estado de Direito, desempenhando papel fundamental na legitimação do poder político. Todos são igualmente submetidos ao Direito e à jurisdição. A fonte principal do Direito são decisões judiciais, pelas quais os Tribunais definem e tornam efetivos os direitos. A separação dos poderes tem como característica uma proeminência do Poder Judiciário relativamente aos demais poderes constituídos, em razão da força vinculativa dos precedentes judiciais. As normas legislativas possuem caráter excepcional e, em geral, têm um grau de abstração inferior às normas legais romano-germânicas. O Direito trata-se mais do que um conjunto de normas, de um conjunto de remédios jurídicos elaborados caso a caso pela jurisprudência. Liberdade e igualdade, aqui, também são muito consideradas, mas a ideia de solidariedade tem menor expressão nesse sistema jurídico. (DAVID, 2002, p. 350-510)

No Sistema Jurídico Muçulmano ou Islâmico, o Direito é subordinado à religião. A base fundamental em que se assenta esse sistema é um conjunto de regras reveladas que devem ser observadas por todos os muçulmanos, denominado de *Char* (o caminho a seguir). "A concepção que dirige o Islã é a de uma sociedade teocrática, na qual o Estado não tem valor senão como servidor da religião revelada" (DAVID, 2002, p.512). As normas estão descritas no Corão. Como dito, por René David, o Direito Muçulmano é um direito revelado. Entidade humana não possui autoridade para modificar ou revogar a norma. A lei, conforme entendida no Ocidente, como regra, não integra o Direito Muçulmano. Quando existem, em casos excepcionais, são apenas visando o complementar. A ideia de Estado de Direito também é estranha ao Sistema Jurídico Muçulmano, assim como a ideia de igualdade entre todos. Liberdade individual não existe nem no plano religioso, tampouco no plano cívico, mas há uma noção de solidariedade em normas que determinam o dever de ajudar os pobres. (DAVID, 2002, p. 511-544)

O Sistema Jurídico Indiano também possui uma base religiosa. Aplica-se aos hindus que vivem na Índia e em alguns países asiáticos (Malásia, Nepal, Paquistão, Singapura) e africanos. Trata-se de

Direito híbrido e complexo, composto por vários ordenamentos jurídicos, inclusive, alguns de matriz europeia. O aspecto mais marcante consiste na ideia de *Dharma*, considerando que o Dever não se trata apenas de Dever jurídico, mas de Dever ético-religioso, exercendo o *Dharma* função determinante nas instituições jurídicas hindus. Rejeita a ideia de igualdade, estabelecendo deveres diferentes em função do sexo, da idade e da casta. Muito embora a discriminação por casta tenha sido proibida pela Constituição Indiana de 1949, no campo fático, segue sendo uma prática nas comunidades hindus. Persiste o princípio de hierarquia. (DAVID, 2002, p. 545-582)

O Sistema Jurídico Chinês pretende alcançar uma convivência em sociedade que seja harmônica, mesmo que, para isso, seja necessário a renúncia a direitos subjetivos. O Direito é utilizado apenas quando, na resolução de conflitos sociais, não seja possível a conciliação. Esta, a conciliação, é a forma preferível de assegurar a paz social. O Direito é apenas um *mal necessário*. As leis no Sistema Jurídico Chinês não possuem a mesma relevância que nos países ocidentais, somente sendo aplicadas pelos Tribunais, se não for possível eliminar o conflito de outra forma. Possui, portanto, papel secundário na preservação da ordem social. Também, aqui, não tem valor a ideia de igualdade. (DAVID, 2002, p. 583-616)

Percebe-se, enfim, quão complexa é a questão, em razão das mais extremas diferenças entre os diversos sistemas jurídicos ao redor do mundo, e quão desafiadora é a tarefa do Direito comparado.

5. INFLUÊNCIA NA FACILITAÇÃO DE TROCAS ENTRE DIFERENTES SISTEMAS JURÍDICOS

A comparação dos sistemas jurídicos pretende promover a análise das diversas formas como os países abordam suas questões normativas, considerando suas peculiaridades culturais, políticas e sociais. Na era digital, essa comparação tem sido facilitada, ganhando relevância e atraindo estudiosos sobre o tema. A tecnologia, cada vez mais, tem influenciado a forma de se produzir o Direito, assim como sua interpretação e aplicação.

Como se pode observar do que acima foi exposto, os sistemas jurídicos internacionais são bastante diversos e, muitas vezes, de difícil apreensão por fatores os mais variados, como a cultura, os costumes e a língua. A Internet democratizou o acesso à informação jurídica. As plataformas digitais funcionam como bases de dados, além de outros, jurídicos e permitem o acesso a legislações, jurisprudências e doutrinas de diversos países. Essa facilitação no acesso a esses dados é fundamental para o estudo do Direito comparado, permitindo a pesquisadores e juristas analisarem e compararem normas e práticas jurídicas de diferentes sistemas.

A comunicação instantânea proporcionada pela Internet facilita também a comunicação e a colaboração internacional, na medida em que promove a interação entre juristas de culturas diferentes. Redes sociais, e-mails e videoconferências permitem que aplicadores do Direito, nas mais variadas funções, compartilhem conhecimentos e colaborem em pesquisas. Essa troca de informações enriquece o entendimento sobre as práticas jurídicas, e promove a harmonização das legislações, especialmente no que tange aos direitos humanos universais.

Esse aspecto de harmonização das legislações é, a cada dia, mais relevante nesse mundo complexo, plural e interconectado. Como exemplo clássico, as normas de proteção de dados, que se diversificam sobremaneira quando se observa a União Europeia, com o GDPR, e os Estados Unidos, com uma abordagem mais fragmentada. São normas que, embora pertencentes a um determinado sistema jurídico, influenciam diversos outros sistemas. Ademais, os sistemas jurídicos comparados na era digital são impactados pela rápida evolução da tecnologia e precisam buscar um equilíbrio entre a inovação e a proteção dos direitos fundamentais.

O uso das novas tecnologias de informação e comunicação, através da rede mundial de computadores, sem dúvida, tem revolucionado a forma como os sistemas jurídicos de diferentes países interagem e trocam informações. Atualmente, rapidamente se tem acesso a doutrina, jurisprudências e legislações de outros países. Essa conectividade facilita a compreensão sobre práticas legais internacionais e favorece a colaboração em casos transnacionais.

Um aspecto extremamente relevante é que a acessibilidade das informações jurídicas online contribui para uma maior transparência e responsabilidade nos sistemas jurídicos, contribuindo sobremaneira para a universalização de direitos fundamentais. Cidadãos e juristas de diferentes partes do mundo podem comparar normas e práticas, contribuindo para a evolução do Direto e para o respeito ao Estado de Direito em nível global. Para além do enriquecimento do conhecimento jurídico entre os países, essa troca entre sistemas jurídicos fortalece a comunidade jurídica internacional, que pode se unir em defesa dos valores fundamentais do Estado de Direito e da justiça.

No entanto, para que possa haver a fruição dos benefícios da era digital, minimizando os malefícios que também os acompanham, é necessário a utilização de método.

6. MÉTODO COMPARATIVO

Conforme já mencionado, o estudo do Direito comparado não é comum nas faculdades de Direito e erros são cometidos sobre o pretexto de se estar usando o método comparativo. Na prática, a metodologia comparatista vem evoluindo lentamente e tem ganho relevo mais em virtude da tentativa de sua utilização judicial do que por uma construção teórico-metodológica. Nesse aspecto, a influência das tecnologias digitais também é percebida. Discussões jurídicas e políticas internacionais, bem como o contexto globalizado da informação tem alavancado o interesse na matéria.

Tem-se pretendido uma sistematização metodológica, realizada com rigor acadêmico e com fundamento em pressupostos hermenêuticos e na transdisciplinariedade, uma vez que as ciências sociais (economia, política, sociologia) avançaram mais nos estudos comparados do que as ciências jurídicas. Ainda mais em razão da relevância dos fatores sociais, culturais e políticos para a conformação dos sistemas jurídicos.

A respeito do interesse judicial pelo Direito comparado e a necessidade de construção de um método comparativo, veja-se o que afirma Meyer:

> Questões como comportamento judicial, dinâmicas de processos constituintes, formas de aprovação emendas constitucionais ou modelos de efetivação de decisões judiciais importam, desde que adequada e cientificamente apreendidos. Pode ser que o instrumental para esse tipo de análise escape de modo imediato ao jurista; é aí que o desenvolvimento de pesquisas com acadêmicos de outras áreas importa.[4]

CONCLUSÃO

O Direito comparado é um importante instrumento para lidar com problemas jurídicos relevantes em um sistema jurídico constitucional, através do estudo das soluções apresentadas por outros ordenamentos para esses mesmos problemas ou outros similares. Para tanto, vários doutrinadores têm tentado sistematizar o método comparativo, a fim de dar cientificidade às conclusões por ele apresentadas.

Pergunta-se, neste trabalho, ante às facilidades tecnológicas na era digital, se a Internet poderia ser entendida como um instrumento do método comparativo no Direito comparado. Questionamento ao qual se responde positivamente.

Como afirma Vergottini, a função essencial e primeira da comparação é o conhecimento (VERGOTTINI, 1987, p.215), podendo se utilizar o método comparativo de outros métodos no intuito de alcançá-lo, por exemplo, estudo de casos, estatísticas, entre outros.

Neste sentido, conclui-se que em um contexto de mundo digitalizado, seus mecanismos céleres de transferência de informações e velocidade vertiginosa de comunicação, o acesso a documentos e o tratamento de dados são facilitados. A Internet proporciona se estudar diferentes sistemas jurídicos constitucionais sem a necessidade de deslocamento, constituindo economia de tempo e de recursos.

---

4 MEYER, Emilio Peluso Neder. Repensando o Direito Constitucional Comparado no Brasil. Revista de Investigações Constitucionais. Curitiba, Vol. 6, nº 2, p. 479-502, Maio/Ago. 2019

Em que pese os riscos oferecidos por esse tipo de abordagem, entende-se que o maior perigo se encontra na formação dos atores comparatistas, questão essa já presente mesmo em momento anterior à rede mundial de computadores.

Pergunta-se, ainda, qual a influência da Internet na facilitação do câmbio de informações entre sistemas jurídicos distintos. Entende-se que a Internet desempenha um papel relevante na facilitação da transferência de informações entre diferentes sistemas jurídicos, contribuindo sobremaneira para o desenvolvimento do Direito comparado.

A globalização e as novas tecnologias de informação e de comunicação, através da rede mundial de computadores, têm promovido uma interconexão sem precedentes entre diferentes culturas e sistemas jurídicos ao redor do mundo. Nesse contexto, a Internet emerge como uma ferramenta crucial, como método comparatista que facilita a troca de informações entre os sistemas jurídicos ocidentais, *Civil Law* e *Common Law*, e sistemas jurídicos orientais, Mulçumanos, Indianos e etc., contribuindo para um diálogo mais rico e diversificado.

A Internet promove o conhecimento sobre as práticas jurídicas de outras culturas, a comparação e a análise crítica entre os sistemas; possibilita a comunicação instantânea entre diferentes partes do mundo e, com isso, permite o compartilhamento de experiências, a discussão de casos e a colaboração em pesquisas. Essa interação amplia a compreensão mútua de normas e valores jurídicos e fomenta a universalização de práticas normativas, especialmente em áreas como direitos humanos e proteção ambiental.

É forçoso reconhecer, no entanto, que essa troca de informações entre os sistemas jurídicos tão diferentes possui desafios. Diferenças culturais, linguísticas e estruturais podem dificultar a compreensão mútua. E mais uma vez se menciona a importância de que aplicadores do Direito estejam capacitados e cientes dessas particularidades, possibilitando uma abordagem respeitosa e informada ao interagir com sistemas jurídicos diversos.

Entende-se que a utilização da Internet como instrumento do método comparativo, através do uso criterioso de suas ferramentas tecnológicas e da formação especializada dos profissionais programadores dos algoritmos e dos atores comparatistas, constitui um importante caminho para o avanço do Direito comparado nessa nova ordem mundial que se coloca à frente em meio à era digital.

REFERÊNCIAS BIBLIOGRÁFICAS

DAVID, René. *Os grandes sistemas do direito contemporâneo*. Coleção justiça e direito. Trad. Hermínio A. Carvalho. 4ª Ed. São Paulo: Martins Fontes, 2002.

DIXON, Rosalind. Cómo comparar constitucionalmente. *Latin American Law Review*, nº 03. P. 1-28. 2019. Doi: https://doi.org/10.29263/lar03.2019.01.

MEYER, Emilio Peluso Neder. *Repensando o Direito Constitucional Comparado no Brasil*. Revista de Investigações Constitucionais. Curitiba, Vol. 6, nº 2, p. 479-502, Maio/Ago. 2019.

VERGOTTINI, Guiseppe de. Balance y perspectivas del derecho constitucional comparado. *Revista Española de Derecho Constitucional*. Año 7. Nº. 19. P. 165-22. Enero-Abril 1987.

CAPÍTULO

15

ANÁLISE DOS PROJETOS DE LEI PARA REGULAMENTAÇÃO DA INTELIGÊNCIA ARTIFICIAL NO BRASIL E NO CHILE

Willian Tosta Pereira de Oliveira[1]

Resumo: Este trabalho tem o intuito de realizar uma análise das recentes discussões sobre a regulamentação da inteligência artificial no Brasil e no Chile, que são 2 (dois) países sul-americanos onde o tema está no debate público, tendo em vista o impacto dessas tecnologias na vida e que até o momento padecem de regulamentação, o que acarreta uma liberdade irrestrita para a operação das *big techs*, tendo em vista a ausência de legislação estatal, em ambos os países, para disciplinar a matéria. Nesse cenário, tanto a proposta brasileira quanto chilena trazem contribuições significativas para disciplinar a utilização dessas tecnologias, com o intuito de preservar a dignidade da pessoa humana, eticidade, como também estabelecer limites de atuação para essas empresas.
Palavras-chave: inteligência artificial; regulamentação; Brasil; Chile.

1 Mestrando em Direito Constitucional no IDP, Especialista em Processo Legislativo pelo Centro de Formação, Treinamento e Aperfeiçoamento da Câmara dos Deputados (CEFOR), Advogado e Assessor Técnico de Liderança Partidária na Câmara dos Deputados, e-mail: williantosta@yahoo.com.br.

1. INTRODUÇÃO

É incontestável os avanços que a inteligência artificial (IA) teve, especialmente, nos últimos anos, que acabou transformando vários aspectos das nossas vidas. Essas tecnologias que eram vistas como visionárias foram se integrando aos poucos na rotina das pessoas, e com isso houve também o crescimento da preocupação do impacto que elas podem ocasionar nas diversas áreas como a individual, a social, a econômica e até mesmo a política, tendo em vista que possuem vantagens e desvantagens.

Consoante, José María Anguiano (2023, p. 7), apesar da falta de consenso em definir o significado de inteligência artificial, propõe-se a seguinte: *"um sistema que tenha independência cognitiva e de ação, que aprenda e atue por si mesmo, sem a necessidade de intervenção humana"*.

Partindo-se desse conceito, a principal preocupação ao regulamentar essas tecnologias é proteger as pessoas naturais, que são o elo mais fraco, em comparação com as gigantes da tecnologia, que serão, por vezes, chamadas de *big techs*, neste artigo, devido a notoriedade da expressão em inglês.

A Organização para Cooperação e Desenvolvimento Econômico (OCDE), em 22 de maio de 2019, anunciou os princípios para o desenvolvimento de inteligência artificial, sendo tanto o Brasil quanto o Chile signatários, dentre os 42 (quarenta e dois) países que assinaram o documento que não tem valor legal, porém é um referencial para os países que busquem trabalhar no desenvolvimento de tecnologia[2].

É de suma importância destacar, que em ambos os países, Brasil e Chile, a falta de regulamentação propiciou a disseminação sem controle estatal dessas tecnologias, que podem ter efeitos futuros deletérios inclusive em âmbitos democráticos. As últimas eleições presidenciais e municipais brasileiras, por exemplo, tiveram que lidar com a questão da disseminação de

---

2 Disponível em: < https://www.oecd.org/en/topics/sub-issues/ai-principles.html>. Acesso em 11.dez.2024.

conteúdo falso nas redes e também com o impulsionamento de candidatos em plataformas digitais.

Sendo assim, vislumbra-se na questão uma colisão entre os direitos e liberdades fundamentais, especialmente, a liberdade de expressão, a dignidade da pessoa humana, o direito ao desenvolvimento e uma ordem econômica livre. Ademais, o uso acentuado dessas tecnologias impõe a necessidade de se regulamentar a proteção dos direitos como o de personalidade, imagem, autorais, industriais, dentre inúmeros outros.

O grande impasse na regulamentação passa sobre como resguardar os direitos da pessoa natural e ao mesmo tempo fornecer incentivos para que as *big techs* continuem o desenvolvimento e aprimoramento dessas tecnologias.

É fato que a ausência de legislação sobre a matéria criou um limbo legal para a atuação sem controle dessas empresas, todavia em qualquer Estado Democrático deve-se lutar pela adequação de qualquer área do conhecimento aos preceitos constitucionais. Logo, é fundamental ao se delinear um Projeto de Lei que visa regulamentar uma nova área, que também se estabelece a responsabilização civil dos causadores dos danos envolvendo os sistemas de inteligência artificial, pois os responsáveis pelo desenvolvimento dessas tecnologias têm o dever legal de reparar pelos danos que vieram a causar aos consumidores e terceiros de boa-fé, contudo hoje não há previsão normativa específica para tal finalidade.

No Brasil, o Senado Federal aprovou, em 10 de dezembro de 2024, o Projeto de Lei 2.338/2023, de autoria do Senador Rodrigo Pacheco[3], que agora segue para apreciação da Câmara dos Deputados. Já no Chile, o Projeto de Lei 16.821-19 foi apresentado à Câmara dos Deputados, em 07 de maio de 2024, e encontra-se atualmente em tramitação naquela Casa Legislativa[4].

Logo, a relevância deste artigo é trazer um panorama das discussões nesses países sul-americanos, que atualmente estão de-

---

3 Disponível em:< https://www12.senado.leg.br/noticias/materias/2024/12/10/senado-aprova-regulamentacao-da-inteligencia-artificial-texto-vai-a-camara>. Acesso em 11.dez.2024.

4 Disponível em: <https://institutoautor.org/chile-se-presenta-un-proyecto-de-ley-para-regular-la-inteligencia-artificial/>. Acesso em 11. dez.2024.

batendo essa questão nos seus Parlamentos, e demonstra como essas regulamentações podem trazer contribuições significativas para o tema e contribuir com o debate mundial, pois, em muitos outros países, essas discussões ainda nem começaram.

2. A PROPOSTA BRASILEIRA PARA REGULAMENTAÇÃO DA INTELIGêNCIA ARTIFICIAL

As discussões no Parlamento brasileiro começaram ainda em 2020, quando o Deputado Federal Eduardo Bismarck (PDT/CE) apresentou o Projeto de Lei 21/2020, que estabelece fundamentos, princípios e diretrizes para o desenvolvimento e aplicação da inteligência artificial no Brasil, e dá outras providências (BRASIL, 2020).

Em sua justificativa para apresentação do Projeto, o Deputado Federal Bismarck (PDT/CE) destaca a sua importância no seguinte sentido:

> *A Inteligência Artificial está transformando sociedades, setores econômicos e o mundo do trabalho, e seu avanço é inevitável. Não por outro motivo é que fóruns governamentais e não governamentais nacionais e internacionais vêm discutindo o tema, realizando estudos e tentando fazer previsões. Em apertada síntese, a IA refere-se a programas ou máquinas de computador que podem executar tarefas que normalmente exigem a inteligência humana (BRASIL, 2020).*

O Projeto de Lei 21/2020 inicialmente de tramitação conclusiva, isto é, somente no âmbito das comissões, teve sua urgência aprovada para apreciação de forma mais célere em Plenário, em 06/07/2021. Assim, o projeto foi aprovado no Plenário da Câmara dos Deputados, em 29/09/2021, na forma do substitutivo da Relatora Deputada Luisa Canziani (PTB/PR), e enviado ao Senado Federal para apreciação como casa revisora (BRASIL, 2020).

No Senado Federal, também já estavam em trâmite alguns projetos com esse mesmo tema, dentre os quais destaca-se o PL 5.051/2019, de autoria do Senador Styvenson Valentim (PODEMOS/RN), que estabelece os princípios para o uso da Inteligência Artificial no Brasil; e o PL 872/2021, do Senador Veneziano Vital do Rêgo (MDB/PB), que dispõe sobre o uso da inteligência artificial.

Dessa forma, esse 3 (três) projetos passaram a tramitar conjuntamente, tendo em vista a relevância do tema foi instituída uma Comissão de Juristas, em 17/02/2022. Essa Comissão realizou inúmeras audiências públicas, seminário internacional, ouviu especialistas, representantes da sociedade civil organizada, governo, acadêmicos, setor privado, para tentar construir um marco regulatório que contemplasse a multidisciplinariedade do tema[5].

O resultado desse extenso e profundo trabalho da Comissão de Juristas foi compilado em um relatório final e protocolado como o Projeto de Lei 2.338/2023, de autoria do Senador Rodrigo Pacheco (PSD/MG), em 03 de maio de 2023 (BRASIL, 2023).

Depois de um intenso debate naquela Casa Legislativa, o Projeto de Lei 2.338/2023 foi aprovado no Plenário, em 10 de dezembro de 2024, na forma do substitutivo, tendo com Relator Senador Eduardo Gomes (PL/TO), que contemplou dispositivos constantes no PL 21/2020, aprovado pela Câmara dos Deputados. Desse modo, o substitutivo, em seu 80 (oitenta) artigos procura estabelecer direitos, proibições e sanções para diversas condutas[6].

A definição de sistema de inteligência artificial constante no art. 4º, inciso I, do substitutivo ao PL 2.338/2023, é a seguinte:

> *sistema baseado em máquina que, com graus diferentes de autonomia e para objetivos explícitos ou implícitos, infere, a partir de um conjunto de dados ou informações que recebe, como gerar resultados, em especial, previsão, conteúdo, recomendação ou decisão que possa influenciar o ambiente virtual, físico ou real (BRASIL, 2023).*

No tocante aos direitos das pessoas e grupos que são afetados pela Inteligência Artificial, são assegurados vários direitos no art. 2º, dos quais se destacam: centralidade da pessoa humana; respeito e promoção aos direitos humanos e aos valores democráticos; privacidade, proteção de dados pessoais e autodeter-

---

5 Disponível em: <https://legis.senado.leg.br/sdleg-getter/documento?dm=9347622&ts=1734002238634&disposition=inline>. Acesso em 11.dez.2024.

6 Disponível em: < https://www12.senado.leg.br/noticias/materias/2024/12/10/senado-aprova-regulamentacao-da-inteligencia-artificial-texto-vai-a-camara>. Acesso em 11.dez.2024.

minação informativa; determinação e participação humana em sistemas de IA, não-discriminação e correção de viesses discriminatórios diretos, indiretos, ilegais ou abusivos; promoção da pesquisa e do desenvolvimento com a finalidade de estimular o desenvolvimento social e a redução de desigualdades, bem com a inovação nos setores produtivos e no poder público e as parcerias público-privadas (BRASIL, 2023).

O texto traz vários avanços para a proteção da pessoa natural, mormente, a proibição da utilização da IA para avaliar risco de cometimentos de delitos, reincidência criminal, criar um ranqueamento universal. Estabelece ainda a vedação de produção, disseminação de conteúdo de exploração sexual infantil (BRASIL, 2023).

As tecnologias de IA são categorizadas de acordo com os níveis de risco que possuem, consoante previsão no art. 12º. Assim, há uma regulamentação distinta para os de alto risco, que decorre da avaliação do impacto do sistema na vida humana e nos direitos fundamentais, como veículos autônomos, controle de trânsito, seleção acadêmica de estudantes, diagnósticos médicos, todavia os algoritmos das redes sociais não foram incluídos nessa classificação, apesar da forte pressão (BRASIL, 2023).

Também, há a vedação de desenvolvimento de tecnologias de IA que sejam definidas como "risco excessivo", como, por exemplo, sistemas de armas autônomas, sistemas que identifiquem o estado emocional das pessoas, sistemas que forneçam terapias aos usuários (BRASIL, 2023).

Em relação aos direitos autorais, prevê a remuneração aos titulares dos respectivos direitos, bem como a possibilidade do titular solicitar a remoção das bases. A utilização de imagem e voz deve respeitar o direito de personalidade, consoante disposições previstas no diploma civilista brasileiro (BRASIL, 2023).

No tocante as sanções, o substitutivo aprovado pelo Senado Federal ao PL 2.338/2023, em seu art. 50, traz avanços significativos nas penalidades a serem aplicadas as empresas que infringirem os seus dispositivos prevendo, de forma gradativa, isolada ou cumulativa, de acordo com as peculiaridades do caso em concreto, a aplicação de sanções como:

> *I - advertência;*
> *II - multa simples, limitada, no total, a R$ 50.000.000,00 (cinquenta milhões de reais) por infração, sendo, no caso de pessoa jurídica de direito privado, ou de até 2% (dois por cento) de seu faturamento bruto, de seu grupo ou conglomerado no Brasil no seu último exercício, excluídos os tributos;*
> *III - publicização da infração após devidamente apurada e confirmada a sua ocorrência;*
> *IV - proibição ou restrição para participar de regime de sandbox regulatório previsto nesta Lei, por até cinco anos;*
> *V - suspensão parcial ou total, temporária ou definitiva, do desenvolvimento, fornecimento ou operação do sistema de IA; e*
> *VI - proibição de tratamento de determinadas bases de dados (BRASIL, 2023).*

Insta destacar que para a aplicação das penalidades acima colacionadas deverá ser instaurado um processo administrativo que assegure a ampla defesa às partes, todavia durante o processo poderá ser adotada medidas preventivas, incluindo a multa cominatória, quando houver indício ou fundado receio de que o agente de IA cause dano irreparável ou de difícil reparação, ou torne ineficaz o resultado final do processo, consoante interpretação do art. 50, § 1º e § 2º, do substitutivo ao PL 2.338/2023 (BRASIL, 2023).

Em suma, o substitutivo do Senado Federal brasileiro avança em vários aspectos, conforme destacado. No próximo tópico, procura-se trazer, um panorama das recentes discussões sobre o Projeto de Lei 16.821-19, apresentado a Câmara dos Deputados chilena, em 07 de maio de 2024.

3. O PROJETO CHILENO PARA A INTELIGÊNCIA ARTIFICIAL

As discussões no Chile sobre a regulamentação da inteligência artificial ganharam escopo no ano de 2024, com a apresentação do Projeto de Lei 16.821-19, pelo Presidente da República Gabriel Boric, em que busca regulamentar a utilização da inteligência artificial, com o intuito de impulsionar o desenvolvimento, a utilização e adoção dessa tecnologia com o propósito de promover os processos de inovação, como também proteger os direitos fundamentais das pessoas[7].

O Projeto se encontra atualmente na Câmara dos Deputados, perante a Comissão de Ciência e Tecnologia, tendo sido submetido a análise prévia da Suprema Corte, que deu parecer prévio sobre a sua conformidade com a Constituição Chilena, em 21 de junho de 2024[8].

Em sua mensagem à Câmara dos Deputados, o Presidente Gabriel Boric destaca a preocupação e os esforços chilenos sobre a regulamentação da inteligência artificial. Ainda em 2019, um grupo de trabalho do Ministério de Ciência, Tecnologia, Conhecimento e Inovação (MCTCI) apresentou a proposta de se criar uma Política Nacional de Inteligência Artificial, que culminou com a publicação da Política Nacional Chilena de Inteligência Artificial, em 2021, a qual traz diretrizes estratégicas para a área, pelo próximos 10 (dez) anos (CHILE, 2024a).

Isso posto, o Presidente reitera os avanços do País na discussão do tema, inclusive pela realização de diversas audiências públicas no âmbito do Senado Federal chileno, para discutir o tema com integrantes da sociedade civil, juristas, engenheiros, desenvolvedores de base de dados e de sistemas de inteligência artificial, e as empresas conhecidas como *big techs* (CHILE, 2024a).

Ainda salienta que uma cooperação global sobre o tema é fundamental para a elaboração de uma regulamentação efetiva a ser aplicada à inteligência artificial, em que haja, portanto, tanto a convergência quanto a colaboração em âmbito mundial (CHILE, 2024a).

Analisando o Projeto de Lei 16.821-19, apresentado à Câmara dos Deputados chilena, verifica-se que segue a linha do Ato de Inteligência Artificial da União Europeia, que foi aprovado pelo Parlamento Europeu, em 13 de março de 2024, o qual criou um marco regulatório para os sistemas de inteligência artificial em

7 Disponível em: <https://www.camara.cl/legislacion/ProyectosDeLey/tramitacion.aspx?prmID=17429&amp%3bprmBOLETIN=16821-19>. Acesso em 12.dez.2024.

8 Disponível em: <https://www.camara.cl/verDoc.aspx?prmID=33572&prmTIPO=OFICIOPLEY>. Acesso em 12.dez.2024.

toda União Europeia, baseado nos níveis de riscos em relação aos direitos fundamentais[9].

O Projeto chileno possui 31 (trinta e um) artigos permanentes e 4 (quatro) transitórios. Em seu art. 4º, estão dispostos os princípios a serem aplicados aos sistemas de IA, dentre os quais se destacam: intervenção e supervisão humana; privacidade e governança dos dados; transparência e dever de informação; diversidade, não discriminação e equidade; proteção dos direitos dos consumidores.

Já em seu art. 5º, consta-se a classificação dos sistemas de IA, que foram consolidadas de acordo com o risco, em 4 (quatro) categorias (CHILE, 2024b) :

(I) risco inaceitável, que são aquelas incompatíveis com o respeito e as garantias dos direitos fundamentais;

(II) alto risco, que podem afetar negativamente a saúde e segurança das pessoas, seus direitos fundamentais, o meio ambiente, o direito dos consumidores;

(III) risco limitado, aqueles que apresentem um risco não significativo de manipulação, engano ou erro, através da sua interação com as pessoas;

(IV) sem risco evidente, todas aquelas não enquadradas nas categorias anteriores

Destaca-se que essas 4 (quatro) categorias são idênticas as apresentadas no Ato de Inteligência Artificial da União Europeia, seguindo, portanto, o mesmo padrão aprovado pelo Parlamento Europeu[10].

Ademais, o Projeto contempla ainda a criação de um Conselho de Assessoramento Técnico de Inteligência Artificial, como entidade consultiva e permanente, como também estabelece que a fiscalização e sanção dos dispositivos legais ficará a cargo da Agência de Proteção de Dados Pessoais (CHILE, 2024b).

---

9 Disponível em: < https://artificialintelligenceact.eu/es/ai-act-explorer/>. Acesso em 12. dez. 2024.

10 Disponível em: < https://artificialintelligenceact.eu/high-level-summary/>. Acesso em 12. dez. 2024.

Em relação às sanções a serem aplicadas, prevê infrações leves, graves e gravíssimas, de acordo com o tipo de sistema de IA. As infrações leves ocorrem quando há o descumprimento das obrigações de transparência para os sistemas de IA de risco limitado, podendo ser imposta multa de até 5.000 Unidades Tributárias Mensuráveis (UTM). As graves quando houver o descumprimento por parte dos sistemas de IA de alto risco, sancionado com multa de até 10.000 UTM. Já as infrações gravíssimas são aplicadas as operação de risco inaceitável, com multa até 20.000 UTM.

A Ministra do MCTCI, Aisén Ercheverry, ao falar sobre o Projeto de Lei 16.821-19 em 13 de maio de 2024, destacou a importância das classificações de risco constantes da proposta legislativa, bem como ressaltou as medidas de fomento às empresas de pequeno porte, e da importância da proposta estar em consonância com os países que o Chile exporta e importa tecnologia[11].

Diante dessas informações advindas da proposta chilena, buscar-se-á no próximo tópico fazer uma análise dessa regulamentação em contraponto com a brasileira.

4. PERSPECTIVA COMPARADA DA REGULAMENTAÇÃO

Depois da apresentação de alguns aspectos dos Projetos de Lei sobre regulamentação da inteligência artificial que se encontram em discussão no Brasil e no Chile, propõe-se, portanto, nesse tópico realizar algumas considerações, buscando entender pontos em comuns e diferentes entre os 2 (dois) países sul-americanos.

Primeiramente, Brasil e Chile têm em comum serem 2 (dois) países fora do eixo-norte e que estão juntamente com os demais na vanguarda mundial para regulamentação da utilização da tecnologia da inteligência artificial. Além disso, em ambos, o impacto dessas ferramentas perante a falta de regulação estatal é uma característica em comum, bem como a crescente preocupação com o

11 Disponível em: <https://www.biobiochile.cl/noticias/ciencia-y-tecnologia/pc-e-internet/2024/05/13/con-la-ue-como-referente-asi-es-el-proyecto-de-ley-del-gobierno-para-regular-la-ia-en-chile.shtml>. Acesso em 12.dez.2024.

impacto social, econômico e democrático advindo da concentração de poderes, em um mercado não regulado, nas mãos das *big techs*.

Outra característica compartilhada é que ambos iniciaram sua discussões internas sobre a regulamentação da inteligência artificial logo após a assinatura do compromisso perante à OCDE, em 2019.

Observa-se também, em ambos, o papel fundamental que a assunção de um compromisso internacional tem para trazer e ditar a discussão em âmbito nacional de cada País, já que as experiências e o contato com as *big techs* são vivenciadas de diversas formas pelas populações. Nota-se nos 2 (dois) Projetos de Lei, por exemplo, a menção do "esforço colaborativo internacional".

Tanto no Brasil quanto no Chile houve a realização de audiências públicas, que foram extremamente produtivas para compreender o tema, que é multifatorial. Logo, em nenhum deles houve a tentativa leviana de se impor uma legislação de forma unilateral, o que já demonstra um forte amadurecimento perante o tema, pois é impossível o Estado regulamentar uma matéria de extrema complexidade sem conhecer bem o setor a ser regulado.

Apesar das audiências realizadas, percebe-se que a Comissão de Juristas brasileira teve mais êxito em fornecer um Projeto de Lei mais concreto e com avanços em relação ao Chile, pois a proposta brasileira foi concebida a partir das experiências da própria Comissão, tanto que o texto apresentado tem pontos mais avançados que a própria proposta no Parlamento Europeu, que foi seguida pelo Chile.

Por exemplo, a proposta brasileira propõe uma avaliação preliminar para a classificação dos riscos, e não somente classifica em 4 (quatro) categorias como a chilena. Todavia, pode-se observar um alinhamento estratégico entre os principais pontos das propostas brasileira, chilena e europeia, que nos permite concluir que os diálogos internacionais coordenados nos organismos multilaterais foram efetivos para se chegar a esse resultado.

Desse modo, pode-se observar que há na classificação de riscos um padrão, que contém os mesmos exemplos de casos de utilização das ferramentas de inteligência artificial como referência. Veja-se:

Risco	Descrição	Exemplo
Inaceitável	Incompatível com os direitos e garantias fundamentais.	Deepfakes com conteúdo sexual de menores; Identificação biométrica para fins de segurança pública.
Alto	Afetam negativamente a saúde e segurança das pessoas, direitos fundamentais, meio-ambiente, direitos dos consumidores.	Usar a inteligência artificial em processos de recrutamento.
Limitado	Risco não significativo de manipulação, engano ou erro, através da interação com as pessoas.	Chat de interação de uma empresa de serviço que responda a perguntas específicas dos usuários.
Sem Risco Evidente	Todas aquelas não enquadradas nas categorias anteriores.	Subsidiários.

Fonte: Câmara dos Deputados (BRASIL, 2024a). Câmara dos Deputados Chilena (CHILE, 2024b).
Elaboração do autor.

Ademais, a responsabilidade civil de todos aqueles que causarem danos aos usuários desses serviços é prevista em ambas as legislações, com o intuito de reprimir condutas que não se amoldem a proteção dos direitos e garantias fundamentais.

CONCLUSÃO

Ante o exposto, o presente trabalho teve o intuito de demonstrar como 2 (dois) países sul-americanos estão debatendo internamente através de Projetos de Lei a regulamentação da inteligência artificial.

Em vista disso, merece destaque o fato que a discussão está ocorrendo de forma contemporânea em relação aos demais países, demonstrando, por conseguinte, a inserção de ambos no cenário global, trazendo inúmeros benefícios para o eixo-sul, tendo em visa que os problemas enfrentados por cada nação frente às *big techs* tem pontos em comuns e divergentes, que só podem ser ditos compreendidos e analisados por àqueles que os enfrentam.

Além disso, deve-se ter em mente que é uma regulamentação não estanque, ou seja, como essas tecnologias de inteligência artificial avançam em uma velocidade extrema, haver-se-á sempre a necessidade da revisão dos seus termos, com o intuito de proteger os direitos fundamentais.

Por fim, ambas as legislações, caso sejam aprovadas pelos respectivos Parlamentos, trazem avanços significativos para a transparência, proteção, cooperação e procuram também não engessar o desenvolvimento tecnológico, que é fundamental para o aprimoramento econômico e social, quando bem utilizado.

REFERÊNCIAS BIBLIOGRÁFICAS

ANGUIANO, José María. *Inteligência artificial y copyright. Del dilema de Thaler a la doctrina* – The right to read is the right to mine. Instituto de Derecho de Autor. Madrid. España. 2023. Disponível em: <https://institutoautor.org/biblioteca/inteligencia-artificial-y-copyright-del-dilema-de-thaler-a-la-doctrina/>. Acesso em 11.dez.2024

BRASIL. Câmara dos Deputados (CD). *Projeto de Lei 21/2020*. Brasília, DF: Câmara dos Deputados, 2007. Disponível em: <https://www.camara.leg.br/proposicoesWeb/fichadetramitacao?idProposicao=2236340>. Acesso em 11.dez.2024.

BRASIL. Senado Federal (SF). *Projeto de Lei 5.051/2019*. Brasília, DF: Senado Federal, 2019. Disponível em: < https://www25.senado.leg.br/web/atividade/materias/-/materia/138790>. Acesso em 11.dez.2024.

BRASIL. Senado Federal (SF). *Projeto de Lei 872/2021*. Brasília, DF: Senado Federal, 2019. Disponível em: <https://www25.senado.leg.br/web/atividade/materias/-/materia/147434>. Acesso em 11.dez.2024.

BRASIL. Senado Federal (SF). *Projeto de Lei 2.338/2023*. Brasília, DF: Senado Federal, 2019. Disponível em: <https://www25.senado.leg.br/web/atividade/materias/-/materia/157233>. Acesso em 11.dez.2024.

CHILE. Presidência da República (PR). *Mensagem Presidencial 063-372*. Santiago, CL: Presidência da República, 2024a. Disponível em: <https://www.camara.cl/verDoc.aspx?prmID=17048&prmTIPO=INICIATIVA>. Acesso em 12.dez.2024.

CHILE. Câmara dos Deputados (CD). *Projeto de Lei 16.821-19*. Santiago, CL: Câmara dos Deputados, 2024b. Disponível em:< https://www.camara.cl/legislacion/ProyectosDeLey/tramitacion.aspx?prmID=17429&amp%3bprmBOLETIN=16821-19>. Acesso em 12.dez.2024.

SEGURADO, Rosemary; LIMA, Carolina Silva Mandú; AMENI, Cauê. Regulamentação da internet: perspectiva comparada entre Brasil, Chile, Espanha, EUA e França. Regulating the internet: a comparative analysis of Brazil, Chile, Spain, the US, and France. *Revista História, Ciências, Saúde* – Manguinhos, Rio de Janeiro, v. 22, dez. 2015, p. 1.551-1.571, 2015.

CAPÍTULO

16

ERA DIGITAL: DESAFIOS EM PERSPECTIVA COMPARATIVA ENTRE A ÍNDIA E O BRASIL

Adriell Fonsêca Santos[1]

Resumo: Cuida-se de ensaio acadêmico sobre Direito comparado, cujo tema é os desafios da era digital na perspectiva comparativa, e aqui, entre Índia e Brasil. O ensaio parte do entendimento sobre a era digital e o Direito comparado, em seguida, analisa os eixos digitais principais nesta perspectiva comparativa. Constatou-se que tanto o Brasil quanto a Índia enfrentam realidades distintas, mas também apresentam similaridades significativas em seus contextos sociais, econômicos e culturais, que moldam sua experiência digital. Este ensaio examina os principais desafios enfrentados por esses dois países na era digital, destacando diferenças e convergências. Como conclusão, observou-se que o futuro da era digital nesses contextos dependerá da capacidade de cada país em equilibrar inovação, inclusão e regulação. O Direito comparado pode ser um facilitador nesse processo de compreensão do fenômeno e auxiliar os países em perspectivas comparativas.

Palavras-chave: Direito comparado; digital; Brasil; Índia.

---

1 Doutorando em Direito Constitucional pelo Instituto Brasileiro de Ensino, Desenvolvimento e Pesquisa - IDP/DF. Mestre em Direito Constitucional pelo IDP/DF. Currículo lattes: http://lattes.cnpq.br/4587467835338876. E-mail: dradriellfonseca@gmail.com.

1. INTRODUÇÃO

A era digital tem transformado profundamente as sociedades em todo o mundo, trazendo inúmeras oportunidades e desafios. Tanto o Brasil quanto a Índia enfrentam realidades distintas, mas também apresentam similaridades significativas em seus contextos sociais, econômicos e culturais, que moldam sua experiência digital. Este ensaio examina os principais desafios enfrentados por esses dois países na era digital, destacando diferenças e convergências.

É importante antes de se adentrar à comparação, analisar como o Direito se comporta na Índia. O Direito Hindu, por exemplo, não se confunde com o Direito da Índia, tal como o Direito dos Estados cuja população é muçulmana não se confunde com o Direito muçulmano.

Segundo os comparatistas, o hindu é um estilo de vida e não um mera dogma ou concepção de mundo. Certos dogmas ensinam aos homens como estes se devem conduzir para serem justos: é a ciência do dharma (DAVID, 2014).

Outros ensinam aos homens a maneira de enriquecer e ao príncipe a arte de governar: é o artha, ciência do útil e da política' (SACCO, 2001). Outros, finalmente, desenvolvem uma ciência do prazer: é o kama. Cada dogma ou sastras conduzem a vida do ser humano ao seu ideal de propósito.

Interessante destacar, nesta perspectiva, que o brâmane esforçar-se-á por conduzir a sua vida tanto quanto possível segundo o dharma; os dirigentes e os comerciantes procurarão, antes de tudo, o útil, considerando o artha; as mulheres, que não têm destino próprio após a morte, colocarão em primeiro plano o kama.

Portanto, cada grupo, com seu respectivo sastra e dogmas vivem em suas sociedades respeitando as leis e normas do hindu.

Outra situação complexa é situação de pessoas que não conseguem atingir uma posição social de destaque ou que moram em zona rural, de difícil acesso, e por isso, são afastadas da grande massa das grandes cidades e grupos sociais. Eles são chamados de mofussil (DAVID, 2014). A situação no mofussil é, por conseqüência, a seguinte: por um lado, o Direito muçulmano e o Direito hindu, limitados a certos domínios específicos, não têm o mesmo alcance de aplicação que nas Presidências; por outro, o Direito que deve, além deles, ser aplicado não é, como nas Presidências, o Direito inglês: os tribunais devem encontrar a regra de Direito aplicável, procurando a solução mais conforme aos princípios da justiça, da equidade e da consciência.

Diante disso, passa-se a análise dos principais tópicos na tecnologia que fomentam o Direito comparado na era digital por meio dos eixos digitais.

2. EIXOS DIGITAIS PRINCIPAIS NA PERSPECTIVA COMPARATIVA ENTRE BRASIL E ÍNDIA

Estudar os fenômenos digitais e analisa-los na perspectiva do Direito comparado não é uma tarefa simples, mas complexa. Contudo, para uma possível visualização da comparação entre Brasil e Índia, destaca-se cinco eixos digitais: infraestrutura tecnológica, educação e capacitação digital, inclusão digital, segurança e privacidade, inovação e empreendedorismo. Os quais se verão a seguir.

2.1. Infraestrutura tecnológica

A infraestrutura é o alicerce da digitalização. A Índia tem feito progressos impressionantes em conectividade digital, especialmente com iniciativas como o programa "Digital Índia", que busca democratizar o acesso à internet. Com uma população de mais de 1,4 bilhão, o país conseguiu conectar regiões remotas e comunidades de baixa renda através de tarifas acessíveis de dados móveis. Por outro lado, o Brasil também investe em infraestrutura, mas ainda enfrenta desafios significativos na inclusão digital em regiões periféricas, como a Amazônia e o Nordeste, onde o acesso à internet é limitado e caro.

2.2. Educação e capacitação digital

A alfabetização digital é essencial para aproveitar plenamente os benefícios da tecnologia. A Índia tem priorizado programas de capacitação, muitas vezes liderados pelo setor privado, para preparar sua força de trabalho para um mercado globalizado. O Brasil, por sua vez, enfrenta desigualdades profundas no acesso à educação básica e técnica, o que limita a inserção de uma parcela significativa da população na economia digital. Ambos os países necessitam de políticas mais robustas que integrem educação e tecnologia desde a base escolar.

2.3. Inclusão digital

A desigualdade social é um desafio comum que impacta diretamente a inclusão digital. No Brasil, cerca de 28% dos domicílios ainda não possuem acesso à internet, de acordo com dados recentes. A Índia, apesar de avanços significativos, também enfrenta desigualdades acentuadas entre áreas urbanas e rurais. No entanto, iniciativas como o Aadhaar, um sistema de identificação digital que facilita o acesso a serviços públicos e financeiros, têm demonstrado ser um modelo inovador para inclusão social.

2.4. Segurança e privacidade

Com a crescente digitalização, surgem preocupações sobre a segurança cibernética e a privacidade dos dados. O Brasil promulgou a Lei Geral de Proteção de Dados (LGPD) em 2020, um marco regulatório importante para proteger os dados pessoais dos cidadãos. A Índia está em processo de finalização de uma legislação semelhante, o Digital Personal Data Protection Bill. No entanto, ambos os países enfrentam desafios na implementação efetiva dessas leis, devido a infraestruturas tecnológicas inadequadas e falta de conscientização pública.

2.5. Inovação e empreendedorismo

A Índia é reconhecida como um dos principais hubs de startups do mundo, com um ecossistema vibrante que atrai investidores globais. Programas como o "Startup India" têm incentivado o empreendedorismo e a inovação em áreas como fintech, saúde e educação. O Brasil também tem mostrado avanços nesse campo, mas enfrenta dificuldades relacionadas à burocracia e ao acesso limitado a capital de risco, o que restringe o crescimento de startups locais.

CONCLUSÃO

Embora a Índia e o Brasil compartilhem desafios semelhantes na era digital, como desigualdade social e falta de infraestrutura em algumas regiões, as estratégias adotadas para enfrentá-los variam significativamente.

A Índia se destaca por iniciativas centradas em inclusão digital e inovação, enquanto o Brasil precisa abordar questões estruturais para expandir o acesso e a capacitação digital. Ambos os países têm muito a aprender um com o outro, com potencial para criar soluções adaptadas às suas realidades únicas.

O futuro da era digital nesses contextos dependerá da capacidade de cada país em equilibrar inovação, inclusão e regulação. O Direito comparado facilita o processo de compreensão do fenômeno, mas deve ser aplicado de forma correta para uma melhor exposição dos resultados e dados dos métodos de comparação. E, tangente ao Brasil e Índia, nota-se, portanto, que a comparação aproxima os países e suas semelhanças.

REFERÊNCIAS BIBLIOGRÁFICAS

DAVID, René. *Os Grandes Sistemas do Direito Contemporâneo*. São Paulo: Martins Fontes, 2014.

DIXON, Rosalind. *Cómo comparar constitucionalmente*. Latin American Law Review, nº 3, p. 1-28, 2019.

HIRSCHL, Ran. *O novo constitucionalismo e a judicialização da política pura no mundo*. Revista de Direito Administrativo, vol. 251, p. 139-178, 2009. Traduzido por Diego Werneck Arguelhes e Pedro Jimenez Cantisano.

LEGRAND, Pierre. *Como ler o direito estrangeiro*. São Paulo: Contracorrente, 2018.

PEGORARO, Lucio; RINELLA, Angelo. *Sistemas constitucionais comparados*. Tradução: Manuellita Hermes. Cidade Autónoma de Buenos Aires: Astrea; Torino: G. Giappichelli Editore; vol. 1, São Paulo: Editora Contracorrente, 2021. Cap 1.

SACCO, Rodolfo. *Introdução ao Direito Comparado*. São Paulo: Revista dos Tribunais, 2001.

MARIO G. Losano. *Os Grandes sistemas jurídicos*. São Paulo: Martins Fontes, 2007.

CAPÍTULO

17

A TRIBUTAÇÃO DE CRIPTOATIVOS: UMA VISÃO COMPARATIVA ENTRE BRASIL E PORTUGAL

Caio Salim Soares Chady[1]
Ely Talyuli Júnior[2]

Resumo: O capítulo analisa comparativamente a tributação de criptoativos no Brasil e em Portugal, destacando suas convergências, diferenças e impactos regulatórios. A pesquisa investiga a definição jurídica dos criptoativos, os momentos de incidência tributária e os mecanismos de fiscalização aplicados em ambos os países. No Brasil, os criptoativos são classificados como bens ou direitos, exigindo declaração no Imposto de Renda, mas sem uma regulamentação consolidada, o que gera insegurança jurídica. Já em Portugal, a partir de 2023, foi introduzido um regime tributário mais estruturado, alinhado ao Regulamento MiCA da União Europeia, diferenciando as categorias de rendimentos e estabelecendo diretrizes claras para tributação. A análise conclui que, embora ambos os países avancem na regulamentação, desafios como a descentralização dos criptoativos e a evasão fiscal exigem maior integração internacional e aprimoramento regulatório.
Palavras-chave: Direito Constitucional; Direito comparado; tributação; criptoativos.

---

1 Doutorando e Mestre em Direito Constitucional pelo IDP, Procurador da Fazenda Nacional.
2 Doutorando em Direito Constitucional pelo IDP. Advogado.

1. INTRODUÇÃO

Este capítulo tem como objetivo realizar uma análise comparativa entre as abordagens de tributação de criptoativos adotadas por Brasil e Portugal, explorando suas convergências, divergências e implicações. Mais do que uma descrição normativa, o estudo busca avaliar a eficácia e os impactos desses regimes tributários na promoção da justiça fiscal, na segurança jurídica e no estímulo à inovação financeira. Para tanto, a pesquisa jurídica adota uma abordagem qualitativa multidisciplinar, examinando os aspectos técnicos, jurídicos e econômicos dos criptoativos, bem como a forma como cada país tem lidado com questões críticas, como a definição da natureza jurídica dos criptoativos, o momento de incidência tributária e os mecanismos de fiscalização aplicáveis. A relevância deste estudo não se limita à análise teórica das legislações em questão, mas também à sua contribuição para o desenvolvimento de políticas tributárias mais adequadas a uma economia digital globalizada. Dado o papel crescente dos criptoativos no mercado financeiro global e a posição de destaque que o Brasil e Portugal ocupam no debate sobre inovação regulatória, a comparação entre seus regimes fiscais pode oferecer *insights* valiosos para outras jurisdições que buscam equilibrar a arrecadação tributária, a promoção da competitividade econômica e a adaptação às inovações tecnológicas.

A revolução tecnológica, impulsionada pela criação e disseminação dos criptoativos como o Bitcoin e o Ethereum, representa um marco no sistema financeiro contemporâneo, introduzindo novos paradigmas de autonomia, descentralização e inovação nas transações econômicas. Estes ativos digitais, amparados pela tecnologia blockchain, têm atraído crescente atenção de governos, investidores e juristas, sobretudo pela complexidade regulatória e tributária que apresentam. A ausência de uma autoridade central reguladora, aliada à volatilidade intrínseca e ao caráter transnacional das transações com criptoativos, desafia os sistemas tributários tradicionais, que historicamente operam sob a lógica de soberanias territoriais bem definidas e meios financeiros centralizados.

A tributação de criptoativos emerge como um dos temas mais complexos e relevantes no cenário jurídico-tributário contemporâneo. Brasil e Portugal, a despeito de inseridos em realidades econômicas, jurídicas e culturais distintas, compartilham o desafio de adaptar seus sistemas fiscais para abarcar as peculiaridades desse mercado em crescimento.

No Brasil, a Receita Federal denominava os criptoativos como moedas virtuais, equiparando-os a ativos financeiros e considerando que as operações com criptomoedas ficam sujeitas à apuração do ganho de capital, na forma da legislação vigente. Atualmente a autoridade fiscal os classifica como bens ou direitos para fins tributários, exigindo sua declaração no Imposto de Renda, mas carece de uma regulamentação consolidada que ofereça segurança jurídica plena ao cidadão.

Em Portugal se observa a implementação de um novo regime fiscal que, a partir de 2023, passou a abordar de maneira mais sistemática a tributação de rendimentos oriundos de criptoativos, alinhando-se às diretrizes do Regulamento MiCA da União Europeia, o que reflete um esforço normativo muito mais estruturado.

Por conseguinte, ao investigar as soluções adotadas por esses países e potenciais lacunas, espera-se não apenas compreender como as especificidades dos criptoativos impactam a estrutura tributária, mas também contribuir para a formulação de estratégias regulatórias que promovam maior transparência, eficiência e equidade no tratamento tributário desses ativos inovadores.

2. CONCEITOS FUNDAMENTAIS: BLOCKHAIN E CRIPTOGRAFIA

A criptografia pode ser conceituada como um processo de codificação e decodificação de informações utilizada para realizar a proteção da integridade, confidencialidade e autenticidade do conteúdo informacional veiculado durante sua transmissão e armazenamento[3]. Esse procedimento é utilizado para promover a segurança e in-

3 STALLINGS, William. Cryptography and network security: principles and practice. Pearson, 2017.

tegridade da informação, tendo como objetivo primordial que apenas os devidos destinatários tenham acesso aos dados, de modo a impedir que terceiros tomem conhecimento do conteúdo veiculado.

Nesse sentido pode-se inferir que criptografia é um método de codificação de informações utilizado para assegurar a integridade e confiabilidade. A origem dessa técnica é secular, tendo registros de seu uso desde a antiguidade[4]. O envio de mensagem por meio de cartas, para proteger o sigilo e conteúdo do documento, utilizava método de repetição de palavras em alfabeto que somente os interlocutores detinham o conhecimento para compreendê-la possuem comprovação histórica milenar[5].

Apesar de a criptografia existir desde a antiguidade, o seu uso se perpetuou adotando diferentes feições ao longo da história. No contexto das guerras modernas, a criptografia se mostrou uma **técnica imprescindível** ao sucesso das empreitadas militares. A utilização da comunicação codificada se tornou fundamental para o sucesso bélico-militar. Desse modo, a linguagem por códigos (tal qual o código binário) e por sons (como o código morse) foi largamente adotada para evitar o acesso de inimigos às mensagens sigilosas[6].

Em todas as fases da história a criptografia se mostra um instrumento voltado à proteção de informações. Até o fim da década de 40, a sua principal função se apresentava no campo bélico-militar.[7] O avanço tecnológico permitiu que a criptografia fosse aplicada sem a necessidade de intervenção humana e de modo que a informação não pudesse ser extraída pelo homem médio sem o auxílio de máquinas[8]. A atual complexidade dos sistemas de criptografia permite que a informação seja veiculada com um altíssimo grau de confiabilidade.

---

4 ARAÚJO, Vitor Eduardo Lacerda de; FERREIRA, Mariana Suzart Paschoas. Regulação das criptomoedas pelo sistema jurídico brasileiro: estudo de Direito comparado. In: Revista de Direito e as Novas Tecnologias.

5 ABREU, Jacqueline de Souza. Passado, presente e futuro da criptografia forte: desenvolvimento tecnológico e regulação. Revista Brasileira de Políticas Públicas. Brasília, v. 7, nº 3, 2017.

6 Idem.

7 Ibidem.

8 ABREU, Jacqueline de Souza. Passado, presente e futuro da criptografia forte: desenvolvimento tecnológico e regulação. Revista Brasileira de Políticas Públicas, Brasília, v. 7, nº 3, 2017.

No âmbito privado, notadamente com a revolução digital ocorrida no Século XX, a criptografia se tornou base para novas tecnologias, tal qual a do Blockchain[9]. Essa nova técnica consiste em um banco de dados interativo altamente confiável cuja segurança é derivada da criptografia adotada[10]. A tecnologia da Blockchain consiste em uma DLT[11], pública ou privada, que permite o registro de dados de forma certificada e digitalmente criptografada, de modo que sua adulteração se torna impossível[12]. Essa tecnologia se apresenta como um verdadeiro banco de dados que permite o registro de informações e valores sem a presença de uma autoridade central que realiza o intermédio das transações[13]. Seu funcionamento consiste em uma comunicação descentralizada de dados feitas por um sistema de múltiplos aparelhos de computação, no qual os blocos de informação são ligados uns aos outros por uma cadeia protegida por algoritmos criptografados[14].

A utilização das Blockchains assegura o anonimato daqueles que realizaram a transação e a segurança da informação decorre do registro simultâneo em múltiplos computadores da ocorrência da comunicação. Em suma, essa tecnologia se apresenta como um verdadeiro livro de registros inalterável e criptografado, no qual consta todo o histórico das transações antecedentes que são reforçadas pelas realizadas em momento posterior[15].

---

9 DENNY, Danielle Mendes Thame; PAULO, Roberto Ferreira; CASTRO, Douglas de. Blockchain e agenda 2030. Revista Brasileira de Políticas Públicas, Brasília, v. 7, nº 3, 2017.

10 Idem.

11 As DLTSs (Distributed Ledgers Techonologies) são uma forma de registro de dados replicados, compartilhados e sincronizados, de maneira descentralizada e em diferentes máquinas localizadas em diversos pontos do globo (IOSCO, 2020). Essa tecnologia é utilizada para a implementação de registros e permite que a higidez da informação seja atestada por uma multiplicidade de agentes, sem a necessidade de uma autoridade central.

12 DE MICHELI, Leonardo Miessa. Blockchain, criptoativos e os títulos circulatórios do direito comercial. São Paulo, 2020.

13 CAMARA, Maria Amalia Arruda; CRUZ, Lucas Luiz Bezerra da. O papel das criptomoedas na garantia da liberdade. Revista Científica Disruptiva.

14 Idem.

15 MOURA, L. M. F. de; BRAUNER, F. D; JANISSEK-MUNIZ, R. Blockchain and a technological perspective for public administration: a systematic review. RAC - Revista de Administração Contemporânea,

Essa tecnologia foi adotada por grande parte das criptomoedas para evitar o gasto duplo, de modo que por meio dela se torna impossível utilizar a mesma moeda mais de uma vez. Tal recurso tecnológico permitiu que as transações fossem feitas de forma segura e sem ter que pautar-se em uma autoridade central, ou na honestidade dos usuários.

Como se sabe, as criptomoedas não se confundem com moedas eletrônicas. Enquanto essas são representações digitais de recursos em moeda nacional armazenadas em sistemas eletrônicos com o intuito de facilitar transações financeiras – de modo a somente ser uma forma escritural da moeda nacional –, aqueloutras se apresentam de forma distinta, porquanto são moedas virtuais caracterizadas como um meio de pagamento, uma ferramenta virtual de expressão de riqueza, a qual não se submete a uma autoridade central.

A primeira criptomoeda surgiu em 2009, sendo idealizada em artigo publicado em fórum virtual pelo Satoshi Nakamoto, o qual pretendia desafiar o modelo de emissão de moedas por intermédio da presença estatal propondo a criação de uma moeda virtual segura que permitisse a realização das transações de maneira descentralizada por meio da utilização da tecnologia da Blockchains[16]. A publicação de Nakamoto foi procedida após a crise econômica de 2008, em um cenário de grande desconfiança em relação às instituições financeiras e aos entes governamentais. O trabalho foi proposto em um contexto de críticas à centralização do poder monetário cuja alternativa foi a criação do Bitcoin.

Devido a ausência de produção estatal, muito se debate a respeito da natureza jurídica dos criptoativos, sobre qual seria o tratamento jurídico feito em relação a esses ativos e, sobretudo, como se daria a tributação deles.

As experiências internacionais classificam as criptomoedas de maneira heterogênea. Enquanto a Alemanha confere a estes ativos a natureza jurídica de moeda, os Estados Unidos a tratam como propriedade, não qualificando como moeda estrangeira[17].

---

16 NAKAMOTO, Satoshi. Bitcoin open source implementation of P2P currency. P2P Foundation (Feb. 11, 2009).

17 MEIRA, Liziane Angelotti, DALL'ORA, Fillipe Soares, SANTANA, Hadassah Lais S. Tributação 4.0. Tributação de novas tecnologias: o caso das criptomoedas. São Paulo, 2020.

No contexto brasileiro ainda não há tratamento legal sobre o tema, de tal modo que a regulamentação da matéria está prevista em normas infralegais que não caracteriza, expressamente, a natureza jurídica adotada.

Em termos de normas infralegais, tanto o Parecer de Orientação CVM 40/2022 quanto a Instrução Normativa da TFB 1.888/19 conceituam criptoativos como uma representação digital de valor armazenada e transacionada por tecnologias de DLT.

Em Portugal, a definição jurídica de criptoativos em Portugal foi consolidada no âmbito do regime fiscal introduzido pela Lei do Orçamento do Estado para 2023. Essa legislação, em consonância com o Regulamento MiCA (Markets in Crypto-Assets) da União Europeia, caracteriza criptoativos como representações digitais de valor ou direitos que podem ser transferidos ou armazenados eletronicamente por meio de tecnologia de registro distribuído ou outras tecnologias similares. Dessa forma, as criptomoedas em Portugal não são reconhecidas como moeda de curso legal. Elas são vistas como ativos digitais, e o seu enquadramento jurídico depende de sua funcionalidade específica.

Por exemplo, criptoativos que tenham características de valores mobiliários podem ser regulados como instrumentos financeiros pela Comissão do Mercado de Valores Mobiliários (CMVM), enquanto tokens de utilidade ou stablecoins são tratados de forma distinta, de acordo com suas finalidades econômicas e tecnológicas[18].

Meira aponta que é prematura a classificação infralegal feita no Brasil, na medida em que não houve a classificação efetiva dos criptoativos como bem ou como moeda, fato esse que causa grandes impactos para fins tributários[19].

Daniel Paiva de Gomes pontua que criptomoedas são ativos não monetários, não equiparáveis às moedas fiduciárias e aos ativos financeiros, identificáveis e desprovidos de substância fí-

---

18 COELHO, Diogo Pereira. Tributação de criptoativos em sede de IRS: o novo regime proposto para 2023.

19 MEIRA, Liziane Angelotti, DALL'ORA, Fillipe Soares, SANTANA, Hadassah Lais S. Tributação 4.0. Tributação de novas tecnologias: o caso das criptomoedas. São Paulo, 2020.

sica[20]. Segundo o referido professor, deveriam ser reconhecidos como ativos inatingíveis, do mesmo modo que a OCDE caminha a reconhecer e classificar as criptomoedas[21].

Apesar de não haver consenso em relação à natureza jurídica das criptomoedas, tanto a regulamentação existente no Brasil quanto a regulamentação adotada em outros países[22] não reconhecem os criptoativos como moeda soberana de curso legal. Na realidade, a divergência existente consiste quanto ao tratamento como moeda estrangeira ou como bem.

3. A TRIBUTAÇÃO DE CRIPTOATIVOS NO BRASIL

A crescente popularidade dos criptoativos no Brasil trouxe desafios significativos para o sistema tributário, especialmente no que diz respeito à sua regulamentação e à definição de eventos tributáveis. Criptoativos representam ativos digitais baseados em tecnologias descentralizadas, como o Blockchain, que permitem transações sem intermediários tradicionais. No Brasil, apesar do avanço no reconhecimento fiscal desses ativos, ainda há lacunas normativas que geram insegurança jurídica para investidores e operadores do mercado[23].

A Receita Federal do Brasil (RFB), por meio da Instrução Normativa RFB 1.888/2019, enquadra os criptoativos como "representação digital de valor" que pode ser armazenada e transferida eletronicamente. Apesar de não serem reconhecidos como moedas de curso legal nem como valores mobiliários, esses ativos são tratados como bens ou direitos para fins de tributação e declaração no Imposto de Renda. Essa classificação implica que os criptoativos devem ser informados na ficha "Bens e Direitos"

---

20 GOMES, Daniel de Paiva. Bitcoin: a tributação de criptomoedas: da taxonomia camaleônica à tributação de criptoativos sem emissor identificado. 2 ed., rev., atual. e ampl. São Paulo: Thomson Reuters Brasil, 2022.

21 Idem.

22 Com exceção de El Salvador e República Centro-Africana que reconheceram o Bitcoin como moeda oficial de curso do país.

23 GOMES, Daniel de Paiva. Bitcoin: a tributação de criptomoedas. São Paulo: Thomson Reuters Brasil, 2022.

da Declaração de Ajuste Anual, indicando-se sua quantidade, valor de aquisição e local de armazenamento.

No que diz respeito ao ganho de capital, a legislação brasileira estabelece que toda transação envolvendo criptoativos que resulte em ganhos financeiros está sujeita à tributação progressiva, com alíquotas que variam de 15% a 22,5%, dependendo do montante do ganho apurado[24]. O ganho de capital é calculado pela diferença entre o valor de aquisição e o valor de alienação do ativo, ambos convertidos para reais à taxa de câmbio da data da operação. Essa abordagem, embora prática, desconsidera a volatilidade e a complexidade das operações com criptoativos, que frequentemente envolvem permutas e transações indiretas.

Uma característica peculiar do sistema tributário brasileiro é a isenção para vendas de criptoativos cujo valor total em um mês não ultrapasse R$ 35.000,00, conforme previsto no art. 22 da Lei 9.250/1995. Essa regra tem como objetivo simplificar o cumprimento das obrigações fiscais por parte de pequenos investidores e aqueles que realizam transações esporádicas[25]. Ainda assim, mesmo operações isentas devem ser registradas na declaração de bens, o que reforça a necessidade de transparência.

A Instrução Normativa RFB 1.888/2019 impõe, ademais, a obrigatoriedade de declaração detalhada para operações com criptoativos que superem R$ 30.000,00 em um único mês. Essa obrigação abrange tanto pessoas físicas quanto jurídicas e inclui a exigência de que *exchanges* domiciliadas no Brasil forneçam relatórios periódicos sobre as transações realizadas em suas plataformas. Contudo, a descentralização e a possibilidade de armazenamento em carteiras digitais privadas dificultam a fiscalização das operações realizadas fora das *exchanges* regulamentadas, limitando a eficácia da norma[26].

---

24 MEIRA, Liziane Angelotti; DALL'ORA, Fillipe Soares; SANTANA, Hadassah Lais S. 2020. Tributação 4.0. Tributação de novas tecnologias: o caso das criptomoedas. São Paulo.

25 GOMES, Daniel de Paiva. 2022. Bitcoin: a tributação de criptomoedas. São Paulo: Thomson Reuters Brasil.

26 ARAÚJO, Vitor Eduardo Lacerda de; FERREIRA, Mariana Suzart Paschoas. 2020. Regulação das criptomoedas pelo sistema jurídico brasileiro: estudo de Direito comparado.

Os desafios regulatórios enfrentados pelo Brasil são exacerbados pela ausência de um marco normativo abrangente que contemple as especificidades dos criptoativos. Transações complexas, como *staking*, mineração, airdrops e *hard forks*, ainda não possuem diretrizes claras sobre a incidência tributária. Essa lacuna resulta em um ambiente de insegurança jurídica, dificultando o cumprimento das obrigações fiscais por parte dos contribuintes.

Nesse passo, eventos econômicos específicos, como a valorização ou desvalorização significativa de criptoativos em períodos curtos, geram dúvidas quanto ao momento de incidência tributária. Considera-se, atualmente, que o fato gerador ocorre no momento da alienação do ativo, mas interpretações alternativas, como a tributação em eventos intermediários, poderiam trazer maior alinhamento com os princípios de capacidade contributiva.

A complexidade desse mercado também se reflete na fiscalização. A Receita Federal baseia-se, em grande parte, na autodeclaração dos contribuintes e nas informações fornecidas pelas *exchanges*. No entanto, ativos mantidos em plataformas internacionais ou carteiras privadas muitas vezes escapam ao controle, destacando a necessidade de maior cooperação internacional e a utilização de tecnologias avançadas de rastreamento.

Apesar das dificuldades, o Brasil tem demonstrado esforços para se adaptar às inovações trazidas pelos criptoativos. A introdução de diretrizes específicas, como a obrigatoriedade de declaração mensal e a criação de penalidades para omissões, representa um avanço em direção à inclusão dessas tecnologias no sistema tributário formal. Todavia, especialistas apontam que um marco regulatório mais robusto é primordial para promover segurança jurídica, justiça fiscal e estimular o desenvolvimento do mercado de criptoativos no país[27].

A tributação de criptoativos no Brasil ainda é um campo em evolução, marcado por desafios operacionais e normativos. Embora os esforços regulatórios tenham permitido a inclusão

---

27 MEIRA, Liziane Angelotti; DALL'ORA, Fillipe Soares; SANTANA, Hadassah Lais S. Tributação 4.0. Tributação de novas tecnologias: o caso das criptomoedas. São Paulo. 2020.

inicial desses ativos no sistema tributário, sua eficácia depende de uma adaptação mais abrangente que equilibre a arrecadação fiscal com a promoção de um ambiente favorável à inovação. A experiência brasileira destaca a necessidade de diálogo contínuo entre reguladores, operadores de mercado e investidores para enfrentar as complexidades desse novo paradigma financeiro.

4. A TRIBUTAÇÃO DE CRIPTOATIVOS EM PORTUGAL

A crescente digitalização da economia e o advento dos criptoativos, liderados por tecnologias inovadoras como o Blockchain, têm desafiado os sistemas tributários em todo o mundo. A expansão desse mercado demandou respostas regulatórias que equilibrassem inovação, segurança jurídica e justiça fiscal em Portugal. A introdução de um regime específico para a tributação de criptoativos no Orçamento de Estado em 2023 marcou um significativo avanço nesse cenário, evidenciando o esforço do legislador português em adaptar-se à nova realidade econômica e tecnológica.

Os criptoativos são definidos no ordenamento jurídico português como representações digitais de valor ou direitos que podem ser transferidas ou armazenadas eletronicamente, utilizando tecnologias de registo distribuído, como o Blockchain. Essa definição ampla, alinhada ao Regulamento MiCA da União Europeia, abrange não apenas criptomoedas tradicionais, como o Bitcoin e o Ethereum, mas também Tokens Não Fungíveis (NFTs) e Stablecoins. A inclusão de uma ampla gama de ativos digitais reflete a intenção do legislador em abarcar todas as manifestações possíveis desse tipo de inovação financeira, garantindo uma base tributária uniforme e clara [28].

O novo regime tributário em Portugal estabelece que os ganhos derivados de criptoativos podem ser classificados em di-

28 SANTOS, Bruna. A tributação dos criptoativos em Portugal: entre a regulação e a atratividade – uma análise crítica ao regime fiscal português. Lisboa: Universidade Católica Portuguesa, 2023.

ferentes categorias, dependendo da sua origem e natureza. Para fins de Imposto sobre o Rendimento das Pessoas Singulares (IRS), os rendimentos associados a atividades habituais e orientadas para a obtenção de lucro, como a mineração de criptoativos e a validação de transações por *Staking On-Chain*, são enquadrados na categoria "B", como rendimentos empresariais ou profissionais. Essa classificação é justificada pela habitualidade e pela estrutura necessária para a realização dessas operações, como equipamentos e conhecimentos técnicos especializados.

Por outro lado, os rendimentos passivos, como aqueles provenientes de *Staking Off-Chain*, *Airdrops* ou simples valorização patrimonial, são tributados como incrementos patrimoniais na categoria "G" ou, em alguns casos, como rendimentos de capitais na categoria "E". Essa diferenciação é fundamental para assegurar que o regime fiscal esteja alinhado ao princípio da capacidade contributiva, tributando de forma proporcional à natureza e ao volume das operações realizadas pelos contribuintes[29].

Um aspecto central e ainda em debate na tributação dos criptoativos em Portugal é o momento da ocorrência do fato gerador do tributo. A legislação vigente considera como marco relevante a conversão de criptoativos em moeda fiduciária ou stablecoins, o que reflete um aumento patrimonial efetivo. Tal abordagem está alinhada ao princípio da proporcionalidade, evitando que oscilações de mercado ou retenções temporárias em plataformas resultem em incidências tributárias prematuras. Porém, a ausência de registros oficiais em algumas plataformas e a elevada volatilidade dos criptoativos continuam a representar desafios à aplicação prática deste princípio[30].

Além do IRS, os criptoativos podem estar sujeitos ao Imposto sobre o Valor Acrescentado (IVA) e ao Imposto do Selo, dependendo da natureza da transação. No caso do IVA, as transações que envolvam criptoativos utilizados como meio de pagamento têm sido

---

29 MACHADO, Tânia Elisabete Silva. Tributação de criptoativos – análise comparativa. Dissertação (Mestrado em Finanças e Fiscalidade) – Universidade de Trás-os-Montes e Alto Douro, 2023.

30 COELHO, Diogo Pereira. Tributação de criptoativos em sede de IRS: o novo regime proposto para 2023.

isentas, em conformidade com precedentes do Tribunal de Justiça da União Europeia. Já no âmbito do Imposto do Selo, operações como heranças e doações de criptoativos podem gerar obrigações fiscais, reforçando a abrangência tributária sobre esses ativos.

A aprovação do Regulamento MiCA pela União Europeia trouxe maior clareza e uniformidade ao tratamento dos criptoativos, estabelecendo padrões mínimos de regulação e supervisão. Portugal, como Estado-Membro, incorporou essas diretrizes em sua legislação nacional, especialmente no que diz respeito à prevenção de crimes financeiros, como lavagem de dinheiro e evasão fiscal. Adicionalmente, iniciativas internacionais como o quadro de relatórios sobre criptoativos da OCDE (*Crypto-Asset Reporting Framework*) destacam a importância de uma abordagem global para mitigar as lacunas fiscais e promover a transparência nas transações realizadas com criptoativos[31].

Apesar dos avanços regulatórios, a tributação de criptoativos em Portugal enfrenta desafios significativos. A descentralização e o anonimato inerentes a esses ativos dificultam a fiscalização e o cumprimento das obrigações fiscais, exigindo uma cooperação mais estreita entre jurisdições e a adoção de tecnologias avançadas para rastrear transações. Além disso, a complexidade técnica do mercado de criptoativos demanda maior investimento em educação fiscal e em suporte aos contribuintes, de modo a facilitar a conformidade com as novas regras.

Desse modo, a introdução de um regime tributário específico para os criptoativos em Portugal representa um marco na evolução do sistema fiscal daquele país. A medida demonstra a intenção de alinhar a tributação à realidade tecnológica e econômica contemporânea, ao mesmo tempo em que busca proteger a base tributária e garantir a justiça fiscal. Entretanto, a constante inovação no setor e os desafios de implementação exigem uma abordagem flexível e adaptativa, que combine a supervisão eficaz com incentivos à inovação, promovendo assim um ambiente seguro e atrativo para investidores e empreendedores no mercado de criptoativos.

---

31 MACHADO, Tânia Elisabete Silva. Tributação de criptoativos – análise comparativa. Dissertação (Mestrado em Finanças e Fiscalidade) – Universidade de Trás-os-Montes e Alto Douro, 2023.

CONCLUSÃO

O impacto das tecnologias na forma de relacionamento de uma comunidade sempre foi uma constante. O avanço digital reflete em diversas áreas da vida, incluindo o setor financeiro e monetário. A criação de criptomoedas com base em blockchain permitiu novos moldes as transações financeiras.

Em verdade, a utilização de moedas virtuais modificou a forma de tratamento do dinheiro e das trocas de riqueza, de modo que estas deixaram de depender de autoridades centralizadas. A definição da natureza das criptomoedas acarreta efeitos práticos de grandes proporções, principalmente no âmbito tributário.

E, apesar de ser uma tecnologia inovadora com potencial de trazer inúmeros benefícios à sociedade, ainda há importantes barreiras a serem ultrapassadas, especialmente no âmbito legal e regulatório, onde subsistem enormes incertezas quanto à ação dos governos diante do crescimento dos criptoativos.[32]

A análise comparativa entre os regimes tributários brasileiro e português no tratamento de criptoativos evidencia tanto as semelhanças quanto as especificidades de cada país no enfrentamento dos desafios impostos por essas novas tecnologias financeiras.

Ambos os regimes apresentam esforços recentes para regulamentar a matéria, buscando equilibrar a atratividade econômica com a proteção das bases tributárias e a promoção da justiça fiscal.

No caso do Brasil, observa-se uma abordagem focada na classificação das criptomoedas como bens ou direitos para fins de tributação, impondo obrigações declarativas e o cálculo de ganho de capital quando aplicável. Contudo, a ausência de legislação específica e a dependência de normativas da Receita Federal criam incertezas para investidores e dificultam a harmonização com práticas internacionais.

O fato de inexistir no ordenamento jurídico brasileiro uma legislação específica relativa à incidência tributária para as ope-

---

32 ULRICH, Fernando. Bitcoin: a moeda na era digital. São Paulo Instituto Ludwig von Mises Brasil, 2014. p. 92.

rações com criptoativos permite concluir pela necessidade de avanços legislativos que levem em consideração as peculiaridades das novas realidades e enfrentem a complexidade inerente aos negócios envolvendo criptoativos.[33]

Por outro lado, Portugal, com a introdução de seu regime fiscal para criptoativos no Orçamento de Estado de 2023, demonstra uma evolução normativa mais consolidada, especialmente ao incorporar conceitos amplos como os previstos no Regulamento MiCA da União Europeia. A distinção entre atividades habituais (tributadas como rendimentos empresariais ou profissionais) e eventuais (tratadas como incrementos patrimoniais ou rendimentos de capitais) confere maior precisão à aplicação tributária.

Apesar de avanços, ambos os países enfrentam desafios significativos, como a dificuldade de rastreamento de transações devido à natureza descentralizada dos criptoativos e o risco de evasão fiscal associado ao anonimato. Nesse contexto, a integração de normas internacionais, como os relatórios da OCDE e os padrões do Regulamento MiCA, pode ser um caminho promissor para aumentar a eficácia da fiscalização e garantir a segurança jurídica.

Para se ter uma ideia mais ampla, a regulação do ambiente de criptomoedas também carece, nas jurisdições que integram os países do G20, de maior atenção regulatória. Alguns possíveis entraves apontados são a falta de conhecimento acerca da tecnologia, que se apresenta como algo difícil de conceituar e delimitar por meio de texto normativo, bem como o desconhecimento acerca da dimensão dos riscos por ela apresentados. A preocupação internacionalmente demonstrada em relação às novas formas transacionais implementadas pelas criptomoedas em muito se relaciona a seu caráter não governamental e descentralizado, ao mesmo tempo que se reconhece ser possível regulá-la

---

33 SILVA, Fabio Pereira da; LECH, Tatiane Praxedes. Tributação das operações com criptoativos: uma análise da incidência de imposto de renda nas operações envolvendo permuta, mineração e recebimento em Forks e Airdrops. Revista Direito Tributário. Atual nº 52. ano 40. p. 118-143. São Paulo: IBDT, 3º quadrimestre 2022.

pelo crescente papel desempenhado por intermediários que, de certa forma, centralizam essas transações.[34]

Nessa esteira, a comparação revela que Portugal avança em direção a uma regulamentação mais detalhada e integrada com os padrões europeus, enquanto o Brasil ainda precisa superar lacunas normativas, fortalecendo sua infraestrutura fiscal para lidar com as complexidades dos criptoativos. Ambos os regimes podem se beneficiar em termos de maior cooperação internacional, visando uma adaptação contínua às inovações tecnológicas, promovendo uma tributação justa, eficaz e que fomente o desenvolvimento econômico das referidas nações.

REFERÊNCIAS BIBLIOGRÁFICAS

ARAÚJO, Vitor Eduardo Lacerda de; FERREIRA, Mariana Suzart Paschoas. Regulação das criptomoedas pelo sistema jurídico brasileiro: estudo de Direito comparado. In: *Revista de Direito e as Novas Tecnologias.*

ABREU, Jacqueline de Souza. Passado, presente e futuro da criptografia forte: desenvolvimento tecnológico e regulação. *Revista Brasileira de Políticas Públicas.* Brasília, v. 7, nº 3, 2017.

AZI, Renata. *A problemática da penhora de criptomoedas.* 2021. Disponível em:

https://www.conjur.com.br/2021-jul-27/renata-azi-problematica-penhora-criptomoedas/.

CAMARA, Maria Amalia Arruda; CRUZ, Lucas Luiz Bezerra da. O papel das criptomoedas na garantia da liberdade. *Revista Científica Disruptiva.*

COELHO, Diogo Pereira. *Tributação de criptoativos em sede de IRS*: o novo regime proposto para 2023.

DE MICHELI, Leonardo Miessa. *Blockchain, criptoativos e os títulos circulatórios do direito comercial.* São Paulo, 2020.

DENNY, Danielle Mendes Thame; PAULO, Roberto Ferreira; CASTRO, Douglas de. Blockchain e agenda 2030. *Revista Brasileira de Políticas Públicas.* Brasília, v. 7, nº 3, 2017.

GOMES, Daniel de Paiva. *Bitcoin*: a tributação de criptomoedas: da taxonomia camaleônica à tributação de criptoativos sem emissor identificado. 2 ed., rev., atual. e ampl. São Paulo: Thomson Reuters Brasil, 2022.

IOSCO, Research Report on Financial Technologies (Fintech). p. 47. 2017. Disponível em: https://www.iosco.org/library/pubdocs/pdf/IOSCOPD554.pdf.

MACHADO, Tânia Elisabete Silva. *Tributação de criptoativos* – análise comparativa. Dissertação (Mestrado em Finanças e Fiscalidade) – Universidade de Trás-os-Montes e Alto Douro, 2023. Disponível em: https://sigarra.up.pt/fep/pt/pub_geral.pub_view?pi_pub_base_id=648598.

MEIRA, Liziane Angelotti, DALL'ORA, Fillipe Soares, SANTANA, Hadassah Lais S. *Tributação 4.0. Tributação de novas tecnologias:* o caso das criptomoedas. São Paulo, 2020.

MOURA, L. M. F. de; BRAUNER, F. D; JANISSEK-MUNIZ, R. Blockchain and a technological perspective for public administration: a systematic review. RAC - *Revista de Administração Contemporânea.*

34 RODRIGUES, Gustavo; KURTZ, Lahis. Criptomoedas e regulação antilavagem de dinheiro no G20. Instituto de referência em internet e sociedade. p. 50. Acesso em 18 fev. 2025.

NAKAMOTO, Satoshi. *Bitcoin open source implementation of p2p currency*. P2P Foundation (Feb. 11, 2009).

RECEITA FEDERAL. Instrução Normativa 1.888/2019. Ministério da Economia –Disponível em: http://normas.receita.fazenda.gov.br/sijut2consulta/link.action?idAto=100592.

RODRIGUES, Gustavo; KURTZ, Lahis. *Criptomoedas e regulação antilavagem de dinheiro no G20*. Instituto de referência em internet e sociedade. Disponível em: file:///C:/Users/Ely/Downloads/Criptomoedas%20e%20regula%C3%A7%C3%A3o%20antilavagem%20de%20dinheiro%20no%20G20%20--%20Gustavo%20Rodrigues%3B%20Lahis%20Kurtz%20--%202019%20--%2027bd0a5551c76f91fcef8eb7d38e5cc2%20--%20Anna%E2%80%99s%20Archive.pdf. Acesso em 18 fev. 2025.

SANTOS, Bruna. *A tributação dos criptoativos em Portugal*: entre a regulação e a atratividade – uma análise crítica ao regime fiscal português. Lisboa: Universidade Católica Portuguesa, 2023. Disponível em: https://repositorio.ucp.pt/handle/10400.14/43619.

SILVA, Fabio Pereira da; LECH, Tatiane Praxedes. Tributação das operações com criptoativos: uma análise da incidência de imposto de renda nas operações envolvendo permuta, mineração e recebimento em *Forks* e *Airdrops*. *Revista Direito Tributário*. Atual nº 52. ano 40. p. 118-143. São Paulo: IBDT, 3º quadrimestre 2022. Disponível em: file:///C:/Users/Ely/Downloads/nmitsuhashi,+04FabioPereiraSilva-TatianePraxedesLech%20(2).pdf.

STALLINGS, William. *Cryptography and network security: principles and practice*. Pearson, 2017.

THEODORO JUNIOR, Humberto. *Curso de direito processual civil*. vol. 3. Rio de Janeiro: Forense, 2022.

ULRICH, Fernando. *Bitcoin*: a moeda na era digital. São Paulo Instituto Ludwig von Mises Brasil, 2014.

CAPÍTULO

18

CONSTITUCIONALISMO DIGITAL E RACISMO AMBIENTAL. UMA ANÁLISE COMPARATIVA ENTRE BRASIL E ESTADOS UNIDOS SOB UMA PERSPECTIVA DECOLONIAL: O PAPEL DAS REDES SOCIAIS E DA REGULAÇÃO JURÍDICA NA PROMOÇÃO DA JUSTIÇA AMBIENTAL E DIGITAL

Wagner Luiz Baldez da Silva[1]

Resumo: Este trabalho analisa como o constitucionalismo digital pode combater o racismo ambiental em redes sociais, tomando Brasil e Estados Unidos como referência comparativa. Adota-se um desenho qualitativo e comparativo para examinar de que modo as plataformas, ao mesmo tempo que reproduzem desigualdades históricas, também podem ser apropriadas como espaços de resistência socioambiental. A investigação articula Direito constitucional comparado, perspectiva decolonial e estudos sobre governança algorítmica, destacando que políticas digitais sensíveis às especificidades culturais e legais de cada país são essenciais para reconfigurar fluxos de desinformação, ampliar a participação e engajamento de comunidades racializadas na formulação normativa e promover reparação histórica. Os resultados apontam caminhos regulatórios inclusivos que integram equidade digital e ambiental, oferecendo subsídios práticos para a elaboração de políticas públicas em contextos globais.

Palavras-chave: constitucionalismo digital; racismo ambiental; redes sociais; Direito Constitucional comparado; Ran Hirschl; perspectiva decolonial; Brasil; Estados Unidos.

---

1 MBE em Economia e Negócios pela FUNDANCE-USP, mestre em Direito Ambiental pela Escola Superior Dom Helder Câmara, Belo Horizonte, Minas Gerais. Doutorando em Direito Constitucional pela Escola de Desenvolvimento e Pesquisa (IDP), Brasília.

1. INTRODUÇÃO

O presente capítulo propõe examinar o papel do constitucionalismo digital na luta contra o racismo ambiental nas redes sociais, tema que ganha relevância na contemporaneidade devido à centralidade das plataformas digitais como espaços de debate e expressão. Com uma abordagem comparativa entre Brasil e Estados Unidos, busca-se explorar como esses contextos lidam com o desafio do racismo ambiental digital, considerando as particularidades históricas e sociais de cada país.

O conceito de constitucionalismo digital, conforme discutido por autores como Julie E. Cohen (2019), Frank Pasquale (2015) e Lawrence Lessig (1999, 2006), destaca-se como um campo emergente que aborda a interação entre direitos constitucionais e o impacto das tecnologias digitais. Cohen analisa como o capitalismo informacional reconfigura o poder e a verdade no ambiente digital, enquanto Pasquale enfatiza os desafios à transparência e à regulação das "caixas-pretas" digitais. Lessig, por sua vez, contribui com a ideia de que o código das plataformas digitais opera como uma forma de regulação comparável às leis tradicionais. No Brasil, Ricardo Campos (2018) e Eduardo Magrani (2018) examinam como as ferramentas digitais podem aprimorar a democracia e a proteção de dados, e Gilmar Mendes (2020) reflete sobre os desafios de adaptação do Direito constitucional ao ambiente digital, destacando questões de privacidade, liberdade de expressão e regulação de plataformas.

O racismo ambiental digital, por sua vez, revela-se como uma manifestação contemporânea de desigualdades históricas, com impactos particularmente nocivos para populações vulneráveis. Conforme discutido por Bullard (1990), a discriminação ambiental tem raízes profundas em sistemas de exclusão racial e socioeconômica. O ambiente digital amplifica esses desafios, expondo comunidades a novas formas de violência simbólica e estrutural. A análise de Almeida (2020) reforça que, no Brasil, essas dinâmicas afetam desproporcionalmente comunidades periféricas, enquanto nos Estados Unidos, estudos indicam padrões persistentes de injustiça ambiental em comunidades racializadas.

Além disso, a perspectiva decolonial, como explorada por Malcom Ferdinand (2022), contribui para um entendimento mais abrangente da interseção entre questões ambientais e legados coloniais. Ferdinand destaca a "dupla fratura" entre as crises ecológica e colonial, argumentando que ambas são inseparáveis e demandam abordagens integradas. Sua proposta de uma "ecologia decolonial" fundamenta-se na ideia de que as lutas contra o racismo e pela justiça ambiental são indissociáveis, oferecendo uma base teórica para compreender as manifestações digitais do racismo ambiental.

Por fim, este estudo adota uma metodologia comparativa, fundamentada nos princípios delineados por Ran Hirschl (2004) para o Direito constitucional, mas adaptada ao contexto do constitucionalismo digital. Com isso, busca-se não apenas mapear as dinâmicas do racismo ambiental digital no Brasil e nos Estados Unidos, mas também propor recomendações práticas para a formulação de políticas públicas que promovam justiça e equidade em tempos de crescente digitalização.

2. DESENVOLVIMENTO

Para investigar a complexidade do racismo ambiental nas redes sociais no Brasil e nos Estados Unidos, este estudo adota uma abordagem qualitativa e comparativa, fundamentada nos princípios metodológicos de Ran Hirschl (2004) para o Direito constitucional comparado. Hirschl enfatiza a importância da seleção de casos orientada por inferência causal, permitindo identificar relações causais entre variáveis relevantes e compreender os fatores que moldam a migração de ideias constitucionais entre contextos jurídicos distintos. Essa escolha metodológica reflete a necessidade de captar as nuances das dinâmicas sociais e jurídicas que permeiam o racismo ambiental no ambiente digital.

A seleção dos casos Brasil e Estados Unidos baseia-se no princípio dos "casos mais diferentes", conforme descrito por Hirschl. Apesar de suas diferenças culturais, históricas e legais, ambos os países compartilham desafios comuns relacionados ao racismo ambiental e à regulação digital, oferecendo uma oportunidade para identificar variáveis explicativas cruciais. Os participantes da pesquisa incluirão ativistas, acadêmicos, juristas especializados em Direito ambiental e digital, e usuários ativos de redes sociais, compondo uma amostra representativa ajustada à saturação teórica.

Os dados serão coletados por meio de entrevistas semiestruturadas e análise documental de postagens em redes sociais. Esse método proporciona uma visão detalhada das experiências individuais e das narrativas públicas associadas ao racismo ambiental digital. Para a análise, serão aplicadas técnicas de codificação temática e narrativa, utilizando ferramentas como NVivo, permitindo identificar padrões, convergências e divergências nos dados.

A análise será enriquecida por duas abordagens principais. Primeiro, o constitucionalismo digital será examinado à luz das contribuições de autores como Julie E. Cohen (2019), que destaca a relação entre capitalismo informacional e poder jurídico, e Lawrence Lessig (1999, 2006), que explora o papel do código como regulador. Segundo, a perspectiva decolonial, como apresentada por Malcom Ferdinand (2022), fornecerá uma lente crítica para compreender as interseções entre racismo ambiental e colonialidade no ambiente digital, destacando a necessidade de uma justiça digital inclusiva e transformadora.

Adicionalmente, o documentário Agentes do Caos (HBO Max, 2020), que investiga a interferência russa nas eleições presidenciais dos Estados Unidos de 2016, oferece insights relevantes sobre como campanhas de desinformação podem amplificar discursos polarizantes e fomentar crimes de ódio, incluindo o racismo ambiental. O documentário destaca que a desinformação não é apenas resultado de atores estrangeiros, mas também de colaborações internas, evidenciando como o negacionismo climático e narrativas de supremacia racial podem ser manipulados para enfraquecer a coesão social e promover interesses específicos. Essa dinâmica contribui para o aumento de crimes de ódio e para a negação de problemas ambientais críticos, agravando as desigualdades raciais no acesso a direitos ambientais e digitais.

Os resultados preliminares indicam que algoritmos das redes sociais frequentemente amplificam discursos discriminatórios, muitas vezes influenciados por campanhas de desinformação como as relatadas em Agentes do Caos. Essas dinâmicas reforçam narrativas negacionistas climáticas e discursos racistas, impactando comunidades marginalizadas de forma desproporcional. Os participantes da pesquisa relataram como as plataformas digitais permitem a disseminação de práticas discriminatórias, exacerbando desigualdades ambientais já existentes. Esses achados destacam a necessidade de uma regulação jurídica robusta e sensível às especificidades culturais, como enfatizado por Gilmar Mendes (2020), que aborda a necessidade de atualização das normas constitucionais para o ambiente digital.

Os achados reforçam a relevância do constitucionalismo digital como uma ferramenta para enfrentar as desigualdades ambientais e digitais. A análise comparativa ilumina as limitações das abordagens tradicionais e sugere a necessidade de intervenções jurídicas baseadas em princípios de justiça social e ambiental. A perspectiva decolonial amplia essa discussão, propondo uma ruptura com estruturas opressoras que perpetuam o racismo no ambiente digital. Além disso, o impacto de campanhas de desinformação como as analisadas em Agentes do Caos sublinha a urgência de regulamentar a propagação de conteúdo prejudicial, incluindo narrativas negacionistas e racistas.

Este estudo demonstra a importância do Direito constitucional comparado, com base nas proposições de Hirschl, para entender e combater o racismo ambiental digital. Estudos futuros podem aprofundar essas análises por meio de abordagens longitudinais e metodologias participativas, garantindo que as vozes das comunidades afetadas sejam centrais na formulação de políticas públicas. O conhecimento gerado aqui oferece diretrizes para políticas mais justas e inclusivas, alinhadas à diversidade cultural e ambiental dos contextos analisados.

2.1. Revisão de Literatura

O estudo do constitucionalismo digital aplicado ao racismo ambiental nas redes sociais busca interligar dois campos emergentes: o Direito ambiental e o Direito digital. Historicamente, o racismo ambiental tem sido analisado por lentes sócio-políticas, destacando os impactos desproporcionais de desastres e decisões ambientais em comunidades marginalizadas. Contudo, com a digitalização crescente, é essencial compreender como as redes sociais amplificam ou mitigam essas desigualdades.

A pesquisa sobre regulação de conteúdo em plataformas digitais é vasta, com autores como Nitrini (2021) explorando desafios relacionados à moderação de conteúdos e à liberdade de expressão. No entanto, como aponta Salvarezza (n.d.), as estruturas jurídicas existentes frequentemente falham em abordar de maneira integrada as questões de justiça ambiental e digital, evidenciando lacunas que este estudo busca preencher.

De acordo com Celeste (2021), o constitucionalismo digital deve ser compreendido como uma extensão do constitucionalismo moderno, focado em reagir aos desafios criados pela tecnologia digital. Este modelo busca restaurar o equilíbrio constitucional perturbado pela emergência de novos atores privados no ecossistema digital, como as grandes corporações tecnológicas. Ao considerar os direitos fundamentais no contexto digital, Celeste enfatiza que tais contramedidas normativas não são apenas adaptações das ferramentas constitucionais tradicionais, mas uma nova dimensão de princípios que devem ser aplicados ao meio digital, incluindo o reconhecimento de direitos de acesso e privacidade como pilares essenciais do constitucionalismo digital.

A metodologia deste estudo adota os princípios do Direito constitucional comparado propostos por Ran Hirschl (2004), com foco em inferências causais e seleção rigorosa de casos. Hirschl destaca que abordagens comparativas orientadas por problemas e inferências são essenciais para identificar vínculos causais e padrões estruturais. Essa perspectiva permite analisar criticamente como as legislações de Brasil e Estados Unidos enfrentam o racismo ambiental digital, com ênfase em suas diferenças e similitudes.

Enquanto o Brasil enfrenta desafios históricos relacionados à desigualdade racial e ambiental (Almeida, 2020), os Estados Unidos destacam-se pela judicialização de questões raciais, incluindo tensões emergentes no ambiente digital. A metodologia de Hirschl orienta a seleção desses países como "casos mais diferentes", permitindo explorar variáveis culturais e legais que influenciam os resultados.

A análise do constitucionalismo digital é enriquecida pela abordagem decolonial, especialmente através da obra de Malcom Ferdinand (2022). Ferdinand argumenta que a crise ambiental e a colonialidade estão profundamente interligadas, exigindo uma ecologia decolonial que reconheça a opressão histórica e propicie justiça tanto ambiental quanto digital. Esta perspectiva amplia o entendimento sobre como o racismo ambiental digital reflete dinâmicas de exploração e exclusão, apontando para a necessidade de reformas jurídicas inclusivas e transformadoras.

O professor Norberto Robl Filho observa que o constitucionalismo digital surge como uma resposta à crescente interdependência entre vida física e digital, refletindo a necessidade de justiça social no ciberespaço. Em tempos de pandemia, a exclusão digital se tornou uma barreira significativa para o exercício de direitos fundamentais, desde o acesso à educação até a participação política. Essa assimetria de poder, segundo Robl Filho, exige que o Direito Constitucional regule plataformas digitais de forma mais enfática, garantindo a proteção de dados, privacidade e liberdade de expressão, alinhada aos princípios constitucionais estabelecidos no contexto físico (ROBL FILHO, 2021).

As redes sociais emergem como um espaço híbrido, onde narrativas de racismo ambiental são tanto perpetuadas quanto desafiadas. O documentário Agentes do Caos (HBO Max, 2020) ilustra como campanhas de desinformação, muitas vezes promovidas por interesses estrangeiros e internos, amplificam discursos negacionistas e racistas, agravando desigualdades socioambientais. Essas campanhas destacam o papel dos algoritmos em amplificar conteúdos discriminatórios e sublinham a importância de uma regulação robusta e transparente.

A literatura existente reconhece os esforços para enfrentar discursos de ódio e desinformação, mas poucos estudos integram essas iniciativas à justiça ambiental. Este estudo busca preencher essa lacuna, propondo modelos regulatórios adaptáveis e inclusivos, alinhados com as contribuições de autores como Cohen (2019) e Lessig (1999, 2006), que exploram a relação entre regulação digital, privacidade e poder.

O Ministro Gilmar Mendes e Victor Oliveira Fernandes (2021) destacam que o constitucionalismo digital é uma corrente teórica voltada à proteção de direitos fundamentais no ambiente digital, incluindo a limitação dos poderes privados de plataformas digitais. Esse modelo também reconhece a função normativa dessas empresas, que frequentemente mediam conflitos de direitos fundamentais, muitas vezes antes mesmo da intervenção estatal. Para os autores, a interação entre atores privados e normas estatais demanda um equilíbrio proporcional que evite tanto a censura quanto a proteção insuficiente, conforme refletido no debate em torno do Marco Civil da Internet no Brasil (Lei 12.965/2014) (MENDES; FERNANDES, 2021).

A revisão da literatura identifica lacunas significativas no tratamento integrado da justiça ambiental e digital. Estudos como os de Silva (2020) e Salvarezza (n.d.) destacam que a moderação de conteúdo digital e a proteção de grupos vulneráveis ainda carecem de uma abordagem sistemática que considere as interseções entre desigualdade racial e ambiental. Além disso, o impacto das tradições jurídicas e culturais específicas de cada país sobre a eficácia das políticas digitais merece maior atenção.

Este estudo posiciona-se como uma contribuição relevante ao Direito constitucional comparado e ao debate sobre racismo ambiental digital. Ao adotar uma metodologia comparativa orientada por inferência, conforme Hirschl, e ao incorporar uma lente decolonial, visa fornecer diretrizes práticas e teóricas para a formulação de políticas públicas que promovam equidade digital e ambiental.

Os resultados esperados incluem propostas regulatórias que considerem as especificidades culturais e históricas de cada contexto analisado. Além disso, apontam para a necessidade de maior cooperação transnacional na formulação de políticas digitais, com foco na proteção de grupos vulneráveis e na promoção da justiça ambiental.

Este estudo articula o constitucionalismo digital com a justiça ambiental, destacando a urgência de reformas jurídicas que abordem as desigualdades raciais e ambientais amplificadas pelas redes sociais. Ao integrar as perspectivas comparativa e decolonial, busca não apenas avançar o debate acadêmico, mas também influenciar práticas jurídicas e políticas para uma sociedade digital mais justa.

2.2.Metodologia

Esta pesquisa adota uma abordagem qualitativa para examinar o racismo ambiental nas plataformas digitais do Brasil e dos Estados Unidos, empregando princípios metodológicos propostos por Ran Hirschl (2004) e integrando a perspectiva do constitucionalismo digital discutida por Celeste (2021). A abordagem qualitativa é particularmente adequada para explorar fenômenos sociais complexos, proporcionando uma compreensão profunda das narrativas culturais e jurídicas que moldam as desigualdades raciais e ambientais no ambiente digital.

Inspirada pelo modelo de "casos mais diferentes" de Hirschl (2004), a pesquisa compara Brasil e Estados Unidos como duas jurisdições com tradições jurídicas distintas, mas que enfrentam desafios semelhantes em relação ao racismo ambiental digital. A amostragem intencional será utilizada para selecionar participantes que representem diversas perspectivas, incluindo ativistas, acadêmicos e usuários frequentes de redes sociais. A saturação teórica orientará o tamanho da amostra, garantindo uma captura abrangente de vozes relevantes para o fenômeno estudado.

A coleta de dados será realizada por meio de entrevistas semiestruturadas e análise de conteúdo de postagens públicas nas redes sociais. As entrevistas explorarão experiências pessoais e percepções sobre como as plataformas digitais amplificam ou mitigam o racismo ambiental. A análise de conteúdo examinará padrões discursivos, como os relacionados ao negacionismo climático e à disseminação de discursos de ódio, práticas amplamente estudadas em documentários como *Agentes do Caos* (2020). Esse material será analisado usando ferramentas como NVivo, permitindo uma triangulação metodológica robusta para validar as interpretações dos dados.

A análise qualitativa será conduzida através de codificação temática, identificando padrões e temas relacionados às desigualdades ambientais digitais. A abordagem integra princípios do constitucionalismo digital, conforme descritos por Celeste (2021), que destaca a importância de contramedidas normativas para enfrentar as ameaças tecnológicas aos direitos fundamentais. Essa análise considera as redes sociais como arenas de poder, onde narrativas de discriminação e resistência se entrelaçam, como também discutido por Suzor (2010) e Berman (2000).

Uma dimensão essencial desta pesquisa é a perspectiva decolonial, fundamentada na ideia de Malcom Ferdinand (2022) de que crises ambientais e legados coloniais estão interligados. Esta visão é aplicada ao ambiente digital, onde o poder das plataformas muitas vezes reproduz hierarquias coloniais, reforçando desigualdades raciais e ambientais. O constitucionalismo digital, descrito por Celeste (2021) como uma extensão dos princípios constitucionais para o ciberespaço, oferece uma estrutura para repensar a regulação dessas plataformas em termos de justiça social e ambiental.

De acordo com o Ministro Gilmar Mendes, o constitucionalismo digital se desenvolve como um "guarda-chuva teórico" que abarca diversas iniciativas normativas voltadas à proteção de direitos fundamentais no ciberespaço. Essa perspectiva reflete a necessidade de repensar os paradigmas tradicionais de regulação estatal e de interação entre os poderes públicos e privados, reconhecendo que os direitos fundamentais devem ser reafirmados e reinterpretados no ambiente digital. Mendes destaca ainda que a responsabilidade das plataformas digitais transcende a autorregulação, exigindo um maior envolvimento das Cortes Constitucionais na mediação de conflitos entre liberdade de expressão e segurança digital.

Além disso, Celeste (2021) reforça que o desenvolvimento do constitucionalismo digital está intrinsecamente ligado à transformação tecnológica acelerada, demandando soluções normativas dinâmicas que preservem os valores constitucionais em um cenário de inovação constante. A interação entre as legislações nacionais e os princípios internacionais de direitos humanos se torna central para enfrentar desafios como desinformação e crimes ambientais digitais, frequentemente associados a campanhas coordenadas, como exemplificado no documentário *Agentes do Caos*.

Este estudo visa responder como o constitucionalismo digital pode ser instrumental no enfrentamento do racismo ambiental nas redes sociais. A integração das perspectivas metodológicas de Hirschl e as contribuições do constitucionalismo digital permite uma análise comparativa que desvela tanto os desafios quanto as possibilidades de reformulação de políticas públicas em ambientes digitais.

O alinhamento entre o Direito constitucional comparado e o constitucionalismo digital fornece uma base sólida para examinar o racismo ambiental no contexto digital. Ao empregar princípios de seleção de casos orientados por inferência, conforme sugerido por Hirschl (2004), e ao aplicar uma abordagem normativa baseada em Celeste (2021), este estudo não apenas contribui para a literatura acadêmica, mas também oferece subsídios práticos para políticas inclusivas e sustentáveis em um cenário digital globalizado.

2.3. Resultados

A análise dos dados revelou padrões significativos em como o racismo ambiental é perpetuado e enfrentado nas redes sociais nos Estados Unidos e no Brasil. Notavelmente, as postagens nas plataformas digitais frequentemente replicam narrativas racistas que refletem e reforçam estruturas sociais existentes, como observado por Nitrini (2021), que discute a dificuldade de moderar conteúdos prejudiciais sem infringir a liberdade de expressão.

Niklas Luhmann (1989) argumenta que os sistemas sociais funcionam de maneira autônoma, estruturando-se a partir de seus próprios códigos de comunicação. No contexto das redes sociais digitais, esse modelo destaca como os sistemas tendem a reproduzir as desigualdades existentes, dado que os algoritmos e os formatos simplificados de interação – como likes e compartilhamentos – priorizam conteúdos que geram engajamento, independentemente de seu impacto ético ou social. Assim, embora Luhmann não trate diretamente de racismo ambiental, sua teoria oferece uma base para entender como narrativas excludentes podem se perpetuar em plataformas digitais, reforçando dinâmicas discriminatórias.

Além disso, evidenciam-se práticas de resistência onde usuários e comunidades usam as redes sociais como ferramentas poderosas para conscientizar e mobilizar ações contra desigualdades ambientais. Essa utilização propositiva das plataformas ilustra a dualidade do ambiente digital como um catalisador tanto para o discurso de ódio quanto para a luta por justiça, um ponto crítico destacado por Reis Filho (2018) em seu exame sobre as redes sociais e a democracia.

Luhmann (1989) também sugere que sistemas sociais são capazes de evoluir ao incorporar novos códigos comunicativos, o que poderia abrir espaço para práticas inclusivas e transformadoras. No contexto das redes digitais, isso significa que intervenções jurídicas e regulatórias, como as promovidas pelo constitucionalismo digital, podem criar condições para que narrativas de justiça ambiental e social ganhem visibilidade. A partir dessa perspectiva, a regulação deve atuar para alinhar os sistemas comunicativos das plataformas aos valores constitucionais de equidade e inclusão, promovendo o potencial das redes sociais como espaços de transformação e resistência.

Criticamente, a pesquisa identificou que as iniciativas para mitigar o racismo ambiental digital ainda enfrentam desafios significativos em ambos os países, especialmente no que diz respeito à efetividade da regulação de conteúdos e à necessidade de adaptabilidade cultural. As distinções entre os sistemas judiciários brasileiro e norte-americano criam diferentes impactos na regulação de plataformas digitais, aumentando a complexidade da aplicação de soluções universais.

Outra tendência emergente dos dados é a importância do engajamento da sociedade civil para pressionar por reformas legislativas mais abrangentes. O constitucionalismo digital pode beneficiar-se da inclusão das vozes de grupos tradicionalmente marginalizados para garantir que suas futuras evoluções considerem equitativamente as necessidades de todos os cidadãos. Silva (2020) aponta para a necessidade urgente de inclusão de múltiplas perspectivas ao se desenvolver políticas digitais públicas.

Esses achados corroboram com a literatura existente e sublinham a relevância de políticas de governança rigidamente contextualizadas. O estudo ilumina novas direções para pesquisadores e legisladores, refletindo sobre como o racismo ambiental digital pode ser confrontado através de meios regulamentares inovadores e integrados que ressoem com o imperativo global por justiça ambiental.

A conclusão dos resultados enfatiza o papel crucial que o constitucionalismo digital desempenha na luta contra o racismo ambiental nas redes sociais no Brasil e nos Estados Unidos. Com base nos dados obtidos, fica claro que existe uma necessidade premente de regulamentações que integrem as especificidades culturais e sociais de cada país, abordando suas particularidades legais. Este estudo, ao fundir insights da literatura existente com novas evidências, sugere que a reformulação das políticas digitais pode oferecer caminhos mais justos e igualitários, suportando sociedades mais resilientes frente a essas práticas discriminatórias.

A pesquisa aponta que uma abordagem mais adaptativa e inclusiva na criação de regulações poderá mitigar os efeitos do racismo ambiental digital. Isso não apenas proporciona uma defesa mais robusta das populações vulneráveis, mas também assegura que as plataformas funcionem como ambientes equitativos para o diálogo e a expressão. Isso está alinhado com a necessidade de garantir que a voz dos marginalizados seja ampliada no processo de formulação de políticas, como sugerido na obra de Almeida (2020), que destaca a importância do reconhecimento das diversidades culturais e ambientais.

Integraremos, portanto, os achados desta pesquisa à literatura emergente, promovendo a inclusão das perspectivas de sociedades diversas como base para o avanço legal e regulatório. A importância do constitucionalismo digital se manifesta ainda como uma potência significativa no enfrentamento de racismo ambiental, provando ser um campo fértil para inovações políticas que realmente influenciam as práticas sociais em níveis locais e globais.

Além disso, são necessárias novas pesquisas para explorar a aplicação prática dos princípios defendidos por este estudo, assegurando que as mudanças legais propostas sejam não apenas teóricas, mas também aplicáveis e eficazes em contextos da vida real.

Por fim, reconhecer e enfrentar o racismo ambiental em meio digital através de um prisma constitucional comparado reforça o papel do Direito como um agente de transformação social, afirmando que regulamentações bem informadas e culturalmente sensíveis são essenciais para a criação de um espaço digital mais justo e equitativo.

2.4. Discussão

Os resultados desta pesquisa alinham-se com a literatura existente sobre os desafios enfrentados na mitigação do racismo ambiental nas redes sociais, destacando a relevância do constitucionalismo digital nesse contexto. Conforme Nitrini (2021), as plataformas digitais apresentam dificuldades inerentes à moderação de conteúdos prejudiciais, evidenciando tensões entre a liberdade de expressão e a necessidade de conter discursos de ódio. Ran Hirschl (2004) reforça que a análise comparativa, quando orientada por problemas, é essencial para identificar os padrões causais que sustentam tais dinâmicas, permitindo uma investigação mais sistemática e eficaz.

A perspectiva de Hirschl sobre o uso de "casos mais semelhantes" ou "mais diferentes" revela-se particularmente valiosa nesta pesquisa, que compara Brasil e Estados Unidos. Essas jurisdições, embora compartilhem desafios ambientais digitais semelhantes, divergem em suas tradições jurídicas e socioculturais, permitindo uma análise aprofundada das variáveis que influenciam a eficácia das regulações digitais. Essa abordagem metodológica é fundamental para compreender as lacunas nas políticas vigentes e propor modelos regulatórios mais eficazes.

Adicionalmente, os achados destacam a importância de integrar perspectivas decoloniais, como as apresentadas por Malcom Ferdinand (2022). Ferdinand argumenta que as crises ambientais e digitais estão profundamente enraizadas em legados de colonialidade, exigindo políticas que reconheçam as desigualdades estruturais e promovam a justiça ambiental e social. Essa análise amplia a discussão ao situar o racismo ambiental digital dentro de um contexto histórico e político mais abrangente, alinhando-se ao objetivo de Hirschl de construir inferências causais a partir de estudos comparativos.

Djamila Ribeiro (2017) também contribui para a discussão ao destacar a importância do lugar de fala na formulação de políticas públicas digitais. Ao valorizar as vozes de comunidades marginalizadas, a pesquisa propõe uma abordagem inclusiva que considera as experiências vividas como centrais para a criação de regulamentações eficazes. Essa perspectiva é particularmente relevante no contexto das redes sociais, onde as narrativas de resistência e opressão frequentemente coexistem.

Carla Akotirene (2018) acrescenta uma análise interseccional que reforça a necessidade de considerar as múltiplas dimensões de opressão que atravessam as dinâmicas digitais e ambientais. Essa abordagem enriquece o constitucionalismo digital ao destacar como raça, gênero e classe interagem para moldar as experiências de discriminação nas plataformas digitais, oferecendo insights valiosos para a formulação de políticas equitativas.

Por fim, o estudo reafirma que as plataformas digitais, embora frequentemente criticadas por amplificar desigualdades, possuem potencial transformador quando regulamentadas de forma culturalmente sensível. Hirschl (2004) destaca que abordagens comparativas orientadas por inferência são cruciais para formular políticas que não apenas abordem os sintomas, mas também as causas estruturais das desigualdades. Este estudo contribui para o avanço dessa agenda ao propor reformas que combinam justiça ambiental e digital, promovendo um uso mais inclusivo e democrático das redes sociais.

CONCLUSÃO

A presente pesquisa investigou o papel do constitucionalismo digital na mitigação do racismo ambiental em redes sociais, analisando as dinâmicas no Brasil e nos Estados Unidos. Os resultados indicam que, enquanto as plataformas digitais frequentemente perpetuam narrativas discriminatórias, elas também emergem como ferramentas de resistência e advocacy para grupos marginalizados. A aplicação de uma metodologia comparativa, conforme proposta por Hirschl (2004), revelou que as especificidades culturais e legislativas de cada país exigem políticas regulatórias adaptadas que considerem essas diferenças estruturais.

A análise demonstrou que o constitucionalismo digital, ao integrar perspectivas decoloniais, oferece um caminho promissor para desmantelar estruturas normativas obsoletas e implementar práticas regulatórias culturalmente apropriadas e socialmente justas. Como salientado por Ferdinand (2022), a colonialidade das práticas ambientais e digitais deve ser enfrentada através de uma justiça que reconheça as diversidades e peculiaridades locais. Essa abordagem é particularmente importante ao considerar que políticas universais frequentemente ignoram a complexidade dos contextos socioeconômicos.

No campo do Direito Constitucional Comparado, os achados desta pesquisa reforçam a necessidade de um quadro normativo que vá além das soluções tradicionais, como também apontado por Mendes e Fernandes (2021). As contribuições práticas incluem a formulação de políticas digitais que empoderem comunidades marginalizadas e garantam um espaço inclusivo para o diálogo e a participação democrática. Essas políticas devem ser construídas com base em abordagens interseccionais, conforme defendido por

Akotirene (2018), que destaca a importância de integrar questões de raça, gênero e classe na construção de soluções jurídicas.

Embora tenha alcançado importantes insights, a pesquisa identificou limitações, como o viés potencial na seleção de dados em redes sociais e as barreiras culturais que dificultam a aplicação uniforme de políticas regulamentares. Como sugerido por Ribeiro (2017), a inclusão das vozes marginalizadas é um passo crucial para superar essas barreiras e assegurar que as regulamentações sejam eficazes e justas. Futuros estudos poderiam explorar metodologias quantitativas e qualitativas combinadas para ampliar a compreensão dessas dinâmicas.

Os resultados teóricos destacam que o constitucionalismo digital pode se tornar um facilitador da justiça ambiental e social quando aliado a uma perspectiva decolonial. Almeida (2020) enfatiza que a superação de modelos regulatórios universais é essencial para enfrentar as desigualdades digitais e ambientais, reforçando a necessidade de intervenções localmente contextualizadas e culturalmente sensíveis. Isso exige um compromisso contínuo com a reforma legislativa e a adaptação de práticas regulatórias às demandas do novo milênio.

Recomenda-se que futuras pesquisas aprofundem a interação entre políticas públicas e condições socioeconômicas das populações afetadas. Estudar o impacto de narrativas coletivas e a eficácia de medidas judiciais contra práticas discriminatórias digitais pode oferecer novas perspectivas para o desenvolvimento de políticas digitais globais ajustadas às realidades locais. Como apontado por Luhmann (1989), os sistemas sociais podem ser reconfigurados para promover justiça e inclusão, desde que haja intervenções jurídicas que considerem os códigos comunicativos próprios desses sistemas.

Este estudo consolida um marco teórico que combina justiça ambiental, constitucionalismo digital e perspectivas decoloniais para propor intervenções regulatórias mais inclusivas e eficazes. Ao alinhar práticas legais com demandas contemporâneas, ele promove um ambiente em que o Direito digital atua como um facilitador da equidade social e ambiental, pavimentando o caminho para transformações significativas no cenário jurídico global.

REFERÊNCIAS BIBLIOGRÁFICAS[2]

AKOTIRENE, Carla. *Interseccionalidade*. São Paulo: Sueli Carneiro: Pólen, 2018.

ALMEIDA, Felipe Hermeto de. *A disputa pelo reconhecimento dos assentamentos ambientalmente diferenciados e as políticas*. Disponível em: https://rima.ufrrj.br/jspui/handle/20.500.14407/11634. Acesso em: 12 dez. 2024.

CELESTE, Edoardo. *Constitutionalism in the Digital Era*. Dublin: Trinity College Press, 2021.

FERDINAND, Malcom. *Uma ecologia decolonial: pensar a partir do mundo caribenho*. São Paulo: Ubu Editora, 2022.

HIRSCHL, Ran. *A Questão da Seleção de Casos no Direito Constitucional Comparado*. In: Artigo. Toronto: University of Toronto Press, 2004.

LUHMANN, Niklas. *Ecological Communication*. Chicago: University of Chicago Press, 1989.

MENDES, Gilmar; FERNANDES, Victor Oliveira. *Constitucionalismo digital: direitos fundamentais no ciberespaço*. In: Ebook Constitucionalismo na Era Digital e Ciberespaço: Desafios e Perspectivas. Brasília: IDP, 2021.

NITRINI, Rodrigo Vidal. *Liberdade de expressão nas redes sociais*: o problema jurídico da remoção de conteúdo pelas plataformas. Disponível em: https://www.teses.usp.br/teses/disponiveis/2/2134/tde-22032021-171558/. Acesso em: 12 dez. 2024.

PACE, Ângela Ferreira. *O papel das comissões de heteroidentificação, como mecanismo efetivo de seleção de negros aos cargos das universidades públicas federais*. Disponível em: https://rima.ufrrj.br/jspui/handle/20.500.14407/9899. Acesso em: 12 dez. 2024.

RIBEIRO, Djamila. *O que é lugar de fala?* São Paulo: Letramento, 2017.

REIS FILHO, Claudio Luiz Martins. *Redes sociais digitais e democracia*: proteção de dados pessoais e a desinformação nas eleições de 2018. Disponível em: http://app.uff.br/riuff/handle/1/25398. Acesso em: 12 dez. 2024.

SALVAREZZA, Vinicio Guimarães. *#Falecommoderação*: Fundamentos, Possibilidades e Limites para a regulação pública da liberdade de expressão nas redes sociais. Disponível em: http://www.bdtd.uerj.br/handle/1/20069. Acesso em: 12 dez. 2024.

SILVA, Flavio Jacinto da. *Constitucionalismo brasileiro e democracia: a liberdade de pensamento e a rede mundial de comunicação*. Disponível em: https://biblioteca.sophia.com.br/terminalri/9575/acervo/detalhe/100307. Acesso em: 12 dez. 2024.

Documentos e materiais de referência

HBO MAX. *Agentes do Caos (Agents of Chaos)*. Documentário, 2020. Disponível em: https://www.hbomax.com/. Acesso em: 12 dez. 2024.

BRASIL. *Marco Civil Da Internet. Lei 12.965, de 23 de abril de 2014*. Disponível em: http://www.planalto.gov.br/ccivil_03/_Ato2011-2014/2014/Lei/L12965.htm. Acesso em: 12 dez. 2024.

---

2 Nota sobre as Normas: Esta lista foi elaborada conforme a ABNT NBR 6023:2018, que regula a apresentação de referências. As entradas incluem autor(es), título da obra, local, editora ou instituição, ano, e link ou DOI (se disponível). A data de acesso foi incluída para documentos online.